权威·前沿·原创

皮书系列为
"十二五""十三五"国家重点图书出版规划项目

BLUE BOOK

智库成果出版与传播平台

吉林蓝皮书

BLUE BOOK OF JILIN

2020年
吉林经济社会形势分析与预测

ANALYSIS AND FORECAST ON ECONOMY AND SOCIETY OF JILIN (2020)

主　编／邵汉明
副主编／郭连强　张丽娜

社会科学文献出版社
SOCIAL SCIENCES ACADEMIC PRESS (CHINA)

图书在版编目(CIP)数据

2020年吉林经济社会形势分析与预测/邵汉明主编. --北京:社会科学文献出版社,2020.3
(吉林蓝皮书)
ISBN 978-7-5201-6272-2

Ⅰ.①2… Ⅱ.①邵… Ⅲ.①区域经济-经济分析-吉林-2019②社会分析-吉林-2019③区域经济-经济预测-吉林-2020④社会预测-吉林-2020 Ⅳ.①F127.34

中国版本图书馆CIP数据核字(2020)第028935号

吉林蓝皮书
2020年吉林经济社会形势分析与预测

主　　编／邵汉明
副 主 编／郭连强　张丽娜

出 版 人／谢寿光
组稿编辑／任文武
责任编辑／连凌云

出　　版／社会科学文献出版社·城市和绿色发展分社(010)59367143
　　　　　地址:北京市北三环中路甲29号院华龙大厦　邮编:100029
　　　　　网址:www.ssap.com.cn

发　　行／市场营销中心(010)59367081　59367083
印　　装／天津千鹤文化传播有限公司

规　　格／开本:787mm×1092mm　1/16
　　　　　印张:22.25　字数:335千字
版　　次／2020年3月第1版　2020年3月第1次印刷
书　　号／ISBN 978-7-5201-6272-2
定　　价／128.00元

本书如有印装质量问题,请与读者服务中心(010-59367028)联系

版权所有　翻印必究

编 委 会

主　　编　邵汉明

副主编　郭连强　张丽娜

编　　委（以姓氏笔画为序）

　　　　　　王成勇　付　诚　孙志明　张　磊　崔岳春

主要编撰者简介

邵汉明 吉林省社会科学院（社科联）党组书记、院长，吉林省社会科学界联合会专职副主席，研究员。兼任吉林大学、东北师范大学教授、博士生导师，国家社会科学基金学科评审组专家。获得国务院特殊津贴专家、吉林省资深高级专家、吉林省有突出贡献的中青年专业技术人才、吉林省拔尖创新人才等称号。长期从事中国哲学与文化研究，先后发表各类学术著述数百万字，编著千余万字，发表学术论文100余篇，其中有7篇论文被《新华文摘》全文转载。主持承担国家级、省部级科研项目10余项。获吉林省社会科学优秀成果一等奖4项、二等奖5项。

郭连强 吉林省社会科学院副院长、研究员，经济学博士。兼任《经济纵横》杂志社社长，吉林省社会科学重点领域（吉林省省情）研究基地负责人，吉林财经大学、吉林农业大学客座教授，吉林农村金融研究中心特约研究员。长期从事金融学、产业经济学研究，主持科研项目研究10余项，出版专著、编著7部，在《社会科学战线》《学习与探索》《求是学刊》《社会科学辑刊》等学术期刊发表论文近50篇，研究成果获吉林省社会科学优秀成果一等奖3项。

张丽娜 吉林省社会科学院软科学研究所所长、研究员，管理学博士，吉林建筑大学客座教授。主要研究方向为宏观经济、产业经济和区域经济。研究成果获吉林省社会科学优秀成果二等奖2项、三等奖2项，长春市社会科学优秀成果奖4项。出版专著、编著4部，公开发表学术论文30余篇，主持各类项目20余项，参与多项省级政策、规划的编写工作，10余篇研究报告获得省级领导肯定性批示。

摘　要

2019年，全球政治经济环境愈加严峻，中国经济面临的外部压力显著上升，也是吉林省经济发展极为艰难的一年。"吉林蓝皮书"面对新形势下的新问题、新需求，科学研判，客观分析，正确认识吉林省经济社会发展趋势变化的新特征，提出新时代吉林实现全面振兴全方位振兴的对策建议。

报告指出，2019年，吉林省面对前所未有的困难挑战，全面落实习近平总书记关于东北振兴工作的重要指示精神，坚持贯彻新发展理念，着力推动高质量发展，扎实做好"六稳"工作，全省经济运行总体平稳、社会大局保持稳定。当前吉林省经济转型升级处于深度调整期和阵痛期，前三季度，增速进一步回落，但吉林省按照经济高质量发展要求，不断调整产业结构，服务业在经济发展中的比重持续攀升，内部结构不断优化，传统服务业比重略有下降，现代服务业比重有所上升。农业发展稳定向好，粮食再获丰收，积极响应国家环保政策，推进畜牧业绿色可持续发展。前三季度，工业发展受信息、汽车、医药产业整体发展水平拖累，工业增加值增速明显放缓，但第四季度，受外部需求影响，工业增加值显著回升。民生福祉持续增强，新兴就业稳步增长，社会保障全覆盖平稳推进，扶贫攻坚成效显著。长春吉林一体化、长春公主岭同城化进程加快推进，吉林、公主岭成为长春经济圈中重要节点城市。深入实施营商环境建设攻坚，优化营商环境，民营经济发展活跃。将创新发展融入吉林发展理念中，持续推进创新驱动，"数字吉林"建设步伐加快。

报告指出，2020年世界经济形势越发复杂，经贸摩擦和"逆全球化"思潮仍会持续，发达经济体政策外溢效应变数和不确定性因素将会继续增加。但我国经济发展长期向好的基本面没有改变，经济结构继续优化，就业基本保持稳定。吉林省为全面建成小康社会和实现"十三五"规划目标，将全面贯彻党的十九届四中全会精神，切实把党领导经济工作的制度优势转化为治理效能，按照高质量发展要求，深刻认识发展的趋势性变化，调整产业结构，加快改革创新，改善发展环境，积蓄发展新动能，创造发展新空间，确保经济增长回归合理区间，经济质量明显提升，预计2020年吉林省经济增速将可能达到5.7%。

关键词： 吉林省　经济形势　经济增长

Abstract

In 2019, due to the increasingly severe global political and economic environment, external pressure on China's economy has increased significantly which is also a very difficult year for the economic development of Jilin Province. Facing new problems and new needs in the new situation, the Blue Book of Jilin adopts scientific and objective analysis methods to correctly understand the new characteristics of Jilin Province's economic and social development trends and to promote Jilin Province to achieve full proposals for revitalization.

The report pointed out that in 2019, facing unprecedented difficulties and challenges, Jilin Province fully implements the important instructions of General Secretary Xi Jinping on the revitalization of Northeast China, adheres to the new development concept, strives to promote high-quality development, and does a solid job of "Six Stabilities". The overall economic operation of the whole province is stable and the overall social situation remains stable. The economic transformation and upgrading of Jilin Province has entered a period of deep adjustment, in the first three quarters, The growth rate dropped further, but Jilin Province continuously adjusted its industrial structure according to the demand for high-quality economic development. The proportion of service industry in economic development continued to rise, and the structure of service industry is also continuously adjusted. The proportion of traditional service industry declined slightly, while the proportion of modern service industry increased. Agricultural development is stable and positive, and grain output has reaped another bumper harvest. Jilin Province actively responded to the national environmental protection policy and promoted the green and sustainable development of animal husbandry. In the first three quarters, industrial development was dragged down by the overall development level of the information, automobile and pharmaceutical industries, and the growth rate of industrial added value slowed down significantly. However, in the fourth quarter, due to the influence of external demand, industrial added value rebounded significantly. The well-being of the people's livelihood has continued to increase, emerging employment has grown steadily, full coverage of social security has progressed steadily, and remarkable results have been achieved in tackling poverty. Changchun and Jilin have developed in coordination with each other; Changchun and Gongzhuling have developed in coordination with each other. Jilin and Gongzhuling have become important node cities in the development of Changchun economic circle. Jilin Province has carried out in-depth business environment construction, optimized business environment, accelerated the development of private economy, integrated innovation and development into the development concept of Jilin Province, continued to promote innovation drive, and the pace of construction of "digital Jilin" has accelerated.

The report pointed out that the world economic situation would become more complicated in 2020. Economic, trade frictions and the trend of de-globalization would continue to happen, and the variables and uncertainties of policy spillover effects in developed economies would continue to increase. However, the long-term positive fundamentals of China's economy development have not changed, the economic structure has continued to be optimized, and employment has remained basically stable. In order to build a well-off society in an all-round way and the goal of the 13th Five-year Plan, Jilin Province will fully implement the spirit of the Fourth Plenary Session of the 19th CPC Central Committee, and effectively transform the institutional advantages of the Party's leadership of economic work into governance efficiency. According to the demand for high-quality development, Jilin Province should have a deep understanding of the trend changes in development, adjust the industrial structure, speed up reform and innovation, improve the development environment, accumulate new momentum for development, create new space for development, and ensure that economic growth returns to a reasonable range and the quality is significantly improved. It is estimated that the economic growth rate in Jilin Province will be possible to reach 5.7% in 2020.

Keywords: Jilin Province; Economic Situation; Economic Growth

目 录

Ⅰ 总报告

B.1 2019~2020年吉林省经济形势分析与预测…… 张丽娜　徐卓顺 / 001
　　一　2019年吉林省经济运行分析……………………………… / 002
　　二　吉林省经济发展存在的问题……………………………… / 017
　　三　2020年吉林省经济发展形势分析与预测………………… / 019
　　四　对策建议…………………………………………………… / 024

Ⅱ "十四五"专题篇

B.2 "十四五"时期吉林省农产品加工业转型升级思路研究
　　……………………………………………………… 李冬艳 / 033
B.3 "十四五"时期吉林省制造业智能化发展思路研究…… 肖国东 / 050
B.4 "十四五"时期吉林省服务业发展思路研究…………… 纪明辉 / 061

Ⅲ 高质量发展篇

B.5 吉林省医药健康产业发展的困境及对策研究…………… 赵　奚 / 077

B.6 吉林省绿色农业发展现状及对策研究 …………………… 丁　冬 / 091

B.7 吉林省农村一二三产业融合发展对策研究 ……………… 于　凡 / 103

B.8 吉林省国家级高新区高质量发展的对策研究 …………… 王　西 / 117

B.9 吉林省上市公司发展问题研究 …………………………… 吴　妍 / 132

B.10 吉林省消费变动特点及提升对策研究 ………………… 田振兴 / 145

Ⅳ 改革创新篇

B.11 吉林省优化民营经济营商环境的对策研究 …………… 张春凤 / 158

B.12 推进吉林省政务服务标准化的对策建议 ……………… 任　晶 / 171

B.13 吉林省民营企业政务服务法治化发展研究 …………… 刘星显 / 178

B.14 吉林省科技创新治理能力提升策略研究 ……………… 徐　嘉 / 191

B.15 吉林省农民工返乡创业政策效能研究 ………………… 高　洁 / 203

Ⅴ 开放合作篇

B.16 长春公主岭同城化发展问题与对策研究 ……………… 李　平 / 219

B.17 长吉一体化协同发展问题与推进对策研究 …………… 王天新 / 232

B.18 "一带一路"倡议背景下吉林省对韩经贸合作
现状及对策研究 ………………………………………… 石美生 / 245

B.19 "一带一路"框架下吉林省加强与日本产业
合作对策研究 …………………………………………… 邵　冰 / 264

Ⅵ 民生保障篇

B.20 吉林省农村留守老人养老的社会支持研究 …………… 韩佳均 / 279

B.21　吉林省托育行业发展现状及对策建议 …………… 周　含 / 293

B.22　吉林省农村反贫困的现状和对策分析 …………… 曾　丹 / 307

B.23　吉林省农村人居环境提升问题研究 ……………… 姚　堃 / 319

皮书数据库阅读 **使用指南**

CONTENTS

I General Report

B.1 2019-2020 Jilin Province Economic Situation Analysis and Forecast

Zhang Lina, Xu Zhuoshun / 001

 1. Analysis on Economic Operation of Jilin Province in 2019 / 002

 2. Problems Existing in Economic Development of Jilin Province / 017

 3. Analysis and Forecast of the Economic Development of Jilin

  Province in 2020 / 019

 4. Countermeasures and Suggestions / 024

II The 14th Five-Year Plan Chapters

B.2 Research on the Transformation and Upgrading of Agricultural

 Products Processing Industry in Jilin Province during the 14th

 Five-Year Plan *Li Dongyan* / 033

B.3 Research on the Intelligent Development of Manufacturing

 Industry in Jilin Province during the 14th Five-Year Plan

Xiao Guodong / 050

B.4 Research on the Development of Service Industry in Jilin

 Province during the 14th Five-Year Plan *Ji Minghui* / 061

CONTENTS

Ⅲ High Quality Improvement

B.5 Research on the Development Predicament and Countermeasures
of Medical and Health Industry in Jilin Province *Zhao Xi* / 077

B.6 Research on the Current Situation and Countermeasures of
Green Agriculture Development in Jilin Province *Ding Dong* / 091

B.7 Research on the Countermeasures for the Integration of Primary,
Secondary and Tertiary Industries in Rural Areas of Jilin Province
Yu Fan / 103

B.8 Research on the Countermeasures for High Quality Development
of National High-tech Zone in Jilin Province *Wang Xi* / 117

B.9 Research on the Development of the Listed Companies
in Jilin Province *Wu Yan* / 132

B.10 Study on the Characteristics of Consumption Change and its
Promotion in Jilin Province *Tian Zhenxing* / 145

Ⅳ Reform and Innovation

B.11 Research on the Countermeasures to Optimize the Business
Environment of Private Economy in Jilin Province
Zhang Chunfeng / 158

B.12 Countermeasures and Suggestions to Promote the Standardization
of Government Affairs Services in Jilin Province *Ren Jing* / 171

B.13 Research on the Development of the Legalization in the
Government Service of Private Enterprises in Jilin Province
Liu Xingxian / 178

B.14 Research on the Strategy of Improving the Governance Ability of Science and Technology Innovation in Jilin Province
Xu Jia / 191

B.15 Study on the Effectiveness of the Policy for Migrant Workers' Returning Home to Start Business in Jilin Province *Gao Jie* / 203

V Openness and Cooperation

B.16 Study on the Problems and Countermeasures of the Urbanization of Gongzhuling and Changchun *Li Ping* / 219

B.17 Study on the Problems and Countermeasures of the Coordinated Development of Changchun-Jilin Integration *Wang Tianxin* / 232

B.18 The Current Situation and Countermeasures of Jilin's Economic and Trade Cooperation with Korea under the Background of "The Belt and Road" Initiative *Shi Meisheng* / 245

B.19 Countermeasures for Jilin to Strengthen Cooperation with Japanese Industries under the Framework of "The Belt and Road"
Shao Bing / 264

VI People's Livelihood Security

B.20 Study on the Social Support of the Left-behind Elderly in Rural Areas of Jilin Province *Han Jiajun* / 279

B.21 Research on the Current Situation and Suggestions of the Development of the Nursery Industry in Jilin Province
Zhou Han / 293

B.22 Analysis on the Current Situation and Countermeasures of Rural Anti-poverty in Jilin Province *Zeng Dan* / 307

B.23 Study on the Improvement of Rural People's Living Environment in Jilin Province *Yao Kun* / 319

总报告

General Report

B.1

2019~2020年吉林省经济形势分析与预测

张丽娜 徐卓顺*

摘 要： 2019年全球政治经济环境愈加严峻，中国经济面临的外部压力显著上升。吉林省处于滚石上山、爬坡过坎的关键阶段，供需两侧均表现乏力，经济增速明显放缓，GDP、固定资产投资、社会消费品零售总额、进出口总额增速均低于全国平均水平。这与吉林省产业结构不合理、消费需求增长缓慢、资本效率低、民营经济发展薄弱、科技创新动力不足密不可分。今后一段时期内，吉林省需要按照高质量发展要求，深刻认识发展的趋势性变化，进一步调整产业结构，加快改革

---

* 张丽娜，吉林省社会科学院软科学研究所所长、研究员，研究方向为产业经济和区域经济；徐卓顺，吉林省社会科学院软科学研究所副所长、研究员，研究方向为数量经济和宏观经济。

创新步伐，改善发展环境，积蓄发展新动能，创造发展新空间，确保经济增长回归合理区间，经济质量明显提升。

关键词： 吉林省 经济形势 经济增长

一 2019年吉林省经济运行分析

2019年是新中国成立70周年，也是决胜全面建成小康社会的关键一年。前三季度，全球政治和经济发展的不确定性愈加严峻，主要经济体经济增长弱势明显。中国经济下行压力加大，通货膨胀预期和就业状况基本稳定，国际收支基本平衡，经济增速显示了较强韧性，中国经济平稳增长。吉林省面临当前复杂国际国内形势，供需两侧均表现乏力，经济增速明显放缓。

（一）经济增速大幅下降

前三季度，吉林省国内生产总值10045.01亿元，按可比价格计算，同比增长1.8%。分别较1季度和上半年下降了0.6个和0.2个百分点，较2018年4.5%的增幅下降了2.7个百分点。分产业看，第一产业增加值544.70亿元，同比增长2.2%，较2018年增长了0.2个百分点；第二产业增加值4702.75亿元，同比增长0%，较2018年下降了4.0个百分点；第三产业增加值4797.56亿元，同比增长4.0%，较2018年下降了1.5个百分点（见图1）。吉林省前三季度的增速在全国31个省（自治区、直辖市）中位列末位。

（二）产业发展分化明显

1. 农业稳定向好

2019年前三季度，农业生产形势较好。粮食方面，吉林省粮食播种面

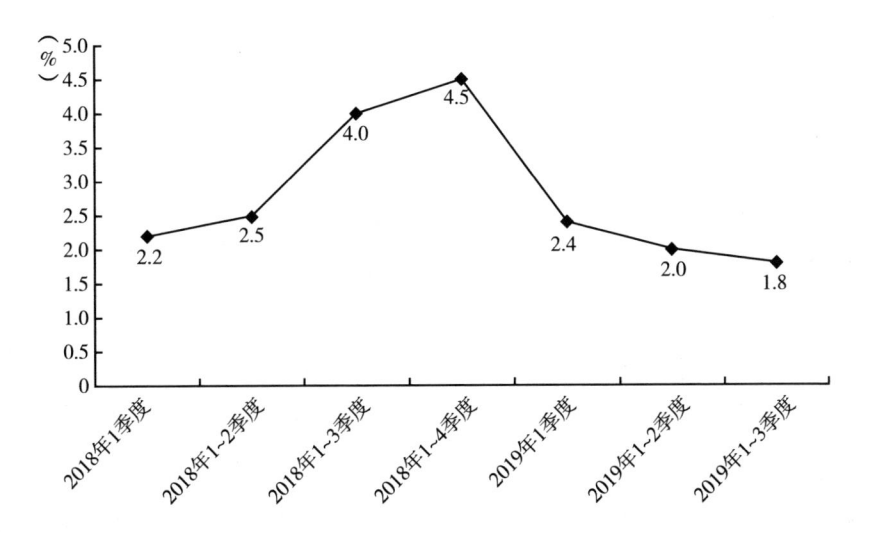

图 1　2018 年 1 季度至 2019 年 1~3 季度吉林省季度 GDP 累计增速

资料来源：中华人民共和国国家统计局，http://www.stats.gov.cn/。

积稳定在 8000 万亩以上，针对春旱，全省共实施抗旱播种面积 2615 万亩，粮食再获丰收，全年粮食总产量有望超过 700 亿斤水平；畜牧业方面，国家为健康发展畜牧业，近年来出台一系列相关政策，对畜牧业规模化建设、排泄物及病死牲畜的处理要求越发严格，缓解了畜牧养殖的环境污染问题，推进了生态文明建设，吉林省推进全国无规定疫病区和现代畜牧业全产业链建设，加快了通榆吉运 15 万头牛、洮北 300 万只肉羊、榆树正榆 1 亿只肉鸡等投资亿元以上项目建设；特色产品方面，打造完成通化县人参现代农业产业园、吉林市昌邑区东福集团现代农业产业园、蛟河市木耳现代农业产业园等 8 家省级农业特色产业园，农安县哈拉海镇、通化县英额布镇、伊通满族自治县营城子镇等 9 个镇（乡）获农业农村部、财政部批准建设农业产业强镇；水产品方面，发挥珲春区位与资源优势，利用新开辟的"堪察加—扎鲁比诺—珲春"水产航线，做大以珲春为主体的水产品加工业，实现水产品产值增长 5%。此外，2019 年，吉林省通过一二三产业融合，加快公主岭市、永吉县、通化县等 6 个全国农村一二三产业融合发展先导区建设，发展吉林省农业精深加工，加快传统农业向现代食品工业转变，推动现代农业再提升。

2. 工业增速下滑明显

2019年吉林省工业发展受信息、汽车、医药产业整体发展水平拖累，工业增加值增速明显放缓。1~9月吉林省规模以上工业企业增加值累计下降了0.6%，显著低于全国5.8%的平均水平，也低于吉林省2018年5.0%的增速，较1~8月下降了1.1个百分点。分经济类型看，1~9月，国有控股企业增加值同比下降1.8%，股份制企业增长2.6%，外商及港澳台商投资企业下降4.2%。分行业看，1~9月，全省工业22个主要产品中仅有12个产量保持同比增长，增长面仅有54.5%，但即使是增长的产品增幅较上年同期也有所收窄。受全国工业建设速度放缓影响，吉林省铁合金产量下降明显，降幅达到57.7%。八大重点产业中有三大产业的工业增加值下降，拖累了吉林省的工业整体增速。其中，电子信息产业受创新能力不足、差异化竞争水平低影响，加之中美贸易摩擦持续，电子信息制造业面临内外压力增大的瓶颈局面，信息产业降幅明显，1~9月累计下降了6.2%。纺织行业受环保政策影响较大，加之劳动力成本提高等因素的影响，吉林省纺织行业在前9个月累计下降了2.0%，2019年，持续的中美贸易摩擦，进一步波及中国原料药、制剂、生物制药。加之金融机构资产管理业务新规执行，医药行业资本来源缩紧。此外，医药市场旧的商业模式发生显著变化，整体医药市场受到影响，吉林省1~8月医药产业增加值同比下降了1%，9月份市场略有回暖，但增幅并不明显，仅累计小幅上涨了0.2个百分点。受自主开发能力、零部件企业投入，以及专用车技术水平影响，汽车产业发展受限，1~9月汽车产业增加值同比下降了1.8%（见图2和表1）。

3. 服务业结构持续调整

2019年前三季度，吉林省服务业增速平稳，服务业结构持续优化。2019年1季度、上半年和前三季度的服务业增速分别达到3.5%、4.5%和4.0%，较2018年分别下降了2.0个、1.0个和1.5个百分点。在GDP中的

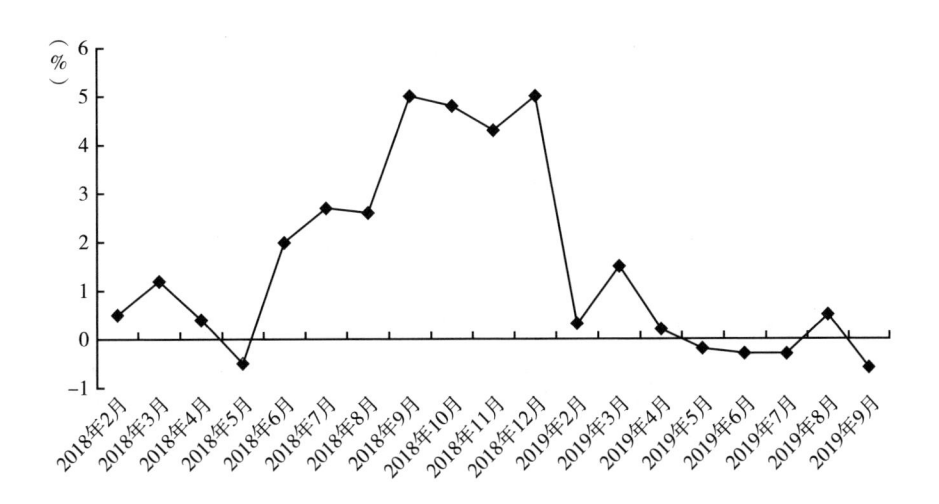

图2 2018年2月至2019年9月吉林省规模以上工业增加值月度累计增速

资料来源：中华人民共和国国家统计局，http://www.stats.gov.cn/。

表1 2019年1~9月吉林省规模以上重点产业工业增加值增速

单位：%

指标	增速	指标	增速
1. 汽车制造业	-1.8	6. 冶金建材产业	8.3
2. 石油化工产业	1.2	7. 能源工业	16.5
3. 食品产业	2.2	8. 纺织工业	-2
4. 信息产业	-6.2	八大重点产业合计	-0.6
5. 医药产业	0.2		

资料来源：中华人民共和国国家统计局，http://www.stats.gov.cn/。

比重较1季度54.4%略有下降，达到了47.8%，略高于第二产业46.8%的比重（见图3）。前三季度，吉林省传统服务业中的批发和零售业，交通运输、仓储和邮政业，住宿和餐饮业增加值占服务业增加值比重分别达到了18.5%、8.8%和4.6%，基本与上年持平。现代服务业中的主要行业金融业和房地产业比重均有所增长，分别比上年提升了1.3个和2.9个百分点，比重分别达到了11.2%和11.5%（见图4）。

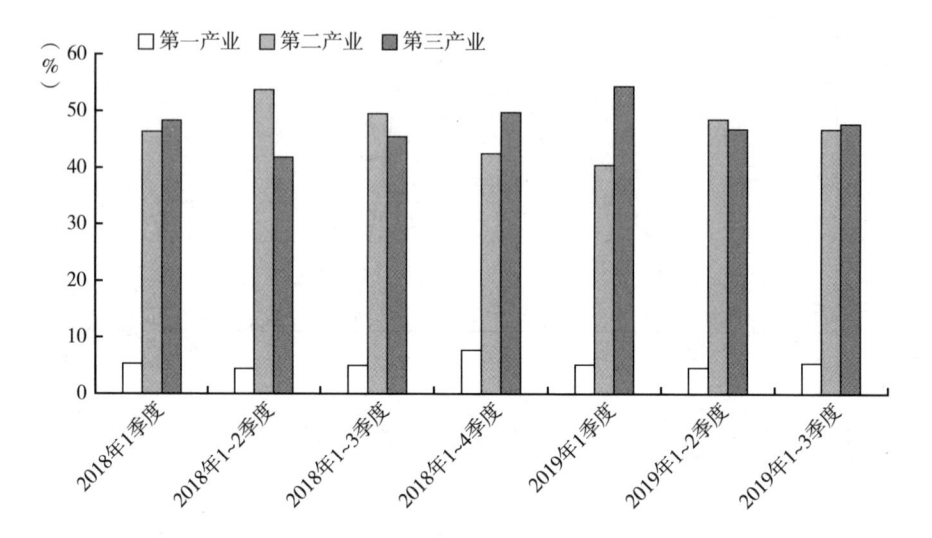

图3 2018年1季度至2019年1~3季度全国第一、二、三产业增加值增速

资料来源：中华人民共和国国家统计局，http://www.stats.gov.cn/。

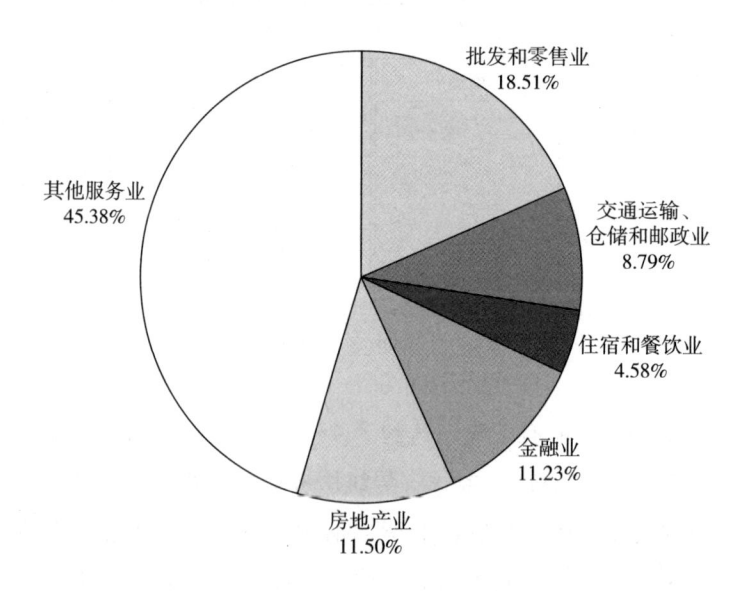

图4 2019年前三季度服务业内部结构

资料来源：中华人民共和国国家统计局，http://www.stats.gov.cn/。

（三）三大需求均有回落

1. 固定资产投资由正转负

2019年受基础设施建设投资放缓、制造业投资整体下滑影响，吉林省固定资产投资下浮较大，由2018年的正向增长转为负增长，且有持续下降的趋势。1~9月，吉林省固定资产投资同比下降了14.4%，较全国平均水平下降了19.8个百分点，降幅比1~8月再次扩大4个百分点，较2018年下降了16个百分点。其中，国有固定资产投资下降了3.4%，民间投资下降了18.7%。分产业看，第一产业投资同比下降54.2%，第二产业投资增速下滑37.3%，第三产业投资增速提高1.4%。1~9月，吉林省的固定资产投资增速居全国31个省（自治区、直辖市）中的第29位，仅高于海南和西藏的增速，较增速最高的天津及广东分别低了29.8个和25.7个百分点（见图5和表2）。房地产投资维持平稳增长。2019年，房地产企业和吉林省政府落实中央"房住不炒"的长远要求，促使房地产市场进入高质量发展阶段，房地产开发投资额累计同比增速自年初以来总体显现缓慢下降并趋稳的走势。前三季度内在销售数据上下波动起伏的时候，开发投资增速止跌

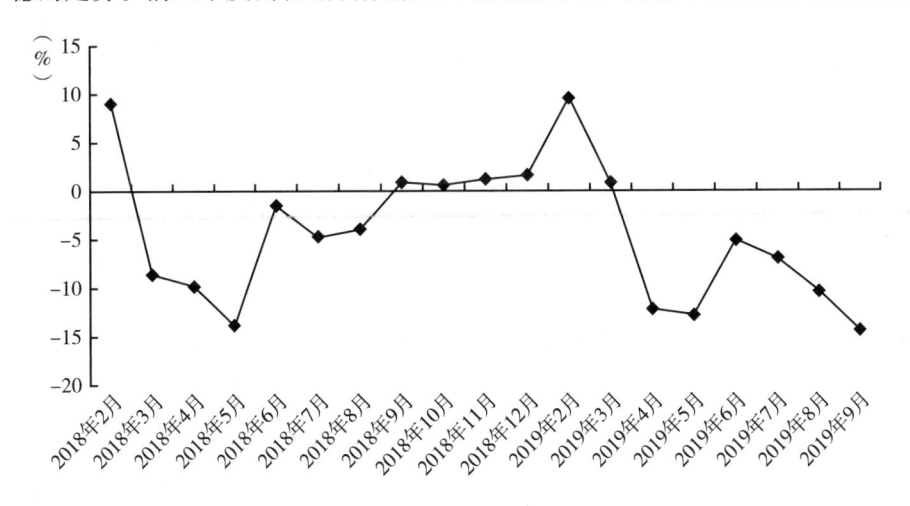

图5　2018年2月至2019年9月吉林省固定资产投资月度累计增速

资料来源：中华人民共和国国家统计局，http://www.stats.gov.cn/。

转稳，并保持了15%以上的较好增长韧性，这对于稳定经济和稳定后续楼市起到了关键作用。1~9月，吉林省房地产开发投资1014.42亿元，相较于2018年同期增长16.7%，增速比1~8月下降了2.5个百分点（见图6）。

表2 2019年1~9月全国各地固定资产投资增速

单位：%

排序	地区	增速	排序	地区	增速
1	天津	15.4	17	甘肃	5.5
2	广东	11.3	18	河北	5.2
3	湖北	10.7	19	内蒙古	4.8
4	湖南	10.3	20	上海	4.8
5	浙江	10.1	21	北京	4.7
6	江西	9.4	22	江苏	4.7
7	云南	9.3	23	黑龙江	1.7
8	四川	8.9	24	陕西	1
9	广西	8.6	25	辽宁	-1.7
10	安徽	8.4	26	青海	-3
11	河南	8.2	27	山东	-9.6
12	福建	7	28	宁夏	-11.6
13	山西	6.2	29	吉林	-14.4
14	新疆	6.1	30	海南	-16.3
15	贵州	5.8	31	西藏	-20.6
16	重庆	5.5		全国	5.4

资料来源：中华人民共和国国家统计局，http：//www.stats.gov.cn/。

2. 消费品市场仍处于负增长

2019年吉林省的消费品市场增幅依然为负增长，但有缓慢上行态势，且其消费结构有所调整。9月份，吉林省社会消费品零售总额同比下降了6.1%。1~9月，社会消费品零售总额较上年同期下降了5.3%。按经营单位所在地分，9月份，城镇消费品零售额同比下降6.5%；乡村消费品零售额下降7.1%。1~9月，城镇消费品零售额同比下降5.1%；乡村消费品零售额同比下降10.6%。按消费形态分，9月份，商品零售同比下降5.6%，餐饮收入同比下降22.9%。1~9月，商品零售同比下降4.8%，餐饮收入

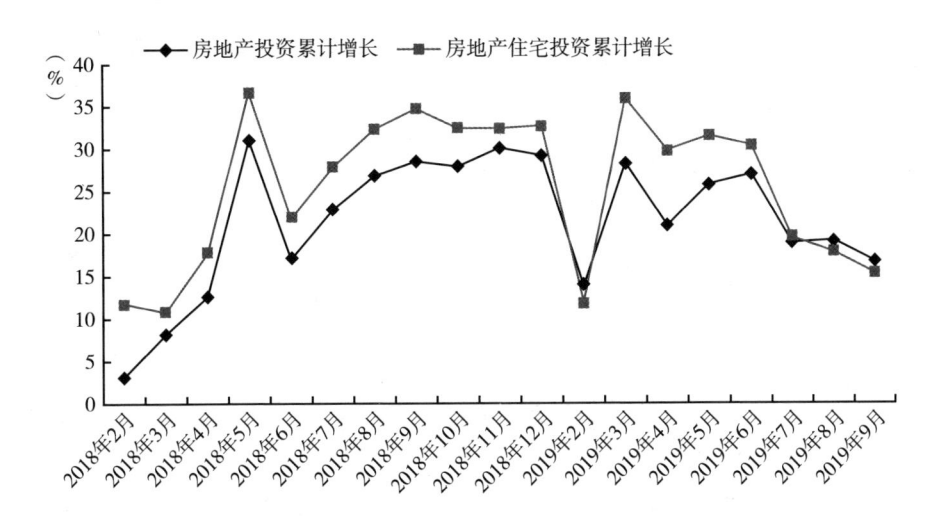

图6　2018年2月至2019年9月吉林省房地产固定资产投资月度累计增速

同比下降21.9%。虽然吉林省的消费品市场增幅趋缓，但其消费结构有所调整。一是食品、衣着消费下降。1~9月，吉林省吃、穿类商品零售总额分别同比下降了3.4%和0.4%。二是服务消费占比增长。1~9月，吉林省体育、娱乐用品类商品零售累计增长5.3%。随着房地产销售的转稳，互联网的快速发展，家具销售越来越融入人们日常消费场景，吉林省家具行业精细化、规模化、品牌化发展趋势明显，吉林省家具类商品9月增长11.2%，前三季度累计增长10.5%。而且，随着互联网的发展，吉林省的互联网消费也在不断增长。据省商务厅数据，2019年一季度吉林省电子商务交易额、农村网络零售额、跨境电商出口额同比分别增长30.1%、23.8%、35%。但电商产业的快速发展仍无法弥补实体产业销售额的大幅下降，导致吉林省整体商品销售仍处于负增长（见图7）。

3. 出口增速小幅回落

2019年1~9月，吉林省进出口总额964.1亿元，降幅达到7.8%。其中，出口238.2亿元，同比下降0.3%；进口725.9亿元，同比下降10.0%；贸易逆差487.7亿元。可见，吉林省2019年1~9月进出口规模下降明显，但民营企业主体活力不断提升，出口增长29.7%，占比达48.2%，

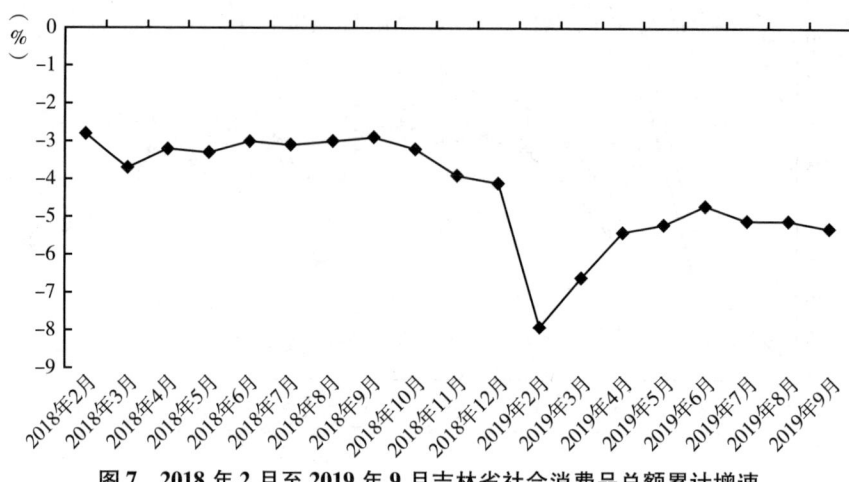

图7 2018年2月至2019年9月吉林省社会消费品总额累计增速

资料来源：中华人民共和国国家统计局，http://www.stats.gov.cn/。

进口增长15.9%，占比12.2%。此外，边境贸易发展迅速，表芯等出境加工业务快速增长，跨境电商业务发展迅速，长春市获批建设跨境电商"综试区"，开通珲春出口加工区跨境电商业务，建设珲春海洋经济合作发展示范城市及示范区，吉林省对外贸易商品结构进一步优化，高质量、高技术、高附加值产品出口稳步增长（见图8）。

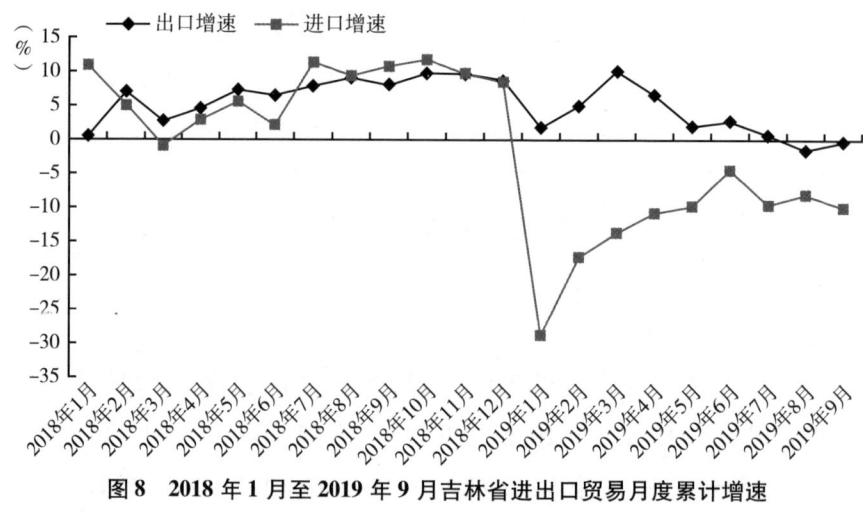

图8 2018年1月至2019年9月吉林省进出口贸易月度累计增速

资料来源：中华人民共和国国家统计局，http://www.stats.gov.cn/。

（四）物价表现各有不同

2019年前三季度，受食品价格影响，吉林省的居民消费价格指数（CPI）仅在2月和8月出现了下降，其他月份保持上行态势，且显著高于2018年的平均水平。而工业生产者出厂价格指数（PPI）震荡下行，下降幅度明显高于2018年的平均水平。居民消费价格指数在年初就已超过了工业价格指数的增幅，且二者差距正在持续扩大。表明吉林省经济结构仍不平衡，供给和需求在不同产业、不同行业内错配问题仍然存在。

1. CPI明显上涨

2019年，非洲猪瘟暴发，多地区的猪都被宰杀、填埋，猪的数量减少，育肥猪出栏量下降，加之近年来越来越严格的环保政策，很多养猪散户在疫情、风险、效益等多方原因的共同作用下，养殖意愿降低，猪存栏和出栏量都在减少，导致猪肉价格大幅上涨，造成猪肉购买量大幅下降。受猪肉供应偏紧、中秋节、国庆节以及消费替代影响，鸡肉、牛羊肉、鱼肉购买量转而增加，价格同步上涨，食品价格的显著提高，推高了CPI的增幅。2019年9月，CPI同比上涨2.9%，涨幅比上月扩大0.1个百分点，较2018年全年增幅高了0.8个百分点。其中，食品价格上涨8.6%，涨幅扩大1.2个百分点。其中，畜肉类和蛋类价格分别上涨44.6%和7.3%，涨幅比上月分别扩大了13.8个和6.5个百分点。1~9月，CPI同比上涨2.6%，涨幅比上月扩大0.1个百分点。其中，食品价格上涨5.3%，涨幅比上月扩大0.4个百分点。食品中，畜肉类和蛋类价格分别上涨15.7%和2.0%，涨幅比上月分别扩大3.8个和0.7个百分点。9月，非食品中，衣着、居住、生活用品、交通和通信、教育文化和娱乐、医疗保健类CPI环比和同比涨幅均有不同程度的回落。与全国同期比较，9月吉林省的CPI涨幅仅比全国平均水平低0.1个百分点，在全国31个省（自治区、直辖市）中居第12位，处于全国CPI涨幅较高的队列中。

2. PPI降幅缩小

2019年9月，PPI同比下降1.4%，降幅与上月持平，比7月提升了

0.2个百分点,但较2018年下降了1.8个百分点。其中,生产资料价格下降2.9%,降幅比上月放大0.3个百分点;生活资料价格由上月上涨0.3%转为上涨0.6%。工业生产者购进价格中,十大类工业品中仅黑色金属、有色金属材料和农副产品类产品价格上涨,分别上涨了0.4%、1.5%和5.4%,其他商品价格均有小幅下降。1~9月,PPI同比下降1.1%,降幅比上两月均仅扩大了0.1个百分点,比2018年下降了3.9个百分点。其中,生产资料价格下降2.1%,降幅比上月扩大0.1个百分点;生活资料价格上涨0.4%,涨幅与上月持平。工业生产者购进价格中,十大类工业产品中仅黑色金属材料、建筑材料和非金属矿类、农副产品类和纺织类产品价格上涨,分别上涨1.9%、0.1%、1.7%和0.9%。9月吉林省的PPI涨幅在全国31个省(自治区、直辖市)中仅为中位水平,居第15位,比全国平均水平低0.2个百分点(见表3、表4和图9)。

表3 2019年9月全国各地CPI排序与PPI排序

单位:%

排序	地区	CPI	排序	地区	CPI
1	广西	104.5	17	陕西	102.7
2	四川	104.2	18	贵州	102.6
3	海南	104	19	辽宁	102.5
4	广东	103.6	20	重庆	102.5
5	湖南	103.5	21	北京	102.4
6	江苏	103.4	22	河北	102.4
7	湖北	103.4	23	西藏	102.4
8	河南	103.3	24	山西	102.2
9	江西	103.2	25	上海	102.2
10	黑龙江	103	26	新疆	102.2
11	山东	103	27	内蒙古	102.1
12	吉林	102.9	28	云南	102.1
13	浙江	102.9	29	甘肃	101.9
14	天津	102.8	30	青海	101.9
15	安徽	102.8	31	宁夏	101.3
16	福建	102.8		全国	103

续表

排序	地区	PPI	排序	地区	PPI
1	内蒙古	101.7	17	上海	98.5
2	西藏	100.5	18	陕西	98.4
3	安徽	100	19	河北	98.3
4	四川	100	20	江西	98.3
5	河南	99.7	21	江苏	98.2
6	福建	99.6	22	广西	98.1
7	湖北	99.5	23	山西	98
8	广东	99.4	24	浙江	97.7
9	北京	99.3	25	天津	97.6
10	贵州	99.2	26	青海	97.5
11	云南	99.1	27	宁夏	97.5
12	山东	99	28	甘肃	96.5
13	湖南	98.8	29	新疆	94.6
14	重庆	98.8	30	黑龙江	94.1
15	吉林	98.6	31	海南	93.6
16	辽宁	98.5		全国	98.8

资料来源：中华人民共和国国家统计局，http://www.stats.gov.cn/。

表4 2019年9月各类居民消费价格指数

单位：%

指　标	9月	同比增长
居民消费价格指数	102.9	2.9
食品烟酒类居民消费价格指数	108.6	8.6
衣着类居民消费价格指数	101.5	1.5
居住类居民消费价格指数	101.2	1.2
生活用品及服务类居民消费价格指数	100.9	0.9
交通和通信类居民消费价格指数	95	-5
教育文化和娱乐类居民消费价格指数	102	2.0
医疗保健类居民消费价格指数	101.3	1.3
其他用品和服务类居民消费价格指数	106.7	6.7

资料来源：中华人民共和国国家统计局，http://www.stats.gov.cn/。

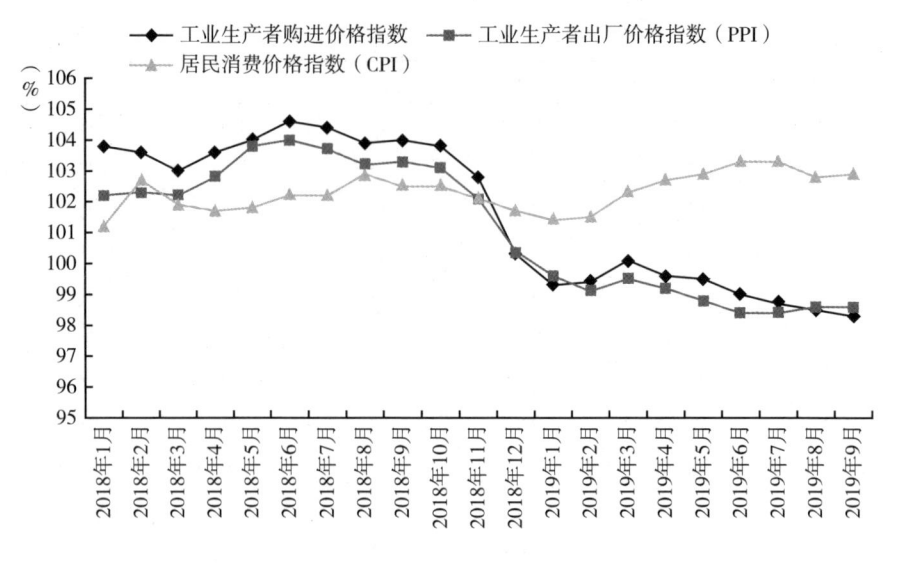

图9　2018年1月至2019年9月吉林省CPI与PPI月度增速

资料来源：中华人民共和国国家统计局，http://www.stats.gov.cn。

（五）发展条件不断改善

1. 基础设施支撑能力进一步增强

2019年，吉林省逐步加大交通建设等投资力度，截至9月已完成投资258亿元，同比增幅达到31.4%，基础设施支撑能力进一步增强。推进沈阳—白河、敦化—白河等高速铁路和龙井至大蒲柴河等11条高速公路建设，集安—通化等4条高速公路建成通车，启动四平至通化铁路前期工作。改扩建长白山机场，实现延吉机场迁建和扩能，启动和推进长春龙嘉国际机场三期、吉林机场改扩建等项目前期工作。实施总投资711.4亿元的长春轨道交通三期工程，开工建设地铁2号线东延线、轻轨4号线南延线、地铁6号线、地铁7号线一期4个项目。加快长春地铁2号线西延线、轻轨3号线东延线、环城高速等在建项目建设。承接澳大利亚、新加坡、伊朗、美国等国外城市地铁项目。建设5G网络基础设施，加快"百兆乡村"示范及配套支撑工程进程。丰满大坝治理工程竣工投产。推进中部城市引松供水、吉林西部供水、松原灌区等续建工程。"四好农村路"加快建设，"畅返不畅"整治完工10789公里，10月底已实现全年整治1.1万公里的目标。推动新一轮农村电网改造升级。

2. 创新发展持续推进

一是创新投入加大。近年来，吉林搭建创新创业孵化载体39个，设立5亿元产业投资基金，推动大口径光学、航空遥感与测量等成果转化落地。2019年上半年，吉林"工业走廊"466个项目投资1500多亿元，103个项目投产见效，汽车、石化、农产品加工、装备制造等传统优势产业改造提升、集聚发展；医药走廊新开工项目70个，投资370亿元，长春和通化两个医药健康集群率先发力，医药健康产业正在成为吉林新的支柱产业。二是传统产业信息化建设步伐加快。近年来，吉林举全省之力推动汽车产业数字化转型升级。2018年，吉林启动建设了红旗智能绿色小镇，在10公里范围街区里，从创意到研发、生产、售后服务等一应俱全。2019年，吉林长客采用北斗卫星导航系统、智能行车、智能服务、智能运维的北京到张家口奥运智能高铁在年底以前即可具备批量生产的能力。完成吉浙对口合作的标志性项目，首批氢能源客车由延边国泰新能源汽车公司自主研发成功。"吉林一号"卫星带动了吉林光学制造、精密加工、电子信息等高新技术产业快速发展，为老工业基地"数字蝶变"打下坚实基础。

（六）民生福祉持续增强

1. 新兴就业稳步增长

2019年，吉林省全力以赴稳就业。保证毕业生就业。针对高校毕业生，实施大规模就业见习计划，做好高校毕业生的"三支一扶"招募工作，在高校招聘季，协同组织招聘会近30场，确保高校毕业生总体就业率在90%以上；培育新兴产业，增加就业人数。据省商务厅数据，一季度，吉林省已经培育电子商务示范基地和示范企业148家，创建国家电商进农村综合示范县18个，评定电商镇40个、电商村400个，网商数量达到47.9万家，电商带动就业150.4万人。并依托互联网，在快递配送、外卖送餐、移动出行、知识技能培训和生活服务等领域培育并提供具有一定专业知识和技能的自由职业者,确保全省城镇新增就业35万人。城镇登记失业率控制在4.5%以内;扩大农村劳动力就业规模。完成建设30个返乡创业基地和5个以上省级农民工返乡创业示范县,并通过为农民工返乡创业提供担保贷款、提供创业补贴等措施,吸引农民工返乡创业,全省农民工等人员返乡创业达到9.5万人,增幅达到10.5%。

2. 社会保障全覆盖平稳推进

2019年,吉林省以全面增强养老、失业、医疗、工商、生育保险抗风险能力为目标,将部门联动形成的外部力量和加强内部考核激发出的内在动力有机结合起来,外促内驱,确保社会保险基金实力持续增强。一方面,加快社会保险扩面步伐,通过降低社会保险单位缴费比例、调整社会保险缴费基数、推进企业职工基本养老保险基金统收统支省级统筹等举措,切实减轻企业负担,推进民营企业参加养老保险和高风险企业农民工参加工伤保险。另一方面,充分挖掘参保缴费增长点,以农村进城务工人员、个体工商户、灵活就业人员、新业态从业人员等群体为重点,不断把社保扩面工作推向深入。此外,吉林省退休人员养老保险待遇正常调整机制进一步健全,企业退休人员基本养老金实现连续调整,退休人员每人每月增加39元以上。困难残疾人生活补贴和重度残疾人护理补贴"两项补贴"制度上线运行,残疾人权益得到进一步保障。

3. 扶贫攻坚成效显著

2019年,吉林省把"整改"和"攻坚"有机结合起来,把脱贫和乡村振兴有机结合起来,以更大的力度扎实做好脱贫攻坚各项工作,并贯彻落实习近平总书记关于实施网络扶贫行动的重要指示精神,脱贫攻坚成效显著。吉林千名第一书记网络扶贫(中共吉林省委组织部)、吉林省青年电商助力精准脱贫农特产品(杭州)展销会(吉林省阿凡提科技有限公司)两案例入选我国2019年网络扶贫案例,3人1组织获得了2019年全国脱贫攻坚奖。8月,东北贫困地区县市农产品产销对接活动在长春举办,现场签约总金额达16.81亿元。

二 吉林省经济发展存在的问题

(一)工业依赖问题没有显著改善

2019年,吉林省大部分主要指标增速低于全国平均水平。与全国平均增速相比,2019年前三季度,吉林省GDP、固定资产投资、社会消费品零售总额、进出口总额增速分别比全国平均水平低4.2个、19.8个、13.5个和2.1个百分点。这与吉林省产业结构不合理密不可分。吉林省产业结构长期处于"二三一"的态势,2019年前三季度吉林省的三次产业占比分别为5.4%、46.8%和47.8%。而第二产业中工业所占比重达到了90%以上,其中,重工业比重达到60%以上。且吉林省的工业增长主要依靠汽车、石化、食品、信息、医药、冶金、能源和纺织工业,八大重点产业总值在吉林省工业经济中占比超过70%,其中,国有及控股企业增加值占全部规模以上工业企业增加值50%以上。可见现今吉林省经济发展仍然主要依赖于国有工业经济,而工业的发展又以重化工业和资源型企业为主,产业结构的不合理,加之过度依赖于重点产业的发展模式,且汽车、石化等行业受国际国内市场影响显著,导致吉林省经济指标普遍低于全国平均水平。

(二)"一城独大"的格局对经济的支撑影响较深

长春市GDP占比一直占据吉林省经济发展的主导地位,2019年长春市前三季度GDP完成4657.2亿元,增速为零,这一增速比上半年回落0.5个百分点,较上年同期回落7.2个百分点。尽管长春的农业和工业仍在增长状态,但增速疲弱,仅为2.5%和0.5%,服务业则下降0.8%。前三季度,长春规模以上工业完成总产值下降5.5%,降幅比1~8月扩大1.3个百分点。其中,七大产业产值下降5.1%,降幅比1~8月扩大1.5个百分点。而且,前三季度,长春市的固定资产投资下降了16.9%,其中工业固定资产投资下降了37.7%,社会消费品零售总额仅增长4%,进出口增速下降了

10.6%。长春市作为2019年吉林省人民政府印发《"一主、六双"产业空间布局规划的通知》（吉政发〔2019〕6号）中"一主"辐射带动作用的关键，长春市经济的增速放缓，不仅未能起到带动"六双"的作用，甚至对城市协同发展造成了拖累。

（三）消费需求增长缓慢

目前，吉林省的经济增长拉动力仍是以投资为主，消费在拉动经济增长中所起的作用仍显著低于投资，且其贡献率呈现小幅下降态势。消费需求是以个人收入为杠杆，消费者在享用生活消费服务的过程中，会促使企业的后续生产行为，因而，消费需求具有间接引致经济增长的特点。但吉林省的最终消费率自2006年大幅跌落后，呈现最终消费率震荡下行态势，虽在近两年有所回升，但上升幅度较小，2017年最终消费率较资本形成率低了28个百分点（见图10）。

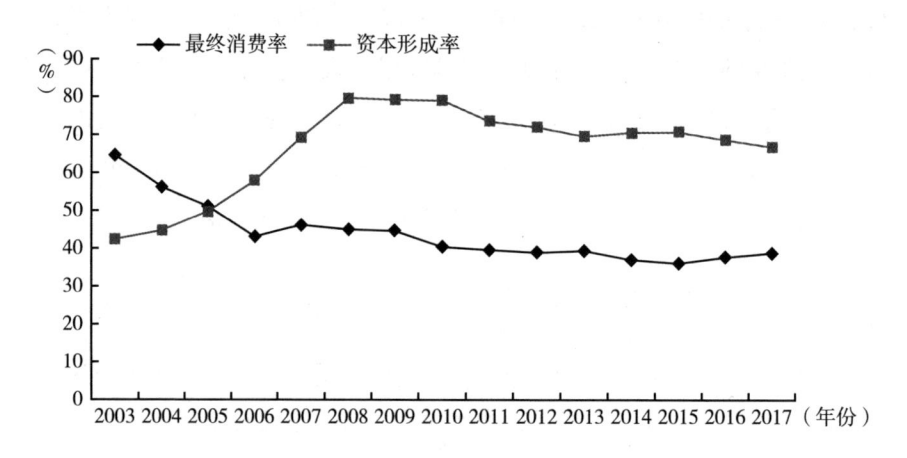

图10　2003～2017年吉林省最终消费率和资本形成率

（四）民营经济发展薄弱

吉林省作为老工业基地，国有企业在经济发展中的地位较高，民营经济发展较为薄弱。2019年1~8月，民营工业增加值同比下降了1.3%，同期，国有控股工业增长了2.0%，民营工业增速下降既对民营经济发展形成拖累，同时也拖累了整个工业发展。此外，民营企业在融资、审批、土地等领域面临诸多困难，造成民企交易成本高，投资损耗大，资本形成率低。

（五）科技创新的动力不足

目前，吉林省的科技创新仍主要局限于少数企业，且多集中于国有企业、国家级研究所等，且科技创新投入强度显著落后于国家平均水平。近三年来，吉林省的研发经费内部支出额持续下降，已经由2016年的139亿元，降至2018年的115亿元。而且吉林省的科技经费筹集途径较少，主要来自企业的自有资金，政府投入不大，且政府的投资增幅并不大，省财政科技支出额仅由2016年的41.0亿元增至2018年的41.1亿元。此外，吉林省作为老工业基地，工业在吉林省的经济发展中所占比重较大，而工业企业创新具有时限长、经济效益不显著等特征，加之吉林省人才流失、人才匮乏问题，导致企业创新成本过高，使吉林省的企业科技创新动力不足。

三 2020年吉林省经济发展形势分析与预测

（一）国际形势分析

1. 主要经济体增长动力仍然不足

当前，世界经济增长面临全球保护主义风险、地缘政治冲突、贸易摩擦的三重干扰，主要经济体增长动力仍然不足。美国经济增速放缓，供需两端增长乏力，且制造业加快萎缩。2019年9月采购经理人指数（PMI）仅有47.8，创下2009年6月以来新低，表明美国经济后续增长动能略显不足；欧元区工业萎缩，增加值连续缩减，制造业持续衰退，贸易保护主义盛行、英国硬脱欧、政治局势动荡等下行风险因素还在不断积聚。2019年二季度，欧元区19国的经济实际增速为1.2%；2019年日本经济在宽松货币政策和积极财政政策的交互发力下，国民经济扭转了负增长的局面。上半年，日本的GDP实际增速为1%，二季度环比增速为0.3%。但日本经济增长仍然缺乏亮点，景气指数、综合PMI、消费者信心指数均连续下调；新兴经济体经济增长势头普遍回落。国际货币基金组织、世界银行和联合国分别预测2019年、2020年两年的全球经济增速为3.2%和3.5%、2.6%和2.7%、2.7%和2.9%。

2019年，美国的贸易霸凌主义和全球保护主义，严重影响各国企业参与全球分工，使经济效率遭受极大损失。为应对贸易争端所带来的影响，部分国家于2018年采取财政刺激措施和直接补贴抵消了大部分国内所受的直接经济影响。2019年随着刺激措施带来的推动力减弱，贸易紧张局势的长期升级可能会严重扰乱全球经济。直接受影响的行业已经显示出成本的上升、价格的上涨和投资决策的延迟，且这一影响正在通过全球价值链向全球传播，最终造成发达国家动力减弱以及发展中国家面临发展条件的恶化，全球经济下行风险加大。根据国际货币基金组织7月份发布的数据，预计发达经济体2019年增长率将降至1.9%；新兴市场和发展中经济体增长率停滞在4.1%。

2. 东北亚合作呈现新气象

2018年以来，东北亚地区局势进一步稳定，国家间关系改善，区域合作迎来新气象。中日关系稳中向好。当前，中日两国为实现互利共赢，构建战略平台和沟通机制，在经济界携手合作，在数字经济、环境经济等方面已展开交流与合作，2019年，"北京—东京论坛"在北京举行，中日节能环保综合论坛系列活动暨中日绿色发展环保节能技术交流会在苏州高新区召开；中韩关系改善发展，双边往来与交流日益提升。2017年10月31日，两国政府同时发表"关于改善双边关系的沟通结果"。同年12月14日，韩国总统文在寅对中国进行了国事访问。趁着双边关系回暖的契机，中韩两国经济往来也正迅速恢复。2018年8月底在韩国京畿道高阳市举行的"2018中韩经济协力论坛"就吸引了来自哈尔滨、无锡、连云港、威海等多地政府约220名代表访韩，随着时代的发展，中韩合作的项目也正发生变化。中韩企业在游戏、IT、智能城市等产业领域的合作需求越来越大。中俄关系继续加强。2019年是中俄建交70周年。6月5日，中俄两国元首共同宣布，将两国关系提升为"新时代中俄全面战略协作伙伴关系"。目前，中俄在基础设施方面的合作包括黑龙江上中俄首座跨境公路大桥，以及中企承建俄罗斯首条地铁隧道。中俄经贸合作与文化交流中心等10个重点项目正在青岛市西海岸新区国际经济合作区奠基开工，总投资110亿元人民币。

2019年，面对反全球化、逆全球化风潮，中日、中俄在反对贸易保护主义和经济单边主义、坚持多边自由贸易、推动区域经济合作等共同关心的重要议题上同频共振。随着"一带一路"建设的推进，东北亚互贸区和产品生产基地正在逐步建立，中俄商品交易和现货中心、中俄经贸合作洽谈中心、信息服务中心，成为辐射俄罗斯和朝鲜、韩国的国际商品集散地。以保税加工、保税物流为主，同步发展国际转口贸易、商品展示、产品研发等功能，依托东北亚中、日、韩、俄联运通道，打造立足长吉图区域辐射东北亚乃至全国的现代化物流网络，建设成东北亚区域进出口商品物流基地。与双边关系改善相辅相成，东北亚地区多边合作机制也迎来新局面。

（二）国内形势分析

1. 国内经济长期向好的基本面没有改变

2019年的中央经济工作会议和《政府工作报告》指出，"我国发展仍处于并将长期处于重要战略机遇期，拥有足够的韧性、巨大的潜力和不断迸发的创新活力，中国经济长期向好的态势不会改变"。2019年上半年，中国经济运行总体平稳，好于预期，新旧动能转换加快实施，改革开放继续有力推进，为全年经济稳定健康发展打下良好基础。经济结构调整优化，转型升级成效明显，全国工业产能利用率为75.9%，与历史同期相比，为2013年以来的次高点，供给质量明显提升。高技术产业增加值和战略性新兴产业增加值分别增长7.8%和6.7%，快于规模以上工业1.3个百分点和0.2个百分点。固定资产投资增长6.3%，其中高技术制造业投资增长11.4%，增速比全部投资快5.1个百分点。城乡居民收入稳定增长，全国居民人均可支配收入实际增长6.8%，比上年同期加快0.2个百分点。中国社会科学院预计全国2019年经济增速在6.4%左右，比上年全年增速下滑了0.2个百分点。

2. 东北再振兴利好政策正在叠加

2018年9月，习近平总书记在对东北三省进行考察后主持召开的东北振兴座谈会上针对东北发展的"四个短板"，明确提出"新时代东北振兴是全面振兴、全方位振兴"。2019年，东北振兴更是迎来了新一轮的政策红利。专项转移支付、国企混改、对外开放、创新转型等成为关键发力点。6月，李克强总理主持召开的国务院振兴东北地区等老工业基地领导小组会议提出，转型升级东北地区经济结构、探寻东北新的竞争优势、努力吸引人才集聚，是东北振兴、提高东北地区经济发展质量的关键。随后，国家发改委提出了振兴东北的重点任务、重大工程、重大改革举措等，并努力促成东北地区与东部地区对口合作。同一时期，吉林省政府也研究落实举措，细化具体任务。据统计，针对东北振兴及相关政策已有1000余项，其中国家政策200项左右。吉林省更多关注基础设施建设和社会保障性政策。

（三）2020年吉林省主要经济指标预测

2020年面临着错综复杂的世界经济形势，持续的经贸摩擦和"逆全球化"思潮，发达经济体政策外溢效应变数和不确定性因素将会继续增加。同时，国内可能依然存在产能过剩、企业利润率下滑、内需动力不足、金融风险不断积聚等诸多困难，但我国经济发展长期向好的基本面没有改变，经济结构继续优化，就业基本保持稳定。综合考虑这些因素，并利用2003年一季度至2019年二季度数据构建吉林省联立方程模型，对2020年主要指标进行了预测，结果如表5所示。

表5 吉林省主要经济指标增长速度预测

单位：%

	2019年	2020年
国内生产总值	3.5~4.5	4.7~5.7
其中：第一产业增加值	1.8	1.9
第二产业增加值	3.6	3.8
第三产业增加值	5.3	5.7

续表

	2019年	2020年
社会固定资产投资	-12.7	7.6
社会消费品零售总额	4.2	4.5
居民消费价格指数(CPI)	2.9	2.5
城镇常住居民人均可支配收入	6.1	5.8
农村常住居民人均可支配收入	6.2	6.0
外贸进出口	-10.6	9.7
其中:出口	-11.2	5.5

1. 地区生产总值

从总体看，2020年，供给侧的主要因素持续减弱，潜在GDP增速下滑，需求侧的全球贸易保护主义抬头，外需疲软，结构分化；投资结构将会进一步调整，投资增速将维持在小幅增长水平，消费升级会对经济发展有所提振，外需形势会受到全球经贸形势影响，但随着"一带一路"建设的推进，出口仍会维持上涨态势，但上涨幅度不会太大。受三大需求影响，预计2020年，吉林省经济增速会保持平稳，经济结构转型升级趋势会愈加明显，工业制造业不断向高端挺进，服务业在经济中比重持续攀升，高质量发展会对冲经济下行压力，预计2020年吉林省经济增速将可能达到5.7%。

2. 投资

2020年，吉林省专项债发行进度将会加快，债券利息有所降低，债券期限有所延长，诸多基础设施建设项目将会得到密集批复。加之我国的财政政策积极稳健，货币政策适度宽松，固定资产投资仍是拉动经济增长的有效手段，总投资会有所增长，预计2020年固定资产投资总额将增长7.6%左右。

3. 消费

2020年，吉林省的消费升级的趋势将继续强化。一方面，居民消费仍将保持平稳增长，另一方面，消费对经济增长的驱动作用继续强化，房地产价格在2020年并不会出现大幅下滑的可能性，过高的房地产价格将会继续对整体消费产生中长期不利影响。预计2020年，消费增速总体会保持平稳小幅增长4.5%左右。

4. 出口

中美贸易摩擦可能会给我国的出口带来一定下行压力，吉林省与之相关的行业必然会受到影响。但中美贸易互补性高，双方很可能达成互赢的贸易协定，从而有效缓解中美贸易摩擦所导致的负面影响。且贸易摩擦会促使我国的对外贸易结构有所调整，加之"一带一路"的落地深耕，沿线国家经贸合作的进一步加深，预计2020年，吉林省的出口贸易仍会增长9.7%。

5. 物价

物价的推动因素通常可归结为需求拉动、成本推动、货币超发和外部输入等。2020年，预计全国工业产能利用率会进一步提升，M1和M2仍会低位运行，加之我国政府减税、降费政策仍会持续，预计2020年吉林省物价增幅将会在2.5%左右，物价上涨不会对经济增长产生负面影响。

四 对策建议

（一）夯实产业基础，保持经济稳步增长

当前，吉林省面临的外部环境更加严峻复杂，经济下行压力较大，各类问题集中显现。今后一段时期需要按照高质量发展需求，进一步调整产业结构，加快改革创新步伐，改善发展环境，保持经济发展的稳定性，确保经济增长回归合理区间。

1. 大力实施乡村振兴战略，加快推动农村一二三产业融合发展

一是推进农业供给侧结构性改革，加快农业现代化建设。积极调整种植业结构，大力发展特色产品、绿色产品、有机产品，打造绿色水稻基地、食用菌基地、专用玉米基地、人参种植基地、优质杂粮杂豆基地等，扩大全国性绿色原材料生产示范基地的数量，加快建设优势农产品生产功能区、重要农产品生产保护区、特色农产品优势区；以转变农业发展方式为主线，突出开放合作，集聚优势资源，优化要素配置，拓展发展空间，大力发展都市农

业、科技农业、节水农业、高效农业、有机农业，建成一批集科技示范、休闲观光、生态屏障和安全优质农产品供应等功能于一体的现代农业示范区。二是加快农业的三产融合发展，调整优化农业产业结构。构建"农业+工业""农业+旅游""农业+健康养生""农业+商贸物流"等发展模式，着力推进农业种养加一体、一二三产业深度融合，提升现代特色农业发展水平。三是培育特色品牌，增强农业发展的竞争力。以优势特色资源为依托，以市场为导向，以企业为主体，以特色产业示范基地建设为支撑，采取政府引导与市场运作相结合的方式，组织实施县域特色品牌创优工程，扶持培育一批具有竞争优势和示范带动能力强的龙头企业，打造一些特色明显、类型多样、竞争力强、带动力大的知名品牌，增强地区发展的竞争力和影响力。

2. 围绕"一主六双"产业布局，切实提升产业发展质量

一是重塑三大支柱产业新优势。农产品初加工企业要向精深加工企业转型，提升产品品质，衍生新型产品，丰富产品种类。继续培育壮大农产品加工龙头企业发展，发挥其带动引领作用，引导农村三产深度融合。通过"龙头企业+基地农户""龙头企业+合作社+基地农户"等产业化经营模式，延伸打造全产业链条。继续加大对龙头企业的扶持力度，尤其是对粮食加工企业要从国家和地方两个层面给予政策支持，积极争取国家政策，采取财政补贴、贴息等金融手段解决资金压力；对于龙头企业在用地、用电、用水等方面要厘清政策支持边界，给予最大限度的优惠。汽车产业要顺应新"四化"（电动化、智能化、网联化、共享化）趋势，面对汽车价值链、供应链变化的新格局，加快转型升级，明确市场定位，结合自主品牌汽车产品、价格、技术优势，竞争市场份额；加速创新发展，在智联网汽车、新能源汽车等方面抓紧突破；加大科技投入，聚焦电动车、混合动力车、自动驾驶汽车等领域零部件研发，在汽车零部件研发领域取得先机。石化产业优化延伸产业链，全力推进ABS、乙丙橡胶、聚氨酯、碳纤维等化工新材料产业发展，加强化工产业关键技术和大型成套设备研发，利用技术创新促进精细化工发展，打造优质精细化工产品，拓展化工新材料新产品在汽车、轨道交

通、航空航天、冰雪装备等领域的应用。二是全力推进战略性新兴产业发展。加快制造业智能化转型，利用云计算、大数据、人工智能、物联网等新兴技术与制造业并联融合发展，重点抓好智能制造及智能服务试点示范项目，提高生产效率，降低生产成本，提升产品质量和国际竞争力。注重制造业的业态创新，促进吉林省先进制造业由加工转向全球价值链的研发设计、品牌营销等环节，衍生出丰富的增值服务，实现由生产型制造向服务型制造的转型。充分依托以"吉林一号"卫星技术为代表的航空航天技术、生物医药技术、光电子技术、现代装备制造技术等方面的优势，打造航空航天产业、生物医药产业和高端装备制造业产业集群。以长春经济圈为核心，发挥辐射带动作用，以开放的理念合纵连横、靠强联大，催生优势互补、布局合理、协调发展的产业圈。

3. 坚定绿色发展方式，大力发展绿色产业

一是强化农业绿色生产。开展农产品产地环境专项监测，重点对产地土壤中重金属进行监测，加强产地环境治理，强化耕地土壤污染管控与质量提升；推广农药化肥减量增效生物防控技术，加强农产品生产经营主体安全生产指导；利用科技创新引领绿色加工，引导企业向低碳、低耗、循环、高效方向发展，形成一个绿色可持续发展的加工体系。二是促进二产绿色低碳发展。利用先进环保技术、废弃物资源化技术、循环利用与再生技术对吉林省建材、化工、制造业等进行改造升级，通过技术和产品创新，提供先进的装备、新材料和其他高科技产品，提高资源的利用效率，减少污染物排放，实现向可再生能源转型。建立更具包容性的绿色增长机制，包括开放机制、竞争机制、流动机制以及长效机制，协调解决政府与市场二者失灵问题，促进生产要素在企业间的流动，通过碳排放权交易、排污权交易等，促进技术进步，提高环保质量；实施更加有效的奖惩措施，避免"一刀切"导致的利益损失。三是加快服务业发展。服务业具有劳动密集度高、资源消耗低、环境污染少等特点，选择加快服务业发展是推行生态产业的重要措施。充分利用吉林省的自然禀赋与文化资源优势，打造旅游强省，形成东中西资源各具特色、区块有效连接的协同发展格局。高标准承办举办东博会、汽博会、农

博会、消夏节、冰雪节等百场节庆会展活动。利用冰雪资源，讲好吉林冰雪故事。统筹吉林省冰雪旅游资源，实施错位差异化发展，避免产能过剩，重点发展冰雪装备制造业，加大索道缆车、造雪机、碳纤维滑雪板等冰雪装备制造企业招商引资力度；加强与冬奥组委、国家体育总局、北京延庆区合作，承办有影响的冰雪赛事，培育冰雪产业人才。促进服务业与一产、二产的融合互动，相互促进。

（二）加快改革创新发展，凝聚经济发展新动能

1. 破除体制机制障碍，加强关键领域改革不断深化

一是深化国资国企改革。以国有企业自身改革和国有资产监管体制改革为主要内容推进吉林省国企改革向纵深发展，做优做大国有资本，提升企业活力与竞争力。构建政企分开、政资分开和公平竞争环境，通过引资合作战略加快完成吉粮集团、昊融集团破产重整，推动吉煤集团、森工集团重组。完善国有资本授权管理经营体制，重点推进从管企业向管资本转变，实行国有资本投资、运营公司试点；深化国有资产负债约束机制和退出制度改革，推动国有企业负债率有效降低和僵尸企业出清。二是深化农村土地制度改革。继续推进农村集体建设用地改革、农村居民宅基地三权分置改革，全面完成确权登记颁证，保护和放活土地经营权。推进农村集体产权制度改革，完成农村集体资产清产核资、集体成员身份确认，推进集体经营性资产股份合作制改革。

2. 持续推进创新驱动战略，加速动能积累与转换

一是利用科技创新引领驱动产业升级。大力实施以"新合作、新技术、新产业"为核心的"三新"战略，有力推进经济转型升级。运用新技术，实施科技专项等产业创新手段，对制约传统产业发展的关键技术问题进行攻关，研发示范先进适用的关键共性技术和工艺，促使传统产业焕发活力。充分利用新一轮科技革命的研发成果，培育壮大新业态、新产业，推动吉林省卫星航天产业、5G信息技术产业、现代装备制造业、生物医药产业等战略性新兴产业扩大规模，成为经济发展的新支柱。二是力争实现关键技术领域

的新突破。吉林省的科技创新应该站在更高的视角，扩展更广的范围，加强技术创新领域的国际合作，为全球产业链合作提供动力。吉林省应该在汽车、生物制药、轨道客车、航空航天等领域抓住关键核心技术攻关的"牛鼻子"，整合研发资源，培养创新人才，搭建国际合作创新平台，科学规划布局，协调有序推进协同创新，破除发达国家凭借科技优势在关键技术环节和核心产品上"卡脖子"威胁。三是加强基础研究合作。提高对基础研究的重视程度，充分认识到基础研究是创新的基础与源泉。充分利用吉林大学、东北师范大学等高等院校以及光机所等科研院所基础学科的资源与优势，加强学科研究合作与成果共享，提升基础研究创新能力、成果转化能力，进而提升产业基础能力。

3. 加大科研体制创新力度，营造科技创新生态环境

一是加大科技投入力度。切实解决吉林省科技研发投入增长缓慢的问题，从省级层面逐年提高科技研发投入，并出台政策鼓励企业增加研发费用。二是依托省内高技术企业、高校和科研院所，构建信息链、人才链、资金链、服务链，搭建更具实效的协同创新平台，促进产业、研发、服务相互支撑共同发展的生态体系。三是实施高质量引智工程。应对当前人才大战的局面，需要加快完善人才引进机制。推进高校毕业生创业就业工程，对于留吉回吉的高校毕业生给予住房补贴、生活补贴、零门槛落户等方面的支持。弘扬工匠精神，培养高素质劳动者和技术技能人才。

（三）优化营商环境，加快民营经济发展

1. 深化"放管服"改革，营造"亲、清"营商氛围

一是合理界定政府与市场的边界。厘清政府与市场的边界，加快政府职能转变。一方面，政府充分放手，扩大市场边界，参照长春新区"证照分离"改革试点经验，逐步扩大到全省范围，扩大至所有涉企经营许可事项；另一方面，提升政府监管与服务职能，优化环保、消防、市场监管等执法方式，利用互联网技术建立诚信系统，对违法失信行为实施联合惩戒。设立政务服务的"好差评"标准约束政府行为。二是构建"亲、清"新型政商关

系。继续举办"吉人回家"等大型招商引资活动，发挥自媒体新媒体等平台作用，宣传政策，弘扬企业家精神，营造尊商、亲商、富商、安商的浓厚氛围，开辟"服务民营企业绿色通道"，吸引全世界的人才、企业家来吉创业投资。

2. 下大气力支持民营经济发展，激发民营企业活力

一是有效降低企业成本负担。实施增值税留抵退税、小微企业税收优惠等税收优惠政策，加大减税力度。降低多项产品行政事业性收费标准，取消部分产品行政事业性收费。降低合规成本，力推水电气热通信等公共服务降价降费，降低企业物流成本，为企业减负。二是完善民营企业发展的政策支持体系。加快实施产业保护政策，对于企业自主创新的产品，以及技术和服务等，要设置产业保护期，防止出现"谁创新，谁吃亏"的现象。建立中小微企业融资政策，创新金融服务方式，降低民营企业的融资成本。

（四）充分释放消费需求，提供经济增长动力

1. 要加快培育消费热点，拓展消费空间

一是继续扩大假日消费能力。在节假日消费市场方面应充分发挥地区的资源优势，推出具有特色的假日旅行，并加大节日宣传力度，提升服务体验。针对目前消费者对短时假日消费的需求，有条件的地区可以开发个性化的"夜经济"。二是积极培育消费热点，发展民生服务业，加快发展旅游业，积极开拓新型服务领域。

2. 要健全商贸流通体系，营造良好消费环境

按照商务部等10部门联合印发的《全国流通节点城市布局规划（2015~2020年）》，健全吉林省的商贸流通体系，形成东、中、西部流通带。加强与国内外知名的电商企业展开合作，在省内形成智慧商圈，打造智慧城市。扶持农村电商发展，进一步完善农村商业设施建设，支持大型零售企业向城乡重要节点镇村延伸网点，发展建设一批镇级商贸中心。

（五）全方位扩大开放，建设开放合作高地

1. 加快通道与平台建设，主动深度融入"一带一路"建设

一要进一步完善对外开放通道。充分发挥珲春—扎鲁比诺港—宁波舟山港航线的作用，带动构建海陆空、点线面有机结合的航线航路体系，推进"滨海2号"国际运输走廊、珲春国际铁路枢纽、扎鲁比诺港升级改造项目的实施。二要加快推进对外开放平台建设。深度融入"一带一路"建设，进一步完善长春兴隆综合保税区、中国图们江区域（珲春）国际合作示范区、中新（吉林）食品区、东北亚国际物流园、东北亚国际科技创新中心等开放平台的建设，促进平台之间的互动发展；积极建设图们江区域（珲春）海洋经济示范区，通过建立稳定合作机制，加强基础设施互联互通，促进东北亚国家要素、资源、技术、人员的流动，不断深化经济合作和贸易往来，拓宽对外开放的广度和深度，打造"一带一路"北向通道，为吉林省申报设立国家自由贸易区奠定基础、争创优势。

2. 扩大区域合作开放范围，促进产业的"走出去、引进来"

一是推动产业的对外合作。坚持以国际市场需求和扩大出口为导向，引进发达国家和地区的资本、技术等高端要素，大力发展外向型产业，扩大对外贸易。深化与日韩高新技术、医药健康、文化旅游、创意影视、中介服务等领域产业技术合作。支持一汽集团、长客公司、鸿达高新技术集团等企业"走出去"，鼓励轨道客车、自主品牌汽车、换热器和优质农畜产品开拓国际市场。二是加强对外科技合作。引导吉林省的高等院校、科研机构、高新企业与东北亚国家以及世界各国的相关机构开展科技合作，使其成为东北亚国家科技创新中心。面向全球开展科技成果交易、科技产品展示、科技论坛、科技项目招商等活动，大力提升国际科技交流与合作水平。三是开展全方位对口合作。利用借鉴好浙江的资源、发展模式，切实推动对口合作企业化、项目化、园区化。开展多层次战略合作，把京津冀、长江经济带、粤港澳大湾区和相邻区域作为合作重点，持续推进"1＋N＋X"合作。

（六）提高民生保障能力，增强城乡居民获得感幸福感

1. 多渠道多措施促进增收，提高人民收入水平

一是拓宽居民增收渠道。深化产业结构调整，按照调优农业、加强工业，搞活三产的思路优化产业布局。一方面，要改善农业耕作条件，提高农业现代化水平，降低农业生产成本，提升农作物抵御自然风险能力，增加农民收入；另一方面，要大力发展文化、旅游、商贸、餐饮、物流等第三产业，增加就业岗位，不断拓宽居民就业增收渠道。二是完善落实各项公务员、行政事业单位改革政策措施。加快推动吉林省公务员、行政事业单位的改革进程，积极落实各项改革措施，完善事业单位公车改革补贴、绩效工资等方面的差别待遇，早日分享更为公平的改革红利，提高收入。

2. 加强社会保障体系建设，进一步提高保障水平

一是深化企业职工基本养老保险制度改革。落实全民参保计划，推动社保扩面征缴，实现基础养老金在省内乃至全国的顺畅转移接续。二是完善统一的城乡居民基本医疗保险制度和大病保险制度，推进城乡保险的平等和共享，扩大异地就医范围。三是完善失业、工伤保险、最低生活保障制度，加强经办机构建设，协调管理各类保障项目。加大对残疾人、城镇困难人员就业援助力度。开展农民工工资"精准支付"行动。完善各类保险的筹资机制，建立合理的激励机制，改进保险基金投资管理模式，实现保险基金的保值增值。

主要参考文献

[1]《吉林省2018年政府工作报告》，吉林省人民政府网。

[2] 吉林省统计局：《吉林省国民经济统计公报》。

[3] 徐广顺、徐卓顺：《如何实现"稳增长"？——以吉林省为例》，《决策咨询》2019年第4期，第54~57页。

［4］班娟娟等：《东北振兴将迎新一轮政策红利》，《经济参考报》2019年7月4日。

［5］中国宏观经济研究院对外经济研究所形势分析课题组：《2019年上半年世界经济形势分析与展望》，《中国物价》2019年7月11日。

［6］中国社会科学院中国经济形势分析与预测课题组：《今年中国经济将在合理区间运行》，《经济参考报》2019年6月5日。

"十四五"专题篇

The 14th Five-Year Plan Chapters

B.2 "十四五"时期吉林省农产品加工业转型升级思路研究

李冬艳*

摘　要： 农产品加工业作为吉林省经济发展支柱产业，"十三五"期间取得了良好的发展成绩，积累了很多成功经验。但同时还存在着全省东中西产业布局不均衡、缺乏领军型企业、特色产业集中度不高、企业自身创新能力不足、产业整体融资能力不强、企业现代经营理念和技能缺失、转型升级内力不足等问题。"十四五"时期，吉林省农产品加工业转型升级的思路是坚持供给侧结构性改革，推进农产品加工业结构转型升级，进一步强化精深加工、促进产业链不断延长，突出重

---

* 李冬艳，吉林省社会科学院农村发展研究所副研究员，研究方向为区域经济与农村发展。

点项目建设、加强产业园区发展，以特色品牌培育为主线，全面提高农产品加工业核心竞争力及市场化程度，进一步提升全省农业产业化发展水平。

关键词： 转型升级　农产品加工业　"十四五"时期

"十四五"时期是我国全面现代化建设关键时期。作为支柱产业，吉林省农产品加工业面临着更加艰巨的发展任务和国际上不确定因素的挑战。农产品加工业在此背景下的发展，需要进一步调整发展思路，依靠吉林省农业优势，发掘市场潜力，在不断增加政策支持力度的基础上，克服困难、破解难题，实现转型发展。

一　"十三五"时期吉林省农产品加工业发展现状

"十三五"时期吉林省农产品加工业克服了国际经济发展放缓、国内经济结构性矛盾开始调整，东北地区经济继续筑底复苏，吉林省经济缓慢发展的困难，实现了平稳发展。

（一）企业数量不断增加

全省通过政策推动、创新驱动、项目拉动、市场带动等举措，实现农产品加工业企业数量规模不断增加、带户增收能力不断增强、拉动经济发展的作用不断提升。根据省农业农村厅数据[①]，"十三五"时期的前三年全省农产品加工企业达到18000个，省级龙头企业突破1500户，其中2018年全省农产品加工企业6500个，比"十二五"末期增加1550个，省级龙头企业530户，比"十二五"末期增加116户。全省农产品

[①] 数据来源于吉林省农业农村厅，文章中未标明数据均来自吉林省农业农村厅。

加工业在"十三五"期间平稳发展，已经成为全省农业现代化建设重要支撑力量。

（二）经济效益平稳增长

通过科技创新、市场潜力挖掘，不断完善农产品产业链、价值链、供应链，实现农产品加工业提质增效。"十三五"时期的前三年省级龙头企业实现销售收入7249亿元，其中2018年省级龙头企业实现销售收入1949亿元，比上一年增长6.0%，户均3.7亿元，增长3.0%，净利润82.5亿元，上缴税金121.8亿元，基本与上年持平。

（三）产业集群集聚发展格局形成

经过"十二五"时期的产业基础构建、产业体系打造以及企业基础设施建设，到"十三五"时期，通过进一步加强产加销一体化经营，全省基本形成了区域特点明显、产业链条配套、产品质量可控、园区科学确定的粮食、畜禽、特产品三大产业发展格局，成为全省农产品生产供应的主要来源。据调查[①]，常年玉米深加工能力300亿斤，实际加工量200亿斤以上，年加工能力10万吨以上的在产企业14户，形成淀粉及其衍生物、酒精、生物化工三大系列产品，主要产品有酒精、淀粉、变性淀粉、淀粉糖、氨基酸等，酒精、淀粉产量分别居全国第二位。2018年省级龙头企业从事粮食及肉、蛋、奶生产加工的户数与"十二五"末期基本持平；从事园艺特产品生产加工的户数比"十二五"末期增加22.5%。

（四）示范引领功能不断强化

农业产业化经营模式已经形成。"十三五"时期，全省农产品加工业通过"公司+合作社+基地+农户""保底收益+入股分红"等模式，实现了小农户与大市场的有效对接。在龙头企业带领下，通过农民合作社的纽带作

---

① 作者调研成果。

用，小农户与龙头企业形成了风险共担、利益共享联结机制。据统计，2018年省级龙头企业示范引领种植业270万公顷，占全省种植业播种面积的45%，带动230万农户参与一体化经营，占全省农户的54%。

（五）企业自身创新能力得到提升

适应市场，积蓄发展后劲，满足企业自身发展需要。全省很多龙头企业组建专门的研发机构，瞄准市场，消化引进工艺，自主研发新产品、新技术、新设备。"十三五"时期农产品加工企业每年科研经费投入约20亿元，183家企业建有专门的研发机构，省级以上龙头企业在质检、认证、检疫等保障产品质量安全方面每年投入经费5亿元，258家企业建立了专门质检机构。其中2018年龙头企业科研经费投入达18.1亿元，研发出一批具有领先地位的重大创新成果。2018年龙头企业获得省级以上名牌产品或著名商标的达222户，获得"三品一标"印证的龙头企业134个，印证产品426个，形成了吉林大米、吉林黄玉米、延边黄牛、东北黑猪、洮南杂粮杂豆、通化中草药等各具特色的地方品牌和具有较高知名度的农产品加工企业。

（六）带动农村三次产业融合发展格局逐步成型

"十三五"时期农产品加工企业向产业链前端延伸建立优质原料生产基地，向后拓展仓储、冷链、物流及电子商务等，支持15个县实施电子商务进农村综合示范国家项目，实施阿里巴巴村淘项目，制定并发布全省"十三五"休闲农业发展规划，举办全省休闲农业和都市农业经验交流活动，2016年和2017年两年共打造国家级示范县22个、示范点31个、美丽休闲乡村36个，形成了以农产品加工业为引领的农村一二三产业融合发展格局，涌现出循环农业、产业链延伸、农业功能拓展、高新技术渗透等多种模式，催生了新产业新业态，培育了农村发展新动能。带动农村三次产业融合发展新模式主要有龙头企业带动型种养循环型农业发展模式、高新技术渗透型融合发展模式、农业产业链延伸发展模式、先导区引领型发展模式等。

二 "十三五"时期吉林省农产品加工业发展的主要经验

"十三五"时期,全省农产品加工业取得长足发展,积累了很多宝贵经验,为"十四五"时期农产品加工业发展奠定了良好基础。总结"十三五"时期全省农产品加工业发展基本经验,能够更好地研究"十四五"时期农产品加工业发展思路。

(一)用现代化思维谋划农业,强化农产品加工业发展方向

"十三五"时期,吉林省坚持用现代化的思维谋划农业,一切农业发展政策都是从实现现代化的目标来制定,一切现代农业行为都用实现现代化的维度来谋划。农产品加工业是带动吉林省农业现代化的主导产业,必须高度重视农业产业化经营,大力推进农产品加工业发展。一是坚持农产品加工业生产管理现代化。省委将"农产品加工业销售收入指标"纳入县域突破考评,省政府把"农业产业化经营水平"指标纳入市(州)政府工作绩效考评,旨在用现代化的管理方式强化对全省农产品加工业发展的管理。二是坚持科学研究现代化。省里出台政策支持省级龙头企业组建科研中心,在基础设施建设、研究设备购置、人才引进等方面给予大力支持。三是坚持生产设备现代化。在先进设备购置方面出台优惠政策。《吉林省人民政府关于进一步促进全省民营经济加快发展的实施意见》(吉政发〔2016〕36号)鼓励新技术新产品首购首用。

(二)实施产业扶持政策,推动农产品加工业转型升级

"十三五"以来,吉林省出台一系列扶持农产品加工业发展的政策,极大带动了全省农产品加工业发展。2017年吉林省政府办公厅出台了《关于进一步促进农产品加工业发展的实施意见》(吉政办发〔2017〕71号)文件,对全省农产品加工业转型升级发展进行了安排部署。吉林省政府连续安

排农业产业化专项扶持资金14亿元,发挥了重要的引导和拉动效应。在2014年、2015年两年预留出1.4亿元,对财政支持产业化发展方式进行探索,在设立吉林省股权投资基金的基础上,"十三五"期间,坚持以"政府引导,多方参与,市场运作"为原则,以龙头企业为投资对象,以产加销一体化项目为主要内容,以股权投资为主要形式,吸引社会资本投入,为推动农产品加工业转型升级提供"杠杆"。

(三)坚持投资拉动战略,做大做强农产品加工业

农产品加工业已经成为吉林省第二大支柱产业,但是其总量仍然很小,仍然有很大的发展空间。因此,吉林省"农产品加工业十三五规划"仍然坚持投资拉动战略。依托吉林省农业大省、农产品资源大省优势,通过不断加大资金投入,逐步做大做强农产品加工业。"十三五"以来,吉林省先后启动投资1000万元和3000万元以上农产品加工业重点项目建设。2018年,全省实际启动农产品加工业投资3000万元以上项目100个,完成投资50亿元,真正实现了全省农产品加工业扩总量、上台阶。

(四)强化政策引领,明确主导产业在全省农产品加工业中地位

面对国际农产品市场低迷给吉林省玉米加工业带来的发展困境,吉林省政府根据本省实际,出台相应政策措施,力求帮助本省农产品加工企业克服困难、渡过难关。在2015年制定了《关于实施定向精准调控稳定经济增长的若干意见》,对吉林省玉米加工企业实施临时补贴政策,企业每加工1吨玉米补贴150元,以及2017出台《关于进一步促进农产品加工业发展的实施意见》(吉政办发〔2017〕71号)文件的基础上,2017年9个相关委办厅局联合制定下发了《吉林省推进玉米深加工产业加快发展的指导意见》,强化措施,综合施策,为玉米加工业转型升级明确思路和方向。

(五)坚持集群集聚发展,加强农产品加工业园区建设

按照《吉林省十三五农产品加工业发展规划》精神,2016年以来,吉

林省研究制定推动县域转型升级政策措施。抓好工业集中区和农产品、食品产业园区建设,依托现有开发区启动建设产业升级示范区,推进资源深度开发利用、农畜产品精深加工。各级政府部门明确责任分工,统筹协调推进,着力打造一批资源配置合理、产业协调发展、区域特色鲜明、带动作用突出的农产品加工业集群,逐步形成以大企业主导引领、中小企业协作配套、规模效应显著、集群集聚发展格局。

三 吉林省农产品加工业发展存在的主要问题

吉林省农产品加工业发展存在的主要问题仍然是产业附加值低,缺少大型龙头企业,尤其是缺少大型领军型企业,企业家市场意识薄弱,缺少品牌意识,产品档次较低,出口创汇的农产品较少。总体看,实现农产品加工业转型升级压力很大。各种因素叠加,导致吉林省农业产业化发展困难重重,农产品加工业问题较多,一些问题亟待解决。

(一)领军型企业少,产业集中度低

一是企业发展不均衡。省级农业产业化龙头企业中,年销售收入超亿元的企业尚未过半,10亿元以上的不足20户,超百亿元的大型企业更是凤毛麟角,与发达地区的差距进一步拉大(浙江省超亿元的665家、广东省超亿元的355家;河南省超10亿元的356家、江苏省超百亿元的13家)。尤其是近年来玉米加工型龙头企业面临前所未有的挑战,原有的规模优势、产品优势和品牌优势逐渐被赶超。二是地区发展不均衡。中部长春市、吉林市、四平市,东部延边州、通化市等农产品加工业发展比较好,但是农产品加工企业最多的四平市,2018年全市101户规上企业完成产值仅有120亿元。西部的白城、松原市发展较慢,甚至没有一家上市企业。白城市农产品加工业经营能力弱,体现在大型龙头企业少。全市规模化农业企业数量少,国家级龙头企业仅有5家,省级以上龙头企业52家,销售收入过亿元企业35家,分别占全省省级以上农业产业化龙头企业总

数的10.6%、10.3%和12.9%，80%以上的龙头企业年销售收入不足1亿元。果蔬、马铃薯等鲜食农产品存储能力低，全市鲜食农产品存储量2.03万吨，仅占总产量的1.5%。

（二）创新能力弱，产业发展后劲乏力

一是财政资金支持科技创新投入少。尽管省财政资金支持农业、工信、科技、发改等部门涉及农产品加工业科技创新项目，但是相比全省农产品加工业发展规模，还是杯水车薪，不能满足全省农产品加工业科技创新、产品更新换代、在全国乃至世界市场产生较强竞争力的需要。二是企业创新主体地位没有真正确立。企业整体科技投入较少，尚未形成梯次投入开发格局，自主创新能力不足，特别是在国内外同行具有领先水平的核心技术研发方面滞后，精深加工能力不足，产品缺乏竞争力。比如松原市农产品初加工多，精加工少，产业链不长，产品附加值低，很多地方的农民还是以卖农产品初级产品为主，没有加工能力。扶余市肖家乡盛产马铃薯，但没有加工马铃薯的企业，长岭县三青山马铃薯加工行业虽然有一定加工能力，但环保不达标，加工深度不够，产业链不长，近年来经营形势不够理想。前郭县大米加工企业多，初级加工后形成的米糠等附产品没有得到深加工，嘉吉生化的玉米精深加工度有待提高，同时加工后的废水没有得到有效利用等，由此导致产品的市场竞争能力不强，企业效益不高。

（三）发展资金不足，制约企业发展

一是项目资金投入不足。调查显示，全省60%以上的龙头企业发展面临资金不足困扰，年度资金缺口100亿元以上。例如：白山市企业发展受资金困扰，项目建设举步维艰。目前商业银行紧缩农产品加工企业固投贷款，企业好多项目均因资金问题受阻。二是流动资金需求量大。农产品加工业原料收购时间集中，资金季节性需求大，资金不足的问题十分突出。例如松原市农产品加工企业三个月的季节性生产，资金用量大且集中，主要资金来源于银行贷款，在米业加工行业中，全市只有绿和源米业等2户企业是农发行

的优质信贷客户，每年可以大量贷款，其他的企业受农发行政策的影响及达不到优质客户的要求，在生产旺季能得到银行信贷支持的十分有限，很多企业没有充足的资金保障，延长生产周期没有保证，也无法创造良好的经济效益。

（四）现代经营理念和技能缺乏，转型升级内力不足

一是现代企业经营理念缺乏。农产品加工企业的产权结构、企业管理带有明显的家族式特征，现代企业制度尚未建立，企业家的素质和理念需要提升。习惯于自建、自营、自管、自我发展，缺乏产业链上下游紧密融合、同行业联合抱团发展的理念，企业间相互竞争、无序发展问题较为突出，影响产业升级发展。二是企业内生动力不足。农产品加工业规模小、产业结构不均衡不合理，技术装备落后，有带动能力的龙头企业数量少，产业链条短，产品科技含量和附加值低，初级产品多，精深加工产品少。加工产品多以原料级为主，没有形成自己的品牌。已形成的品牌产品知名品牌极少。休闲农业发展尚处于初级阶段，整体建设水平低，配套设施不全，内容单一，缺少高品位、高档次、多功能的休闲农业产品。

四 "十四五"时期吉林省农产品加工业发展面临的形势

（一）中美贸易战将影响主要生产原料的国际市场

农产品加工业的发展必须首先满足粮食安全的需要，国际国内粮食供应量的变化将直接影响以粮食为主要原料的农产品加工业发展。粮食是中美贸易摩擦的主要品种，中美贸易摩擦结束之前及以后，国际粮食市场的变化都将影响国内粮食市场，影响农产品加工业的发展。中国现在粮食进口已从80年代的品种调剂变为今天的必要补充，已从个别品种进口发展成全面进口，从进口几亿美元上升到200亿～300亿美元。1995年中国净进口粮食

1985万吨，占世界贸易量的9.87%①，成为当年仅次于日本的第二大粮食进口国。中国2017年玉米进口量累计为282.56万吨②，较上年同期下降10.77%，其中从美国进口75.66万吨，占玉米进口量的26.78%；2017年大豆进口量为9553万吨，其中从美国进口3285.56万吨。因此吉林省在进行农产品加工业产业结构布局时，一定要考虑国际主要生产原料市场的变化风险。

（二）国内经济支撑农产品加工业健康发展

2020年是实现精准脱贫全面建成小康社会之年。尽管中国经济增速放缓，但是通胀率预期和就业状况稳定，国际收支基本平衡，显示了中国经济较强的韧性，2019年上半年中国经济运行总体平稳，好于预期，为全年经济稳定健康发展打下良好基础，虽然中国社会科学院预计全国2019年经济增速在6.4%左右，比上年全年增速下滑了0.2个百分点，但是中国经济长期向好的态势没有改变。国民经济发展较为稳定的运行及良好的预期，为吉林省农产品加工业奠定了良好的发展环境，将会满足农产品加工业产业调整及健全产业链条的条件。

（三）东北振兴政策将缩短吉林省经济调整周期

2018年9月，习近平总书记在东北三省进行考察后主持召开的东北振兴座谈会上，对东北地区经济发展、社会进步、生态文明建设各方面作出全面部署。2019年，国务院制定东北振兴专项转移支付倾斜政策，并加快国企混改步伐、加码推动创新转型。据统计③，针对东北振兴及相关政策已有1000余项，其中国家政策200项左右，目前已经形成了多元化的政策体系结构。2020年伴随国内经济的持续健康稳定趋势，伴随老工业基地振兴政策加速显效，吉林省经济将会逐步走出低谷，经济增长的稳定性会进一步

---

① 中国海关公布（没有标注的进口粮食数据均来自中国海关公布）。
② 数据来源：中华粮网。
③ 《东北振兴将迎新一轮政策红利》，《经济参考报》2019年7月4日。

加强，质量会进一步提升，农产品加工业会在全省经济形势不断趋稳趋好的背景下，走出更加稳健向上的发展态势。

五 "十四五"时期吉林省农产品加工业转型升级思路

"十四五"期间，吉林省农业产业化经营发展的总体思路是：以习近平新时代中国特色社会主义思想为统领，以十九大以来关于全面深化改革总部署为主线，适应国内外形势新变化，抓住用足东北再振兴、"一带一路"倡议和乡村振兴战略实施的有利契机，以加快农产品加工业转型升级为主线，尊重新时代经济发展规律，以农业产业化经营发展进入新阶段为契机，充分利用吉林省资源禀赋优势，因地制宜，集聚资源要素，推动规模化经营；创新经营体制机制，推进农村一二三产业融合发展；加强规划协调，深化供给侧结构性改革；加快科技进步，推进高科技产业园区建设，用新型工业化带动城市化和农业现代化，用新型工业化带动农产品精深加工，延长产业链，提高农产品加工业经济效益。经过五年的发展，建成较完整的以高科技产业园区为核心的农业产业化经营发展体系，以新型农业经营主体为主、农民个体经营为补充的农产品加工业生产基地；建立国家与企业并重的较完备的科技创研推广体制，强化农产品加工领军企业培育，建立较好的投融资机制，解决好农产品加工企业融资难问题，进一步培育、催生新产业新业态。提高农产品加工业参与国际竞争与合作的能力，提高农产品加工业对吉林省经济发展的贡献率，让农产品加工业助推吉林省经济健康发展。

（一）明确发展目标

加快农产品加工业向优质智慧转型，推动农产品加工业现代化建设，"十四五"期间把吉林省建设成我国农产品精深加工产业基地。

1. 农产品加工业保持平稳优质发展

农产品加工业销售收入增速高于全省 GDP 增速，高于全国农产品加工业平均增速，低于全省第三产业增速。

2. 供给侧结构性改革取得较大进步

粮食加工业总量开始降低，质量稳步提升；畜牧加工业总量增加，效益不断提高；特产加工业总量大幅度增加，效益同步增长。

3. 农业高新技术产业园区建设进程加快

积极争取国家政策支持，为实现国家级农业高新技术产业园区落户吉林奠定基础，支持农业高新技术产业园区建设的金融、财政、土地等政策，加快省级农业高新技术产业园区建设，推动省级农业高新技术开发区升建为国家农业高新技术产业园区，科学布局高新技术产业园区建设区域。

4. 农村一二三产业融合发展

实施顶层设计，制定发展规划；制定评价指标体系，建立县、乡、村三级示范体系，引领全省三次产业融合发展；设立产业发展基金，推动全省三次产业融合发展。

（二）确定发展任务

为实现把吉林省建设成我国农产品精深加工产业基地的总目标，需要明确全省"十四五"时期农产品加工业总体任务，通过完成好、落实好这些任务，实现全省农产品加工业"十四五"发展目标。

1. 打造龙头，着力培育行业领军企业

一是继续优化产业布局。根据吉林省农业资源禀赋和产业基础，在玉米深加工、水稻、禽类、生猪、肉牛、乳品、食用菌、人参、中药材、杂粮杂豆等传统优势产业和新兴产业中，选择一批发展基础好、创新能力强、行业地位较突出、具有领军潜质的龙头企业，在政策扶持、资源配置、服务指导等方面重点倾斜，打造领军型企业，引领产业向更高层次迈进。积极培植梅花鹿、林蛙等特色新兴产业，搞好组织分工，合力破解梅花鹿药食同源等政策性难题。二是推进重点项目建设。对企业谋划科技高起点、资源利用高效率、终端产品差异化强的重点项目，在立项批复、建设用地、水电配套、资金筹措、专项扶持等方面给予更大的政策倾斜，推进项目尽快达产达效。三是着力培育企业家队伍。在认真总结经验教训的基础上，实施企业家培育提升工程，充分发挥政府、企业、民间组织的多方积极性，精准发力，合力培养打造新型企业家队伍。四是强化科技培育内力。全面落实支持企业科技创新的各项政策，激励企业加大研发投入，调动创新积极性。巧借外力增强内力，吸引国内外创新资源在吉林省落户。五是优化发展软环境。推行"涉企收费清单制度"，对行政事业性收费、政府性保证金、行政审批前置服务项目等收费明确清单目录，为企业发展减负。

2. 多措并举，破解企业融资难题

一是搭建融资平台。利用省内现有的各类贷款担保平台，重点解决中小企业因抵押物不足难以获得银信部门贷款的难题。探索建立省级龙头企业贷款担保公司，撬动银信部门资金投入农产品加工业。二是广辟融资渠道。利用国家金融和支持"三农"发展的政策，集中力量扶持一批发展基础好、创新能力强、增长潜力大的龙头企业在国内外上市；对条件较好但尚不具备上市条件的龙头企业，可引导、鼓励和培育在新三板挂牌交易募集资金。探索龙头企业发行企业债券、集合票据等新型融资方式的可行途径和办法，为企业提供指导和咨询服务；搭建合作平台，引导鼓励支持企业家转变发展方式和传统理念，引进战略合作投资者，实行业内或按产业链条开展产业联盟，实现联合发展合作共赢。三是充分发挥农业发展基金作用。坚持"政府引导、多方参与、市场运作"的原则，发挥建立的省股权投资基金的作用，支持重大项目建设，用有限的财政资金撬动更多的社会资本投入，解决项目建设筹资难题。

3. 政策引导，推进利益联结多元化

巩固现有"公司+农户""公司+合作社+农户""合作社+公司+农户"等发展模式，着重在订单机制、履约行为等方面加以完善。引导探索农业经营主体以生产要素入股，龙头企业要加强通过流转土地、提供贷款担保化解农户经营风险等新的利益联结机制。通过紧密型利益联结，使农户在一体化经营中获得更多的实惠，为现代农业发展注入新的动力。

4. 融合发展，催生新产业新业态新模式

围绕农业供给侧结构性改革，强化农产品加工业的引领作用，一是切实

加强农产品产地初加工基础设施建设。加大马铃薯储藏窖、果蔬特产品等冷藏库和烘干设施建设力度,大力推广农产品冷藏、保鲜技术推广应用,增强对鲜活农产品初加工能力,减少鲜活农产品产后损失,延长供应期,增加农民收入。二是大力发展主食加工业。为了满足城乡居民升级的需求,达到食品加工业"快捷、好吃、营养、安全"的目标,大力发展中央厨房等新业态,实现从源头到餐桌的全方位控制,提升人民对美好生活的追求。三是发挥农产品加工业对农村一、三产业的引领作用,推行"农产品加工业+休闲农业和乡村旅游+特色小镇建设"等,为新时代新发展提供产业支撑,为乡村振兴战略做出贡献。

(三)强化保障措施

为保障"十四五"发展目标实现,落实好总体任务,需要采取行之有效的措施。围绕主要目标,强化发展措施的落实。

1. 坚持农业供给侧结构性改革,合理调整农产品加工业结构

执行国家大政方针,按照国家农业经济结构调整政策,实施农村供给侧结构性改革。一是深化农业改革。按照农业供给侧结构性改革的大政方针,深化全省农产品加工业供给侧结构性改革,对那些产能过剩、市场销路不好、产品质量不高的产业,坚决取缔。二是调整农产品加工业产品结构。吉林地处黄金玉米带,玉米是吉林省优势产业,要继续强化吉林省玉米加工企业实施临时补贴政策,对比其他玉米主产省玉米临时补贴政策,增加补贴额度;落实好吉林省9个相关委办厅局联合制定下发的《推进玉米深加工产业加快发展的指导意见》,解决好玉米产业发展面临的困难。

2. 坚持市场在资源配置中的决定性作用,用现代化思维谋划农产品加工业

深入研究"十四五"时期我国经济发展规划中的产业政策内容及世界未来农产品加工业市场变化趋势,顺应市场发展趋势,确定吉林省农产品加工业产业政策,完善全省农产品加工业运行机制,用现代化思维谋划农产品加工业发展。一是增强市场配置资源的内在功能。要加强对市场发展规律及

市场趋势变化的研究，及时调整发展方向，不断增强对市场变化的适应能力。二是坚持用现代化思维谋划农产品加工业。作为吉林省第二大支柱产业，"十四五"时期，需要在全省经济发展的大盘子里统一考虑。为了保证农产品加工业在"十四五"期间更好的发展水平，必须把农业产业化的主要模式纳入政府重要议事日程。三是完善产业扶持政策。用政策调动各级政府、相关部门和龙头企业的发展积极性，形成合力推进的良好氛围。继续强化吉林省股权投资基金政策，以股权投资为主要形式，吸引社会资本投入，推动农产品加工业转型升级。

3. 强化科技创新驱动，做大做强农业高新技术产业园区

探索创建农业高新技术产业示范区模式选择的路径，制定建设农业高新技术产业园区的对策措施。一是加强吉林省创建农业高新技术产业园区模式选择的顶层设计，制定全省农业高新技术产业园区创建规划。二是通过政策支持，选择条件成熟的国家级农业科技园区升建为农业高新技术产业园区。三是以特色产业、优势产业发展需求为导向，加快吉林省东中西三大板块农业高新技术创新发展，引领现有产业园区传统农业产业转型升级。四是强化全省农业科技创新联盟建设，集聚全省以及全国农业科技优势资源，探索建立各种要素高效协同创新机制，为全省农业高新技术产业园区创建集聚优势发展要素。五是大力实施科技人才战略，打造一批创建农业高新技术产业园区管理队伍和研究农业高新技术及产业的科研队伍，保障园区建设发展。

4. 扩大投资，提高农产品加工业总量规模

出台相关政策，继续加大支持实施投资拉动战略，提高吉林省农产品加工业规模，扩大其经济总量，保障农产品加工业在全省经济发展中的支柱产业地位。一是增加规模以上企业规模。规模以上企业的数量是农产品加工业的基石，实施"小升规"工程，政策引导"小升规、规改股、股上市"，不断增加全省农产品加工业的整体规模。二是增加精深加工业规模。农产品精深加工业是全省农产品加工业的"脊梁"，支撑着农产品加工业向行业纵深发展，继续扩大对精深加工业资金投入，实施科技项目工程，以科技成果促

进精深加工。三是适当增加农产品初加工规模。农产品初加工是新型农业经营主体赖以生存和发展的基础。要充分利用好国家政策，加快农产品初加工产业发展。

5. 加强农产品基地建设，打造特色优质农业品牌

按照"稳粮、优经、扩饲"的路径，加强信息引导，强化政策扶持，扎实推进种植结构调整，全力调优、调高、调精农业产业，夯实农产品基地建设。大力实施"区域品牌+企业品牌+产品品牌"联动战略，持续培育"三品一标"农产品认证，打造绿色优质农产品品牌。发挥区位优势、自然环境优势、农产品质量优势和人文历史优势，因地制宜、科学合理布局优势农产品产业集群。

6. 搭建融资平台，创新金融服务

解决农产品加工企业的资金紧张问题，应该建立长效融资机制。一是加大金融扶持农产品加工业发展力度，由政府主导，金融部门出台专门对农产品加工业龙头企业的信贷政策。在信贷条件、信贷规模、审批手续、放款效率等方面给予倾斜。加强银行、企业和担保公司之间的对接，形成政府、银行、担保机构、再担保机构、法律服务机构和企业"六位一体"的融资服务平台。二是发挥各级中小企业担保公司的职能，可以考虑用中小企业担保公司为第三方资金监管单位，控制和监督资金的使用，提高资金的使用效率。三是各金融机构帮助企业、各类农业经济主体解决发展资金难的问题。立足全局，找准信贷支持方向，确保"十四五"期间小微企业贷款增速不低于贷款平均增速，增量高于上年同期水平。

参考文献

［1］《吉林省2017年"三农"工作综述》，人民网，2018年2月23日。

［2］杨兴龙等：《农产品加工企业技术创新能力与影响因素分析——基于吉林省30户农产品加工业龙头企业的调查》，《经济纵横》2019年第3期。

［3］丁琳琳等：《吉林省农业转型升级的思路与对策》，《河北经贸大学学报》（综

合版）2019年第1期。
［4］《吉林省农产品加工业"十三五"规划纲要》。
［5］云宪辉：《吉林省农业产业化研究》，吉林大学硕士学位论文，2019。
［6］王丽文：《推进四平市农产品加工业发展的思考》，《农业开发与装备》2016年第9期。

B.3
"十四五"时期吉林省制造业智能化发展思路研究

肖国东*

摘　要： 制造业智能化发展趋势下，发达国家支持制造业智能化发展的产业政策纷纷出台，智能制造领域竞争日趋激烈。我国也颁布了制造业智能化发展的一系列产业政策，且政策体系逐步完善。目前，吉林省制造业智能化发展步伐不断加快，智能制造项目建设、智能制造园区建设初见成效。但制约吉林省制造业智能化发展的因素依然存在，研发人员短缺问题更加突出，智能化发展面临的成本压力较大，技术创新投入相对不足。为破除制约因素，抢占制造业智能化发展先机，"十四五"时期，吉林省应贯彻落实《中国制造2025》，实施创新驱动发展战略，以加快新一代信息技术与制造业深度融合为主线，以提升智能制造能力为主攻方向，以构建智能制造支撑体系为目标，以破除人才、资金、技术瓶颈为重点任务，重塑吉林省制造业竞争新优势，打造国家重要的智能制造基地。

关键词： 制造业　智能化　创新驱动

---

* 肖国东，吉林省社会科学院经济研究所副研究员，主要研究方向为数量经济学、产业经济学。

一 "十三五"时期吉林省制造业智能化发展的成就

(一)重点领域智能化发展初见成效

围绕汽车制造、装备制造等重点领域,吉林省积极利用信息技术对重点产业进行全方位改造升级,加快智能生产线建设,推动传统制造业转型升级。在汽车制造领域,随着"红旗智能绿色小镇"和智能网联汽车"321"工程的建设,尤其在国家智能网联汽车应用(北方)示范区建设的带动下,吉林省汽车制造业智能化发展步伐不断加快。在装备制造领域,长春市"智能制造"产业基础较好,其中部分企业技术水平已达到了国际先进技术水平。例如长春北方化工灌装设备有限公司,为专业从事灌装研发及生产的国家级高新技术企业,是国内化工灌装智能装备领域的龙头企业,并拥有国际先进的技术。长春大正博凯汽车设备有限公司为高科技智能装备制造企业,在机器人应用领域已成为行业的领跑者,长期为一汽大众、一汽轿车、华晨宝马、上海大众等企业提供优质的产品和服务。

(二)智能化项目建设稳步推进

随着智能生产线、智能车间、智能工厂等一批智能化项目相继落地,吉林省制造业智能化进程不断加快。通过对创新驱动战略的落实,吉林省工业机器人产业、高端数控机床、智能制造产业支撑服务云平台等项目相继建成,智能化项目产业规模不断扩大,成为吉林省老工业基地发展的新动力。此外,长春市围绕航空航天装备、现代农机装备、光电装备、轨道交通这些重点领域,投入资金174.5亿元,建设一百个智能制造产业示范型项目,全力打造一批具有"精专特新"特点的智能制造集成企业,建设具有长春特色的智能制造装备产业集群。

(三)智能制造园区建设步伐不断加快

目前,吉林省智能制造园区主要集聚于长春新区。长春新区为第17个国家级新区。自长春新区成立以来，园区建设成效显著。智能制造正成为长春新区的名片。2018年长春新区生产总值966亿元，增速为8.1%，新区集聚着高新技术企业256户、科技型"小巨人"企业177户，分别较上年新增96户和55户。随着长春新区光电和智能制造装备产业园、亚泰医药产业园等一批园区建成运营，长春新区初步形成项目集聚、产业集群的发展态势。其中，长春光电和智能装备产业园是为贯彻落实《中国制造2025》，由长春市工信局、长春新区、长光所共同建设的高科技产业园区，致力于打造国内一流的智能制造企业集聚区。亚泰医药产业园正打造具有研发孵化、生产制造等核心竞争力的智能化产业园区。

（四）智能制造重点产品地位突出

随着制造业智能化发展步伐加快，吉林省高端制造产品地位明显提升。中车长客股份有限公司率先打破了列车网络控制技术的垄断，掌握了有"高铁大脑"之称的高铁列车网络控制技术。"吉林一号"卫星是我国首颗以省命名的商用卫星，助力卫星发射的长光宇航复合材料有限公司，其民用航天载人舱的制造为国内首创。在智能制造的引领下，长春希达电子技术有限公司攻克技术难关，在室内板上芯片小间距LED显示细分领域取得多项专利，成为行业内的领军企业。校企合作是吉林省智能制造发展的另一亮点，以长春瑞星机器人科技有限公司为例，通过与吉林大学的合作研发，在H型组对机器人、数控叠板切割机器人领域研发成果突出。在车身机器人自动焊装生产线方面，吉林省长春大正博凯汽车设备有限公司，是国内最好的生产线供应商之一，作为智能制造的高技术企业，在电气自动化、机器人应用、机器人自动焊接生产线等领域成果丰硕。

二 "十三五"时期吉林省制造业智能化发展的制约因素

（一）研发人员短缺问题更加突出

目前，研发人员短缺制约制造业智能化发展，对吉林省而言问题更加突出。2018年吉林省开展创新活动的企业占比为26.6%，低于全国14.2个百分点。从历年情况看，吉林省研发人员短缺问题更加突出。从全社会R&D人员全时当量指标看，吉林省上升幅度低于全国水平12.17个百分点，2013~2017年吉林省从4.46万人年上升到4.55万人年，上升幅度仅为2.01%；而全国从353.3万人年上升到403.4万人年，上升幅度为14.18%。此外，全社会R&D人员全时当量中，吉林省占全国比重从1.26%下降到1.13%。从规上工业R&D人员全时当量指标看，吉林省情况更加严峻，2013~2017年吉林省从2.37万人年下降到2.10万人年，下降幅度为11.39%，而全国从249.40万人年上升到273.6万人年，上升幅度为9.70%。此外，规上工业R&D人员全时当量中，吉林省占全国比重从0.95%下降到0.77%（见表1）。

表1 吉林省及全国R&D人员全时当量

单位：万人年，%

年份	全社会R&D人员全时当量			规上工业R&D人员全时当量		
	吉林省	全国	吉林省占全国比重	吉林省	全国	吉林省占全国比重
2018	—	438.14	—	—	—	—
2017	4.55	403.36	1.13	2.10	273.6	0.77
2016	4.82	387.81	1.24	2.34	270.20	0.87
2015	4.92	375.88	1.31	2.32	263.83	0.88
2014	4.97	371.06	1.34	2.44	264.15	0.92
2013	4.46	353.30	1.26	2.37	249.40	0.95

（二）智能化发展面临的成本压力较大

制造业在智能化发展的过程中，一般先要进行投资更新一些设备，与全国水平相比，吉林省重化工业结构特点明显，传统制造业比重较高，高技术产业比重较低，因此，吉林省制造业向智能制造转型升级过程中，更新设备需要更大的资金，软件和硬件改造升级的成本较高。2018年吉林省石油加工、炼焦和核燃料加工业，化学原料和化学制品制造业等六大高耗能行业增加值占规模以上工业增加值的比重为22.1%。高技术制造业增加值占规模以上工业增加值的比重仅为7.1%。因此，吉林省制造业智能化面临的人力、物力和财力等成本压力较大。近年来，尽管吉林省两化融合试点企业不断增多，政策性支持力度也不断加大，两化融合水平也不断提升，但目前大多数制造企业得到政策优先支持有限，仍然面临着较高的智能化成本。2018年吉林省工信厅公布了长春一汽富晟集团有限公司等29户吉林省省级两化融合（智能制造）示范试点企业，占吉林省规上工业企业单位数的0.48%。2018年吉林省入选工信部两化融合管理体系贯标试点企业15家，占吉林省规上工业企业单位数的0.25%。此外，融资难融资贵也增加了制造业企业智能化成本。

（三）技术创新投入相对不足

智能制造是先进传感技术、信息技术、仪器技术、监测技术、控制技术、过程优化等技术的组合，技术支撑智能制造的作用举足轻重，而吉林省技术创新的支撑作用并不明显。2018年吉林省全社会R&D经费115亿元，R&D经费投入强度0.76%，低于全国水平1.43个百分点。历年的规上工业企业研发活动数据表明，吉林省技术创新能力不足，而且投入产出效率较低。从技术创新投入情况看，吉林省规上工业R&D人员全时当量、R&D经费和R&D项目数占全国比重分别为0.77%、0.62%和0.55%，低于吉林省工业占全国1.79%的比重，且区位熵都低于1，可见吉林省规上工业R&D不具有比较优势。从技术创新产出情况看，吉林省的情况更加严峻，吉林省规上工业专利申请数、发明专利数及有效发明专利数占全国比重均不及0.50%，区位熵远低于1。从技术创新投入产出情况看，投入占全国比重高于0.5%，而产出占全国比重低于0.5%，投入高于产出，导致技术创新效率也不高（见表2）。

表2 吉林省规上工业研发活动及专利情况区位熵（2017）

主要指标	吉林省	全国	吉林省占全国比重(%)	区位熵
R&D人员全时当量(人年)	21056	2736244	0.77	0.43
R&D经费(万元)	749958	120129589	0.62	0.35
R&D项目数(项)	2439	445029	0.55	0.30
专利申请数(件)	2894	817037	0.35	0.20
发明专利数(件)	1213	320626	0.38	0.21
有效发明专利数(件)	3518	933990	0.38	0.21

注：区位熵是指一个地区特定部门指标在该地区总指标中所占的比重与全国该部门指标在全国总指标中所占比重的比率。

（四）智能装备产业发展相对滞后

智能装备是制造业智能化发展的基础，而吉林省智能装备起步较晚，智能装备产业规模较小，发展相对滞后，重点领域智能网联装备几乎依赖进口，核心关键配套装备受制于人，产业配套体系并不健全，面临关键核心部件技术缺乏等问题。吉林省装备制造业主要包括轨道交通装备、农机装备、食品加工成套装备、医药器械成套装备等。尽管轨道交通装备省内配套率较高，但网络控制系统、制动系统等关键核心部件大多在省外和国外采购。尽管吉林省农机装备基础较好，但也缺乏关键核心部件，智能化进程缓慢。食品制造是吉林省的优势产业，但吉林省食品加工成套装备发展相对滞后，而且食品加工智能装备依赖于省外。吉林省医药产业基础较好，但产品生产所使用的设备和医药器械成套装备也都大多数依靠省外或者国外引进。

三 "十四五"时期吉林省制造业智能化发展面临的形势与环境

（一）新一代信息技术与制造业深度融合

随着互联网、人工智能及大数据等信息技术蓬勃兴起，制造业进入新的

发展阶段。面对新的发展趋势和挑战，信息技术为智能制造带来种类更加丰富的技术资源，这些资源被深度应用到智能制造发展当中，使得智能制造成为引领制造业发展的新动力。智能制造在全球范围内发展迅猛，引领了新一轮的产业革命和科技革命，将更加前沿的技术、生产方式、商业模式、产业形态融入制造业，对产业的分工格局和发展方向带来深刻影响。伴随"互联网+"发展模式的兴起，工业互联网将深刻影响制造业未来的生产方式。制造业和信息技术的融合发展日益加深，对制造业产业发展格局产生更深层次、全方位的影响。

（二）国内智能制造区域分布不均衡

我国智能制造区域分布呈现"东强西弱"，不均衡态势显现。《世界智能制造中心发展趋势报告（2019年）》显示，我国智能制造产业园区主要分布于长三角地区、珠三角地区、环渤海地区和中部地区，这四大区域智能制造产业园区数量占全国比重达70%以上。中国智能制造产业园区共计537个，其中江苏省79个、浙江省39个、上海市13个，三省（市）园区合计占总量的24.39%；安徽省21个、河南省38个、湖北省22个、湖南省17个、陕西省17个，五省园区合计占总量的21.42%；河北省18个、北京市18个、天津市13个、辽宁省12个、山东省43个，五省（市）园区合计占总量的19.37%；广东省59个园区，占总量的10.98%。上述十四个省（市）园区合计占总量的76.16%。此外，国家级智能制造试点项目也主要分布于长三角地区、珠三角地区、环渤海地区和中部地区，位居全国前十的省份分别为山东省75个、北京62个、江苏省57个、广东省57个、浙江省56个、上海市43个、福建省39个、安徽省39个、湖南省38个、陕西省35个，这十省（市）试点项目共计501个，占总量的61.39%。山东省国家级智能制造试点项目75个，与排名后十个省（市）试点项目数量相差无几。

（三）发达国家智能制造政策纷纷出台

世界各国为了积极适应大数据、人工智能等技术变革带来的新变化，把握发展机遇、应对环境挑战，纷纷对本国的制造业发展进行了重新规划，希望通过智能化升级改变制造业传统发展模式，这使得制造业的竞争核心转向智能制造，其本质是制造业智能化发展的过程。以美国为例，为了保持制造业技术在全球的领先地位，美国政府提出了"先进制造业伙伴计划"，通过加快发展先进制造业来实现制造业的智能化转型，巩固美国制造业在全球制造业价值链上的高端地位。欧盟也在整合各国发展战略的基础上，提出加快欧洲工业数字化发展进程，即"数字化欧洲工业计划"。德国通过"工业4.0战略"，积极发展本国制造业的智能生产系统，意图抢占全球智能制造的高端环节。日本为把握信息技术的发展趋势，提出了"创新工业计划"，将发展核心聚焦网络信息技术，并以此推动制造业高端发展。此外，其余国家也在智能制造发展方面积极筹划和布局。

（四）我国制造业智能化产业政策逐步完善

从 2011 年的《工业转型升级规划》到 2015 年《中国制造 2025》发布，均以发展先进制造业为核心目标，围绕重点领域关键环节，通过突破智能制造共性技术和基础技术，提升制造业智能化水平，并提出逐步实现我国制造强国的战略目标。此后，我国智能制造产业政策更加完善，智能制造支撑体系建设也更加完备。2016 年的《智能制造发展规划（2016~2020 年）》中提出实施智能发展工程，研发智能传感、智能控制和智能检测等智能制造装备，推动制造业生产方式向柔性、智能化方向转变。2017 年《信息产业发展指南》及 2018 年《工业互联网发展行动计划（2018~2020 年）》提出了加快发展工业互联网，完善智能制造关键基础设施，推动互联网、大数据和人工智能与制造业深度融合。2018 年《国家智能制造标准体系建设指南》发布，提出了基础共性、关键技术和行业应用三类标准的国家智能制造标准体系，完善的智能制造标准体系初步建立。工信部制定了《新一代人工智能产业创新重点任务揭榜工作方案》，对于关键核心技术，征集遴选并集中攻关一批人工智能标志性产品。

四 "十四五"时期吉林省制造业智能化发展的基本思路

贯彻落实《中国制造2025》，实施创新驱动发展战略，以加快新一代信息技术与制造业深度融合为主线，以提升智能制造能力为主攻方向，以构建智能制造支撑体系为目标，以破除人才、资金、技术瓶颈为重点任务，结合吉林省情，聚焦重点发展领域，大力培养智能制造所需的复合型应用人才，充分发挥政策及专项资金的引导作用，构建智能制造公共科技创新平台，壮大智能制造项目，加快发展工业互联网，完善智能制造服务体系建设，重塑吉林省制造业竞争新优势，打造国家重要的智能制造基地。

（一）深入推进产教研深度融合，培养高层次复合型应用人才

面对新一轮科技革命和产业革命，"十四五"吉林省制造业智能化发展应该坚持人才创新驱动的理念。研发人才短缺，尤其是复合型应用人才问题一直制约着吉林省制造业智能化发展，为了应对人才短缺问题，把握智能制造发展趋势，须主动调整转变相关产教研体系。吉林省教育资源相对充足，制造业产业基础较好，应发挥各自的优势，推动教育优势与产业优势深度融合，破除瓶颈因素，释放关联效应。围绕产业发展需求，对课程设置和学习实践作出相应调整，进一步推进产教研融合，有针对性地培育高层次、创新型人才，大力培养智能制造发展所急需的复合型应用人才。将同时具备理论基础和实践能力的高端人才输送给企业，加强科研成果在企业实际生产中的应用推广，发挥技术和人才在企业自主创新中的关键作用，提高企业技术和产品的核心竞争力，有效推动吉林省制造业智能化发展。

（二）深入推进专项资金引导使用，壮大智能制造项目

"十四五"时期，吉林省制造业处于智能化发展的关键时期，在研发设计等核心环节，需要进一步发挥政策支持和专项资金的引导效用，聚焦重点

发展领域，设立并健全吉林省智能制造财政专项资金体系，如高校产学研引导基金、产业投资引导基金、创业投资引导基金、中小企业民营经济发展基金等，提高专项资金使用效率。同时，对智能制造中的重点企业和项目，在税收、金融、公共资源使用等方面给予相应的政策支持，围绕长春和吉林地区建设智能制造产业示范基地，推动新一代信息技术与制造业深度融合，全力助推吉林省制造业智能化发展。吉林省应采取合作、引进等多种方式，探索智能制造产品和技术的解决方案。充分利用互联网资源优势，建立开放创新和在线设计的互动平台，从需求出发开展众创、众包等研发设计新模式，推动建设基于"互联网＋"的个性化定制、云制造、网络协调制造等新型智能制造的发展模式。

（三）深入实施创新发展战略，为智能制造提供科技支撑

"十四五"时期吉林省应通过强化基础前沿研究，搭建科技创新平台，培育技术创新主体，构建吉林省智能制造发展的科技支撑体系。提高科技创新中心、省级重点实验室的技术创新能力，加强人才储备，不断深化研究前沿领域。同时，还要加强吉林省的科技创新平台建设，围绕医药、航空航天等重点发展领域，部署重大研究项目，提高基础科研创新能力。全面落实重点高校、科研单位建立的战略合作协议，加快吉林省工业技术研究院、产业公共技术发展中心、智能制造创新中心建设，通过对核心技术的研发和攻关来突破发展瓶颈的制约。此外，增强企业在技术创新中的主体作用，通过"干中学"、技术溢出等方式，整合创新资源，鼓励高新技术企业和科技创新型企业不断加大研发投入，重点突破并掌握行业核心技术，激发各类企业的智能制造潜力。

（四）深入推进"服务型制造"，完善智能制造服务体系建设

智能制造在全球范围内的发展如火如荼，随着发展步伐的加快，制造业发展模式已从过去"生产型制造"转向"服务型制造"，因此，推动服务型制造是完善吉林省智能制造支撑体系的必然要求。"十四五"时期吉林省加

强服务型制造对智能制造的支撑作用，可以从以下三个方面展开：一是建立智能制造服务生态园，鼓励社会资本进入智能制造相关的服务、管理企业，重点发展高端知识、科技成果转化服务。二是打造智能型的网络生产平台，优化资源配置，集合更多企业优势资源，形成发展合力，提高企业资源的利用效率。三是完善高端人才培养体系，发挥政策导向在人才培养中的作用，通过制定有效的政策来鼓励高端服务人才培养，加强智能制造人才培养。

参考文献

[1] 张恒梅、李南希：《创新驱动下以物联网赋能制造业智能化转型》，《经济纵横》2019年第7期。

[2] 李廉水：《中国制造业40年：智能化进程与展望》，《中国软科学》2019年第1期。

[3] 《2018吉林统计年鉴》，中国统计出版社，2018。

[4] 《2018中国统计年鉴》，中国统计出版社，2018。

[5] 《吉林省2018年国民经济和社会发展统计公报》，吉林省人民政府，2018。

B.4 "十四五"时期吉林省服务业发展思路研究

纪明辉[*]

摘　要： "十三五"时期，吉林省服务业稳健增长，增速高于全省经济，占国民经济比重超过第二产业，成为第一大产业。生产性服务业、新兴服务业、幸福产业、服务消费等多领域亮点纷呈，有效地支撑了全省经济发展。但是吉林省服务业发展中存在着占全国比重下降越发明显、服务业结构升级缓慢、生产率与全国平均水平的差距扩大、新产业新业态发展层级较低的问题。"十四五"时期服务业将在多方面展现新的发展趋势，吉林省应该顺势而为，以创新、融合、改革的思路加快服务业发展。

关键词： 服务业　新业态　创新　融合

一　"十三五"时期服务业发展状况

（一）服务业发展总体稳健

经济规模平稳增长。"十三五"时期，吉林省服务业增加值稳步增加，2016~2018年服务业增加值由6273.33亿元增加到7503.02亿元，占GDP

---

[*] 纪明辉，吉林省社会科学院软科学研究所副研究员，博士，研究方向为服务经济。

比重由42.5%提升至49.8%，2018年，吉林省服务业占国民经济比重首次超过第二产业比重（42.5%），成为占比最大产业，全省产业结构实现了由"二、三、一"向"三、二、一"的转变。2016~2018年，服务业增速平稳，分别为8.8%、7.6%、5.5%，均高于同期全省经济和一产、二产增速，服务业对全省经济增长贡献率分别为47.9%、57.9%、51.3%，是带动全省经济增长的主要动力。2019年，面对总体经济下行的压力和挑战，吉林省积极应对，把握稳中求进工作总基调，确保服务业的平稳有序。2019年前三季度，服务业实现增加值4797.56亿元，占全省GDP比重为47.8%，比上年同期提高2.3个百分点，增速为4.0%，高于全省经济增长2.2个百分点。

就业和投资占比提升。2016~2017年，吉林省服务业就业人数由668万人增加到682.3万人，增加了14.3万人，同期全省和一产、二产就业人数均出现了减少的态势，服务业就业占全省比重由44.5%提升至45.8%，超过一产和二产，成为吸纳就业的主力军。2016~2017年服务业固定资产投资占全省比重由42.7%提升至45.1%，表现出相对较强的经济活力。

市场主体数量较快增长。2018年，吉林省在全省全面推开"证照分离"改革，实施"五十四证合一"，商事制度改革向纵深拓展，有效提高了私人办企业的便利度。财税体制改革减轻了服务企业税收负担，营造出不断改善的营商环境，全省服务业市场主体总数呈持续增长态势，服务业企业发展活力明显提升。截至2018年末，第一产业市场主体22.15万户，占市场主体总数的9.82%；第二产业市场主体15.72万户，占市场主体总数的6.97%；第三产业市场主体187.6万户，占市场主体总数的83.20%。服务业蓬勃发展，其中教育，文化、体育和娱乐业，卫生和社会工作等现代服务业突飞猛进，上述3个行业2018年新设企业户数分别为780户、2700户和506户，分别比上年增长了170.83%、69.92%和18.5%，远高于第三产业新设企业数量的平均增长率。2019年，为推动全省市场主体高质量发展，吉林省对外发布了《关于优化营商环境促进市场主体高质量发展若干措施》，其中制定了28项措施，分别从简政放权、放管结合、优化服务三方面保障市场主体的发展环境。

（二）生产性服务业不断壮大

金融业发展稳中有升。2016~2018年，金融机构本外币存款余额年均增长2.0%，本外币贷款余额年均增长5.1%。2019年上半年，吉林省金融机构本外币存款和贷款余额分别实现6.9%和7.4%的增长。2016年底，吉林省企业信贷周转基金成立，标志着东北地区第一支省级信贷周转基金成立。吉林省积极引导金融机构对各类企业的支持，现代金融助力中小微企业成长。2019年上半年，吉林银行发放小微贷款余额976.69亿元，占全行贷款余额的42.09%，为小微企业持续健康发展提供了动力。在"2019中国服务业企业500强"中，吉林银行排名第256位。

交通运输服务能力提升。2016~2018年，吉林省铁路营业里程由3664公里增加到4876.75公里，公路通车里程由10.24万公里增长到10.54万公里，其中高速公路里程由3113公里增长到3298公里，占公路总里程的比重由3.0%提升至3.1%。2019年，围绕中东西"三大板块"和"一主、六双"产业空间布局，吉林省集中加快高速公路建设，榆树至松原、集安至通化等4条高速公路建成通车，这一年新增通车里程284公里，结束了榆树和集安不通高速的历史，极大地缩短了通行时间，高效连接起途经各县市。

信息技术服务业运行态势良好。软件业务收入保持较快增长，2017年，全省软件业务收入583.7亿元，较上年增长14.2%，与全国增长水平相当。软件产品收入、信息技术服务业收入和嵌入式系统软件收入分别为196.1亿元、307.3亿元、80.3亿元，增长率分别为17.5%、13.4%和9.4%，比全国水平分别高4.5个、-3.8个和3.8个百分点。吸纳就业人数稳步增加。2017全省信息传输、软件和信息技术服务业企业法人单位共计3999个，比上年增加402家，从业人员共计9.5万人，比上年增加0.5万人。

商务服务业稳定发展。2017年，吉林省租赁和商务服务业法人单位数为12789个，营业收入204亿元，从业人员9.4万人，分别比上年增长7.4%、5.4%和6.8%。吉林省注册会计师协会每年发布《吉林省会计师事务所分类分级综合评价结果》，近几年，吉林省参评的事务所数量保持稳定，2016年174家，2017年174家，2018年173家，评级为A级事务所数量逐年增加，2016年为47家，2017年为54家，2018年为61家。

（三）新兴服务业蓬勃发展

现代物流加速推进。快递规模快速提升。2016~2018年，全省快递业务量由13893.89万件增长到22637.55万件，年均增长率为27.64%，快递业务收入由25.13亿元增加到37.71亿元。2019年1~8月，全省快递业务量完成1.79亿件，同比增长34.44%，快递业务收入29.23亿元，同比增长28.33%。项目建设稳步推进。京东亚洲一号物流园项目在东北全面开花，长春市的物流园区建设项目顺利推进。

电商产业规模快速增长。电商产业是新经济的代表，在吉林省的新一轮发展振兴中，电商产业的发展受到高度重视，已经成为实现经济提质增效的重要路径。2019年一季度，吉林省电商交易额实现1795亿元，在全国排第20位，高于经济总量在全国的排位；电商交易额较上年增长30.1%，比全国平均水平高出了19个百分点。电商产业有力地促进了全省消费升级、外贸转型和创新创业。①

农村电商助力精准扶贫。吉林省农村网络零售额2017年实现124.91亿元，同比增长74.5%，2018年实现170.9亿元，同比增长36.8%，2019年1~8月实现132.36亿元，同比增长23.59%，累计带动1.3万建档立卡贫困户增收脱贫。梅河口市成功入选国家"推进农产品流通现代化、积极发展农村电商和产销对接成效明显的地方"，大安市、抚松县、梅河口市进入2019年国家电子商务进农村综合示范县名单。农村电商的发展为推动农业供给侧结构调整、农村一二三产业融合、农产品供应链创新脱贫攻坚发挥了积极的促进作用。

跨境电商建设步伐加快。近年来，吉林省跨境电商出口增长势头强劲，

---

① 资料来源于中华人民共和国商务部网站，http://www.mofcom.gov.cn/article/difang/201904/20190402857742.shtml。

连续3年增速超过30%，2019年前8个月增速达50%。2018年7月，长春获批全国跨境电子商务综合试验区，随着跨境电子商务综合试验区政策效应进一步释放，跨境电商有望继续以高增长带动全省外贸和服务业的发展。物流口岸建设取得显著成绩。2018年10月，长春获批汽车整车进口口岸，2019年5月，口岸顺利通过国家验收，10月，开展了首批次整车进口业务，82辆奥迪Q8顺利运抵。作为东北内陆地区唯一整车进口口岸，该口岸的开通建设对满足全省乃至东北地区汽车消费的需求、推进汽车物流中心建设、形成完整的汽车产业链条具有重要的作用。

（四）幸福产业加速孕育

旅游经济增长强劲。吉林省在旅游领域深入推进供给侧结构性改革，不断推出新产品、新项目和新服务，加速全域旅游、文化旅游的融合发展，逐步提升旅游发展活力。吉林省不断扩大旅游产品供给，辟建新景点，加快推进旅游项目建设，引领旅游产业跃进"全域时代"。2016~2018年吉林省全省接待游客总人数和旅游业总收入年均分别增长15.6%和20.6%。全省旅行社达到1093家，增加了57家，5A级景区达到6家，增加了1家。"白雪换白银"效应初步显现。按照习近平总书记提出的"冰天雪地也是金山银山"的发展理念，吉林省合理布局、统筹推进，大力辟建精品线路，推动冰雪产业成为地区经济发展的新动能。2018~2019年雪季，吉林省全省冰雪旅游人数和旅游总收入分别达到8431万人次和1698亿元，与上年相比分别增长了16.08%和19.43%。

养老服务市场化改革全面推进。2013年，吉林省开启了"吉林省社区居家养老定制化服务试点"工作，自此，吉林省将居家养老服务作为养老服务工作的重点，依托社会力量推进居家养老服务发展，探索养老服务业发展新模式，建设日间照料中心1416个，建成社区居家养老服务中心56个，省级财政用于支持养老服务发展资金达到1亿元，形成了委托运营、延伸服务、资源共享三种居家养老服务模式，老年人的物质生活得到了切实保障。为进一步提升老年人的精神文化供给，2019年7月，吉林省民政厅发布了

吉林蓝皮书

《关于推动"文养结合"工作的指导意见》，通过整合政府和社会资源，采取精准化的工作措施，推动文化精神产品与养老相结合，以此进一步提升老年人的生活品质。2019年，吉林市入选国家养老服务改革试点。

家政服务形成品牌。加强家政服务人才队伍建设，开展家政服务万人培训工程，强化家政服务信用体系建设，家政服务优化提质，"吉林大姐""吉林小棉袄"等家庭服务企业品牌逐步打响。通过开展"寻找最美'吉林大姐'"活动，树立家政服务从业人员典型，推动家政服务品牌优化升级，全省家政服务业向着健康和高质量方向发展。

二 吉林省服务业发展中的问题分析

（一）在全国经济地位下降

第三产业增加值占全国比重说明一个地区第三产业的经济实力和在全国的经济地位。图1绘制了吉林省第三产业增加值占全国比重的走势，从图中看出，吉林省第三产业占全国的比重整体是下降的，由2003年的1.86%降为2018年的1.60%。2019年上半年，吉林省服务业增加值仅为全国的

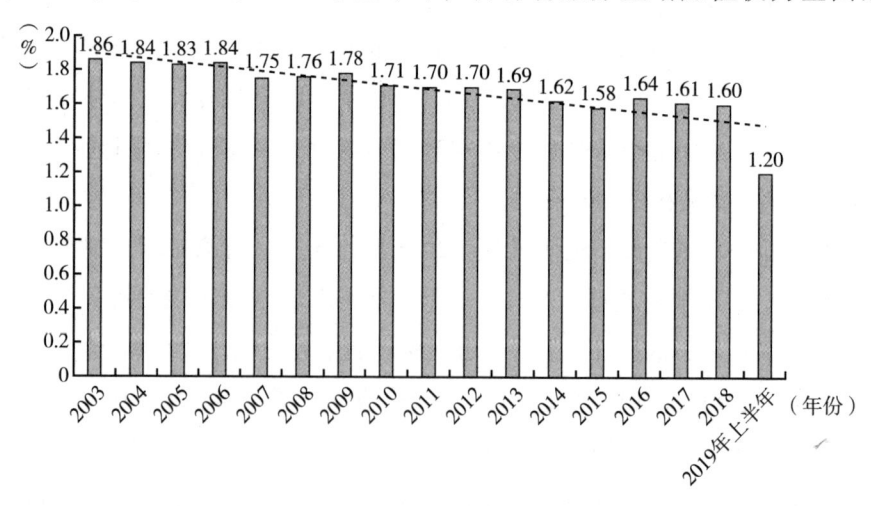

图1 吉林省第三产业增加值占全国比重

066

1.20%。从与其他省区市的比较来看，吉林省排位靠后。2017年吉林省第三产业增加值占全国比重为1.61%，在全国31个省区市中排第24位。同处于东北地区的辽宁省和黑龙江省的占比分别为2.89%和2.08%，排名分别为第13位和第18位。从另一指标的比较中也可以看出吉林省第三产业发展的滞后，那就是法人单位数比重，法人单位数是产业活跃度和市场化程度的表现之一，该指标占全国比重越高，说明第三产业在该地区的发展越充分。吉林省第三产业法人单位数占全国比重为0.96%，排名第27位。

（二）结构升级缓慢

2016年吉林省生产性服务业占服务业的比重为33.78%，从时间趋势上看，2006~2016年，吉林省服务业结构展示出升级的趋势，生产性服务业比重由31.98%上升至33.78%，但是这种升级是微弱的升级，比重提高不足2个百分点。从全国生产性服务业占服务业比重来看，提升幅度更大，十年间提升了近3个百分点。而且吉林省生产性服务业增加值占全国的比重也是逐渐降低的，说明虽然吉林省自身在着力提升生产性服务业发展的规模，但是在全国市场上，充分表现出发展慢也是不争的事实（见表1）。吉林省当前应凝神聚力，找准优势，加快提高生产性服务业发展规模，提升经济地位，实现经济的高质量发展。

表1 生产性服务业占服务业比重

单位：%

	吉林省	全国	吉林省生产性服务业占全国比重
2006年	31.98	36.63	1.66
2007年	31.96	37.52	1.55
2008年	31.35	37.07	1.54
2009年	30.90	36.19	1.59
2010年	31.19	35.96	1.55
2011年	30.99	35.84	1.55
2012年	31.04	35.97	1.54
2013年	30.75	38.29	1.34
2014年	31.90	38.89	1.32
2015年	32.74	40.09	1.28
2016年	33.78	39.51	1.39

资料来源：由各年《吉林统计年鉴》数据计算而得。

(三)劳动生产率与全国相对差距扩大

图2绘制了2009年以来吉林省与全国服务业劳动生产率的走势图。从中可见,2009年以来,吉林省服务业劳动生产率走势整体是向上的,基本呈现出逐年升高的趋势,但与全国水平的差距还是非常明显的。吉林省服务业劳动生产率始终低于全国水平,且随着时间推移,与全国水平差距越来越大,这可以由吉林省服务业劳动生产率曲线与全国服务业劳动生产率曲线之间开口越来越大看出来。劳动生产率低下的状况如果长期得不到改变,必将影响服务业企业或从业人员的收入,进而加大吉林省服务业企业吸引人才的难度,甚至导致人才外流问题加重,没有了人才,服务业发展的生命线和提高劳动生产率的根基也就更脆弱。所以,吉林省应通过深化市场化改革,促进技术进步的应用,提升资源配置效率,提高劳动者素质,着力提升服务业的劳动生产率。

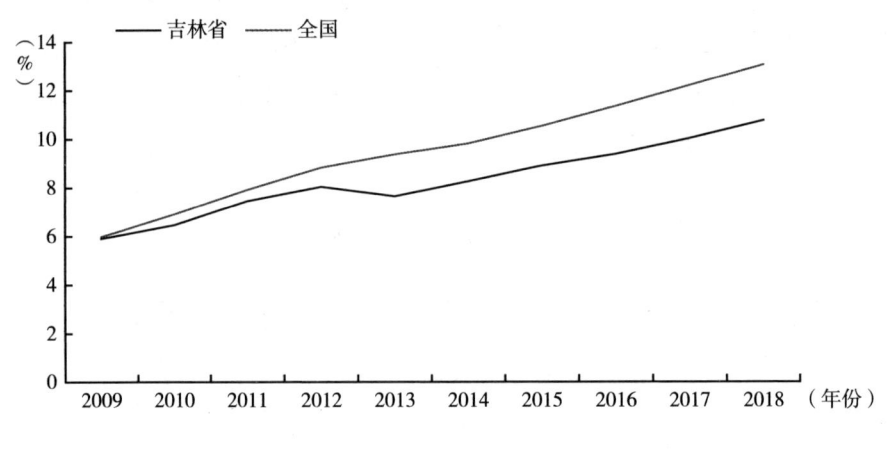

图2 吉林省与全国服务业劳动生产率走势

注:2018年吉林省服务业就业人数根据上一年的就业增长率计算得出。

(四)新模式新业态还处在较低的发展层级

在《中国电子商务发展指数2018》中,吉林省的发展指数为19.33,居全国31个省区市的第20位，发展指数低于全国平均值，且与发达省份存在较大差距。从电子商务的渗透指数看，吉林省位列倒数第四，说明吉林省电子商务对传统经济发展的影响较弱，与传统产业的融合程度还不够深入。再从长春市电商产业发展上看，2019年上半年，在平台交易额中，对单位的交易额占全部交易额比重为79.7%，对个人的交易额占比为20.3%，长春市电商平台更多依赖对单位的交易，没有融入全国火爆的B2C市场中。而且，长春市电商平台交易以本省市场为主，省内电子商务交易额占比为99%，说明市场结构单一，未打开全国市场。总体上，吉林省电商在形式的发展上取得了较大的进步，但电子商务增长动力仍显不足，与发达省份差距较大。电子商务发展上的问题体现的也是新业态新模式在吉林省发展不足的问题，即新模式与传统经济的融合多元化程度非常有限，缺少人工智能、大数据、云计算等新兴技术在融合中的应用场景，也缺乏互联网金融、新零售、共享经济等新业态的有机融合。

三 "十四五"时期服务业的发展趋势

（一）创新应用更广泛

以互联网、大数据、云计算等为代表的新一代信息技术已经渗透到经济社会的各个领域，深刻地影响着人类的生产和生活。信息技术在服务领域的运用逐渐广泛和深入，服务业研发投入增长加快，技术创新有力地促进了服务业新业态、新模式和新技术的产生，尤其是互联网、云计算、物联网和大数据等现代信息技术与服务的深度融合，对服务业产生了较为深刻的影响，服务业的交易范围日益扩大，交易频率显著加快。服务业成为技术创新的主要应用领域，还源于消费者需求的反馈或者用户体验是倒逼技术创新和技术进步的有效途径。可以说，信息技术是服务业产业变革的核心引擎，也是实现驱动转型的先导力量。为有效推进服务业领域的创新发展，国家发展改革委印发《服务业创新发展大纲（2017~2025年）》，其中明确了目标，列出了思路、提出了要求。"十四五"时期，伴随着人工智能等新技术研发的拓展，服务领域的技术转化及应用将全面提高，平台经济的资源整合、供需对接、创新协同等新功能逐步提升，基于互联网的个性化、柔性化、分布式服务和利用虚拟现实等新技术的体验服务供给将快速增加，大数据的采集、整合、利用和拓展将在重点领域全面推进，人工智能在教育、交通、商业、金融等服务领域将实现规模化发展。随着数字化基础设施的不断升级，数字经济在服务业领域的创新将更加活跃，从而改善整体服务业的发展水平，显著提高服务领域资源配置效率。已经显露端倪的包括新零售、无人酒店、车联网、智能家居、智能安防、智能交通和三维数字展示在内的新型服务业即将进入全面商业化和应用阶段。尤其是随着5G通信技术和北斗导航系统的推广应用，"十四五"时期，以数字和智能科技为基础的现代服务业将成为经济转型发展的强大推动力。

（二）融合发展更紧密

服务业在国民经济中地位不断提升，不仅是服务业经济比重的不断提高，更是服务业与其他产业以及服务业内部不同行业之间的融合发展之势愈加显著。制造业与服务业的融合是经济转型发展的重要方向。中央经济工作会议明确的2019年经济工作任务中，第一条"推动制造业高质量发展"部分的第一句话强调"要推动先进制造业和现代服务业深度融合"。二者的深度融合是适应产业发展新趋势的需要，是提高发展质量、加快产业转型升级的需要。与服务业融合，不但是解决制造业发展动力不足的出路，也是加速推进制造业向价值链中高端迈进的路径，有利于实现整个制造业的转型升级，建立起高度系统化和集成化的现代制造业。从国际范围来看，构建服务型制造体系是成功实现转型升级的企业和国家的共同选择。美国通用电气公司已经实现了制造业高度服务化的发展态势，服务业务占公司收入的2/3。国内的大型企业，如华为、海尔以及上海电气等也在实现制造业与服务业的深度融合上大胆探索，并已取得了明显的效果。现代农业的发展也离不开服务业。农业的现代化，需要建立强大、高效的农业产业化服务体系，解决农业产前、产中和产后问题。大力发展服务于农业的服务业，是实现农业低碳绿色发展的有效手段，从发达国家农业发展经验和我国农业发展的实践上看，涉农的金融、科技、信息、物流、质量、培训等服务产业的高质量发展对于培育农业农村经济新业态，推动乡村振兴，具有重要意义。服务业内部行业间融合趋势凸显。信息技术在生产和生活领域的渗透，使得生产服务业和生活服务业领域的技术含量不断增加，技术的通用性为服务业内部融合奠定了牢固的基础，比如随着消费品智能化程度的提高，产品不仅体现的是物质功能，还体现"服务"的功能。消费品在提供服务过程中汇聚大量生活消费数据，为服务提供者改善服务、产品设计者提升设计提供依据，使服务业细分行业逐步实现协同发展。

（三）消费需求更旺盛

新消费促进服务供给体系调整。新消费催生了新产品，也带热了新市场，随着社会消费水平的升级和消费领域的拓展，市场对服务业特别是现代服务业的消费需求旺盛，将有力地支撑全省现代服务业快速增长和提档升级。改革开放以来，我国居民的消费需求发生了显著的变化，由最初的温饱需要，逐渐转变为对发展型、享受型消费的需求。购买商品时更多关注的是品牌、多样性以及售后服务等，不是仅限于"买到"即可。这种消费需求的转变与过渡，体现了消费者对服务品质的要求在提升，而服务品质的提升需要研发、设计以及品牌等相关服务业的发展。以旅游业为例，2018年国家统计局第二次发布了全国时间利用调查，距离上一次发布相隔十年，通过十年对比可以看出明显的变化。2018年中国国内游客出游55.4亿人次，是2008年的3倍多；2018年中国居民出境人数达1.62亿人次，也是2008年的3倍多。再从其他指标看看消费需求的变化，2018年，全国居民人均医疗保健消费比上年增长16.1%、人均居住消费增长13.1%、人均教育文化娱乐消费增长6.7%、人均交通通信消费增长7.1%。可见，随着中等收入群体的扩大，旅游、体育、养老、教育、医疗保健等需求显著增长，这些服务过程带来的是健康的精神愉悦的感受。"十四五"时期，居民的服务型消费占比将进一步提升,进而产生规模庞大的服务消费需求。居民消费向个性化和品质化升级的趋势不会改变,新消费需求不断扩大是新常态,服务消费巨大的潜力将成为推动新经济、新业态、新模式的催化剂,并形成经济的新增长点。

四 "十四五"时期服务业发展思路

"十四五"时期,服务业应坚持供给侧结构性改革,不断提升服务质量,加快推进创新驱动发展战略,培育新的经济增长点,推动服务与生产要素智能匹配和高效协同,促进多领域的深度融合,实现服务业产业升级与结构优化,走高质量发展之路。

(一)以创新推动服务业转型升级

促进服务领域技术创新。加快推进现代信息技术,如人工智能、物联网、区块链等在服务业的转化应用,促进服务业数字化和智能化发展;在新工艺、设计水平和服务流程等方面加大研发力度,为消费者提供更加专业、精细和个性化的服务产品。

促进业态模式创新。顺应服务需求的变化,鼓励平台经济、分享经济、体验经济等服务新形态的发展,鼓励服务要素的重新组合和协同创新,鼓励传统服务业对现代供应链集成和产业链整合的运用,逐步衍生新的服务环节和服务活动,提高供应链管理水平,构建现代商贸物流服务体系,积极促进线上线下融合互动,增强零售业体验式服务能力,加快提升新兴服务业规模能级,推动服务业向产业链高端价值环节跨越。

促进创新发展环境建设。明确发展导向,通过政策、机制的创新,营造创新发展生态,鼓励对服务业新业态和新模式的大胆探索,着力打造新经济示范基地、示范工程、示范项目和示范企业,激发服务业发展潜力,加快培育服务业新的增长点,增强持续发展后劲。

（二）以融合推动服务业能级提升

扩大服务业与农业融合范围。促进现代物流、农业科技、乡村旅游、信息、金融保险等服务业与农业深度融合，鼓励发展生产、生活、生态有机结合的功能复合型农业，增强服务业对转变农业经济发展方式的支撑引领作用。

力促服务业与制造业深度融合。充分发挥制造业对服务业的基础作用，以及服务业在提升制造业产品价值等方面的优势，深化二者的业务关联、技术渗透和链条延伸，推动服务向制造的拓展，加快以服务为主导的反向制造的发展，建立"产品+服务包"的新盈利模式，逐步延伸产品价值链，推动制造与服务的双向融合。

鼓励服务业内部相互融合。顺应消费升级和产业升级趋势，促进服务业内部细分行业交叉、延伸和重组，推动生产要素优化配置和服务系统集成，促进文化、物流、旅游、金融、养老等行业的跨界融合，不断提供创新性的服务产品，满足消费者的服务需求。

（三）以改革促进服务产品的高质量供给

提升生产性服务业的专业化水平。生产性服务业以产业升级需求为导向，支持嵌入生产流程的服务行业发展，推动生产服务专业化、高端化发展，壮大高技术服务业，提升产业体系整体素质和竞争力。着力构建大数据产业链，承接韩国、日本等东北亚地区大数据和云计算等云服务业务，满足东北亚地区的支柱产业和战略性新兴产业发展需求。大力发展工程设计服务，推动东北电力设计院、中国市政工程东北设计研究总院等国有企业充分利用自身资源优势和设计经验，积极融入"一带一路"建设，承接基础设施类工程设计项目，积极向系统解决方案服务商转变。

提升流通服务业的效率和效益。着力提升物流基础支撑能力，进一步完善立体交通运输基础设施建设，推进多式联运，完善城乡物流配送网络，大幅降低流通成本，提高效率。大力发展社会化、专业化物流，重视供应链的发展，建设高效便捷、绿色安全的现代物流服务体系。构建现代商贸服务体系，积极促进线上线下融合互动，开展零售业提质增效行动，增强体验式服务能力，促进电子商务规范发展，积极发展农村电商等。

提升居民服务质量。以满足人民群众高质量和多样化的服务需求为目标，加强引导，规范发展，逐步提升服务品质和消费满意度。持续推动生活服务业转型升级行动计划，加快传统餐饮服务转型升级，促进家政服务提质增效，加大养老服务市场化改革力度，发展丰富多样的教育培训服务，推进精准医疗、智慧医疗等新兴健康服务发展，加快构建结构合理、科技含量高、富有创意和竞争力强的现代文化产业体系。

五 吉林省加快服务业发展的对策建议

吉林省应在习近平新时代中国特色社会主义思想指导下，充分借鉴先行发展地区做法，加大改革力度，加快服务业发展跃上新台阶，从而实现发展方式的转变和经济结构的优化。

（一）深化市场化改革

深化改革首先要完善市场准入负面清单制度，对照国家发改委、商务部发布的《市场准入负面清单（2018版）》，按照非禁即入的原则，将竞争机制引入非基本公共服务业领域，实现清单之外市场主体依法平等进入，破除服务业市场准入的各类显性及隐性障碍。完善产权制度，确立法人主体平等地位，给予各类所有制企业、大中小规模企业平等的法律地位，构建市场机制有效、微观主体有活力的公平市场环境。深入、全面地分析新兴服务业特点，不断完善行业归类规则和经营范围的管理方式，对不适应"互联网+"等现代新兴服务业发展的市场准入要求及时进行调整。逐步建设统一开放和竞争有序的市场体系。

（二）实施创新发展工程

实施高技术服务业、知识密集型服务业创新发展工程，提升信息、生物、检验检测等重点领域基础和核心技术创新能力，大力促进科技研发成果转化应用。在若干专业细分领域培育一批创新"隐形冠军"企业，推动全省原始创新能力跃升。支持长吉图国家科技成果转移转化示范区、长春国家资助创新示范区等重大创新载体建设，加快高端创新人才、重大创新设施、先进创新成果集聚。大力培育新兴服务业和高技术服务业。对研发设计、检验检测、信息服务和文化创意领域的创新型、引领型和示范性服务企业给予政策支持，积极培育一批行业带动能力突出的高技术服务企业，引进新兴服务业企业；引导现代服务业企业提高研发投入占销售收入比重，参与服务业前沿技术研发以及高端产品和细分市场的开拓。着力培育长春国家汽车电子产业园、长春·中关村创新中心、吉林创新科技城等园区（基地），完善配套服务，集聚更多服务贸易企业和人才。加快形成以创新为引领和支撑的服务经济体系和发展模式。

（三）鼓励和支持新就业形态发展

李克强总理在部分省份稳就业工作座谈会上强调："要发挥新产业新业态促进拓展就业岗位的作用，推动'互联网+'、数字经济、平台经济等在更多领域发展，大力发展养老、托幼、健康等现代服务业，壮大新动能，释放巨大的就业潜力。"要充分发挥新产业新业态对就业岗位的拓展作用，应坚持包容审慎的政策引导，调整优化就业政策，加强数字经济政策与支持新就业形态政策的衔接，加强对灵活就业、新就业形态的支持，促进零工就业、灵活就业等健康发展。针对新就业形态展现出的雇佣关系、工作内容、工作方式等的特点，积极调整劳务关系以及工资支付、劳动时间等劳动基准，加快构建新型劳动关系保障制度。创新职业教育培训模式。有针对性地对员工组织技能培训，大力宣传劳动者和工匠精神。通过进一步深化产教融合，更紧密地对接经济发展趋势和市场需求，培养出更多高素质技能人才。鼓励互联网平台、企业、职业教育等多元主体共同参与，共同构建一个产教融合的新生态。

（四）构建现代监管体系

顺应服务业发展新趋势，对新经济实行"包容审慎"监管原则，进一步完善监管机制，构建统一、开放、包容的服务业监管体系。按照服务类别制定统一的监管规则、标准和程序，并向社会公开。积极运用信息技术提高监管效率、覆盖面和风险防控能力。推进监管能力专业化，打造专业务实高效的监管执法队伍。建立健全社会化监督机制，充分发挥公众和媒体监督作用，完善投诉举报管理制度。鼓励社会组织发挥自律互律他律作用，完善商事争议多元化解决机制。对于新的经济业态、新的商业模式，在保证风险可控的前提下，积极运用大数据等分析手段加强对服务业市场主体的服务和监管，探索建立与平台协同治理机制。

参考文献

[1] 郭克莎：《中国产业结构调整升级趋势与"十四五"时期政策思路》，《中国工业经济》2019年第7期，第24~41页。

[2] 纪明辉：《对东北三省服务业行业发展潜力的研究》，《决策咨询》2019年第2期，第71~73页。

[3] 廖义军、曾天雄：《广泛培育智能化现代服务业》，《人民日报》2019年9月5日。

[4] 来有为：《推动服务业高质量发展对策》，《新经济导刊》2018年第11期，第83~85页。

[5] 刘奕：《我国服务业高质量发展的战略思考》，《中国发展观察》2018年第15期，第18~21页。

[6] 刘奕、夏杰长：《推动中国服务业高质量发展：主要任务与政策建议》，《国际贸易》2018年第8期，第53~59页。

[7] 夏杰长：《服务业高质量发展助力中国经济行稳致远》，《光明日报》2019年6月6日。

高质量发展篇

High Quality Improvement

B.5 吉林省医药健康产业发展的困境及对策研究

赵奭[*]

摘　要： 医药健康产业是国家实施健康中国战略的重要环节，也是吉林省"十三五"时期重点培育的新支柱产业。吉林省发展医药健康产业有优势、有成果、有困难、有前景。虽然优势尽显，前景良好，但也面临着产业布局分散、核心优势不强、创新驱动力不足、产业融合不充分、产业集群联系不紧等问题，成为制约医药健康产业高质量、可持续发展的瓶颈。应着力做好产业资源整合、补齐发展短板；突出企业自身特色、提高企业拉动力；强化创新驱动引领、促进产业孵化；促进全产业链联动融合；强化区域协同、密切企业合作联系几大

---

[*] 赵奭，吉林省社会科学院软科学研究所副研究员，技术经济学博士，研究方向为产业经济。

方面。综合利用好新一轮东北振兴机会,抢抓规划建设一廊、二核等战略机遇,突破吉林省医药健康产业发展困境,促进高质量发展。

关键词: 医药健康产业　高质量发展　区域协同　创新引领

一　吉林省医药健康产业发展情况

吉林省医药健康产业主要包括现代中药、化学药、生物药"三大主导板块",生物健康材料与保健食品、医疗器械、制药检测仪器与设备、医药商业与流通、医疗健康与服务"五大潜力板块",主营业务收入持续居全国前5位,其中中药产业主营业务收入十年居全国首位。

(一)产业基础良好

吉林省医药健康产业具有良好的区位优势、支撑条件和发展基础,是吉林省的优势产业,在中医药产业资源、生物产业资源技术、研发基础、产业特色等方面优势显著。

1.产业规模持续增加

2018年,作为全省重点监测指标首位的规模以上医药健康产业总产值同比增长9.1%、主营业务收入同比增长7.2%、增加值同比增长8.1%、利润同比增长5.5%。2019年以来,面对复杂严峻的国际形势和较大的经济下行压力,1~9月,全省规模以上医药产业工业增加值增长0.2%,吉林省医药健康产业也进入优化产业结构、促进动能转换,推进高质量发展的关键时期,面临的风险挑战不容忽视,但支撑高质量发展的优势也逐步展现。

2013年11月,省委十届三次全会做出了将医药健康产业培育成为新支柱产业的重大战略部署,规模以上医药制造业工业增加值从2013年的476

亿元增加到2018年的619亿元（见图1）。2018年吉林省规模以上医药制造业工业增加值增速为13.2%，高于全国3.5个百分点，增速仅次于汽车制造业，在八大重点产业中增速排在第二位，全国医药制造业增加值增速居工业第六位。2013~2018年吉林省医药制造业规模以上工业总产值保持10%以上的增速。

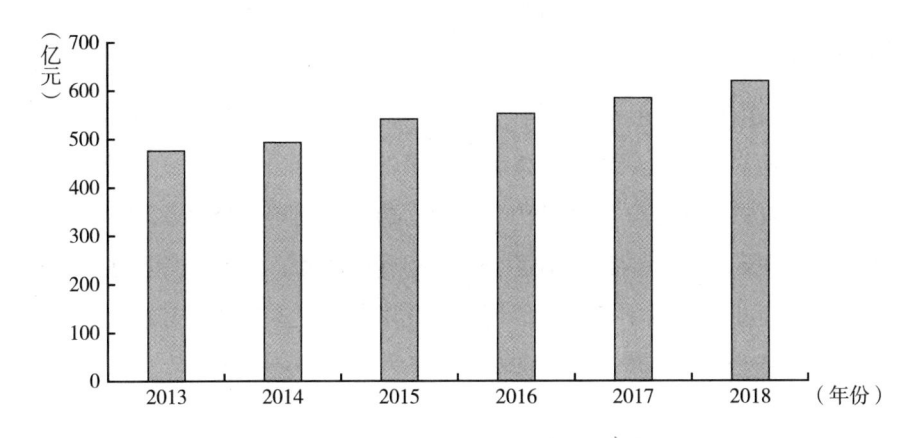

图1 2013~2018年吉林省规模以上医药制造工业总产值

2. 中医药产业资源丰富

吉林省有着得天独厚的中医药资源、有"北药基地"之称，使吉林省医药产业在发展中得到强劲的推动。吉林省中药材资源种类丰富，可以将中药材资源优势转化为经济优势。吉林省自然资源丰富，最主要的中药材产地长白山药材品种繁多，有3000多种，如人参、五味子、天麻、鹿茸等动植物和矿物等类型中药材。自古就是有名的"人参之乡"和"鹿茸之乡"，人参资源年产量达到全世界年产量的70%，其品质更是在国内外享有盛誉。

3. 生物产业技术领先

吉林省生物产业资源、技术优势明显，尤其在基因工程药物和疫苗生产领域领先全国水平。多年来形成一批逐渐成规模的生物制药企业，成长性很强。生物制药产业作为吉林省战略性新兴产业得到优先培育，销售收入年均增速20%。吉林省作为我国生物医药发源地之一，是国家第一个基因工程

疫苗中试生产基地，第一个基因工程产品干扰素中试生产基地，第一个生物制品具有自主知识产权的省份，包括疫苗生产、基因工程药物和中药三大优势细分领域。在生物医药尤其是疫苗和基因治疗药物领域具有先发优势。

4. 研发基础雄厚

吉林省医药产业研发基础雄厚，人才储备充足。拥有吉林大学、东北师范大学、长春中医药大学等高等院校20多所，以及长春生物制品所、中科院长春应化所等百余个研发机构；生物基因制药、疫苗实验室等国家重点实验室42个。建立了国家基因工程产品干扰素中试生产基地、基因工程疫苗中试生产基地。这些科研力量汇集了诸多资源，综合研发实力较强，为吉林省医药产业发展奠定了坚实的基础。同时，吉林省医药产业引入"大健康"理念，建构医药健康产业创新体系。在已组建的人参、五味子等两个联盟的基础上，新组建了现代中药、生物制药、化学制药、医疗器械和梅花鹿产业5个医药领域产业技术创新战略联盟。

（二）产业集聚逐渐形成

吉林省医药健康产业各地区产业特色鲜明。长春市已形成集研发、生产、人才培养和信息服务于一体的生物产业基地。通化市依托产业集聚优势，以专业园区和特色产业基地为支撑，成为国际知名医药城。辽源市、梅河口市同步推进化学药与中药发展，加快建设化学原料及合成药生产基地、中成药生产基地和医疗器械产业园。白山市加快推进以人参等道地中药材资源开发为特色的医药健康产业发展。敦化市以中成药生产开发为特色，"敦化国家医药城"建设规模凸显。

目前，吉林省已形成长春、通化两大国家级产业基地，正在加速打造梅河口、白山、敦化等具有示范带动作用的产业集群，吉林省集聚发展水平逐渐提升。

1. 长春新区

长春新区作为国家级生物产业基地、国家级中药现代化产业基地，医药健康产业保持高速增长，2018年长春新区生物医药健康产业总产值247.18

亿元，2014~2018年年均增速高达33%。集聚生物医药健康企业407户，其中规模以上工业企业20户，包括1户产值30亿元以上企业、2户10亿元以上企业、8户亿元以上企业。形成了以基因工程、生物疫苗、现代中药、高端医疗器械为重点的医药产业体系，经过多年培育，形成了长春高新技术产业开发区、北湖科技开发区和空港经济开发区三大产业集聚区。

2. 通化国家医药高新技术产业开发区

通化医药高新区现有医药企业43户，万通药业、修正药业等7户企业已发展成为集团公司，通化东宝、通化金马药业为上市公司，9户医药企业被重新认定为国家级高新技术企业，9户企业获得省级认证的企业技术中心，其中3户企业被认定为国家级技术中心。通化医药高新区将依托长白山资源和环境，按照"一体两翼、一主多辅"的产业定位：以医药产业为主体，以高新技术开发应用领域和高端服务业为两翼协调发展。[1]

3. 梅河口市医药高新技术特色产业集群

梅河口市医药工业形成了以民营经济为主体、股份制和中外合资经济共同发展的格局，医药产业技术创新能力得到提升，被认定为吉林省梅河口医药高新技术特色产业基地。尤其是四环和步长两大域外医药集团的投资布局，有效推动了医药产业向更高层次跨越发展。为贯彻落实"振兴东北""健康中国"等国家战略，建设康美梅河口医疗健康中心，打造吉林省健康产业新高地，掀开了产业发展新篇章，塑造了区域医联体建设的全国样本，为东北经济的全面振兴开拓了新的支撑点和增长极，也意味着康美药业"智慧+大健康"产业北方布局进一步深化，大健康产业集群加速成型。

4. 白山市医药高新技术特色产业基地

白山市依托长白山独特的生态环境和特色中药材资源，围绕八大特色产业板块，建立起抚松、江源、靖宇、长白四大人参产业园区和中药材、食用菌等产业化园区。打造医药健康产业原料生产基地和健康产品生产基地，为

---

[1] 通化医药高新区，https://baike.baidu.com/。

全省乃至全国提供优质原料与特色健康产品。引导施慧达药业、修正药业推动单体新药、复方新药、新剂型等研制进程，构建了天然药、中成药和生物制药为主体的医药产业集群。

5. 敦化国家医药城

敦化市医药健康产业已形成了以吉林敖东、天津凯莱英、华润三九、吉林紫鑫和香港国泰等为主的医药产业集群。以人参、灵芝、平贝母、林蛙为代表的中药材为医药健康产业三产融合发展奠定了良好基础。作为吉林省医药产业走廊节点城市和吉港澳中医药健康产业合作区承接地，国家第三方中药检测（北方）中心敦化分中心的成立对满足全市中药材质量检测、食品检测以及中成药检测提供全方位服务。

二 吉林省医药健康产业发展困境分析

吉林省医药健康产业正处于结构调整、动能转换、压力增大的关键期，挑战大于机遇，风险大于收益，突破发展瓶颈，实现高质量发展的需求极为迫切。

（一）产业布局分散，发展程度不均

目前，吉林省共有医药健康企业41347家，表面看来，医药企业数量众多，但实际吉林省制药企业372户，只有23户是生物企业，且大部分为疫苗生产企业。吉林省医药企业中，大型企业占比不足14%，吉林省营业收入超过500亿元的医药健康企业只有修正药业一户，其中10亿~50亿元企业只有敖东、通化东宝和金赛药业，全省医药健康产业抵不过一家全球性龙头企业。企业规模小、产业布局分散、生产模式与生产特性同质化倾向严重这些制约因素导致企业生产成本较高、规模效益较低，竞争优势下降。众多中小企业产业结构缺乏"领头羊"企业引领带动作用。产业组织结构不均、生产布局分散，导致大型企业辐射作用大幅减弱。吉林省医药产业陷入规模庞大但经济效益低下，发展程度不深的窘境。

（二）核心优势不强，产业拉动力不足

吉林省中医药资源得天独厚、产业基础雄厚，但在发展中体现出的优势并不明显。从医药产品来看，吉林省医药产品虽多，但拥有核心技术的创新品牌、知名品牌总量较少，多数产品层次不高。生物药品多数为仿制，缺少自主知识产权，产品更新慢，重复严重，高科技产品不足，没有形成主导力量；原材料产地优势发挥不足。吉林省是拥有经国家认证GAP道地药材基地数量最多的省份，却没有充分促进资源优势向产业优势转化。吉林省是"人参之乡"和"鹿茸之乡"，人参年产量达到全世界的70%，但创造的出口外汇却很少。韩国拥有的人参资源仅为吉林省的14.2%，出口创汇却数倍于吉林省。从医药企业来看，吉林省龙头企业少，龙头企业和全球领军的制药企业收入差距大，难以形成具有较大规模与实力的创新体系和产业链条，导致吉林省优势医药产业拉动力不强。

（三）创新驱动力不足，竞争能力不强

医药健康产业已经进入科技创新主导的时代，但吉林省医药健康产业囿于传统中药药品制造行业，创新驱动力不足。国外医药企业用于新药研发的资金一般为年销售收入的20%，而吉林省医药行业新药研发投入不足2%，龙头企业修正药业的研发投入比例也未达到2%。医药科研资金投入不足直接后果是技术停滞，为了推出新的产品，不得不走"山寨"的道路，大量模仿品降低了医药产品的更新能力，逐渐失去竞争优势。吉林省现阶段科研投入比例结构失调。政府在进行科研投入时过于注重短期利益，对长期发展的重视程度低，因此对基础研究的投入较少。长期以来政府和企业都倾向于应用研究，过于重视二次创新，使源头知识创新严重滞后，国外企业在医药领域实现突破性创新，吉林省企业就会陷入"引进、落后、再引进"的困境，难以取得突破性进展。

（四）产业融合不充分，资源配置不佳

医药健康产业只有合理配置资源才能实现多产业融合发展。过去吉林

省医药健康产业在产业体系的建立上过分依赖于医药工业，目前生物产业已得到重视，但生物医药产业医和药分家、医药产业和生物技术产业分家，生物医药产业领域单一，医药和生物技术没有充分融合，欠缺发展医养融合、三产融合、产城融合的医药健康产业体系整体思路，多业态融合不充分、服务能力较弱、地域融合程度低，导致医药健康产业发展支撑服务功能相对滞后。

（五）产业集群联系不紧，区域协同力不足

医药健康产业发展正在进入资源整合时代，吉林省产业集群效应未充分释放，整体仍呈现小、乱、散格局，没有树立医药健康产业发展"一盘棋"的意识。2018年医药工业百强榜中，吉林企业的上榜情况远不及山东、浙江、江苏。个别龙头企业独大难以代表整个行业水平。吉林省饮片企业以家庭作坊居多，其中通化市医药产业集群的200多家饮片企业中仅5家通过了GMP认证，难以保证药材品质，品牌难以做强。集群内多数企业局限在产业链中低端，缺少自主知识产权。各个集聚区之间联系较弱，企业合作不密切，缺少省级层面对医药产业集聚区发展的引领作用，使医药健康走廊与各集聚区的联系不紧密，不能充分发挥区域协同对集聚区高精发展的推动作用。

（六）产学研结合机制不完善、产学研结合不紧密

首先，吉林省产业资源分布较为松散，产学研结合机制不完善，高等院校、科研机构与企业研发部门联系不紧密。医药产业不能充分利用科研机构的储备进行创新，难以整合资源应用到实际研究，科研和产业化脱节，导致吉林省医药产业创新水平较低。其次，吉林省医药产业链上下游机构不能达成利益共赢。科研机构追求成果，医药企业追求利益，双方没有一致建立有效的商业模式，无法实现互利互赢，造成产学研结合不紧密。最后，公共服务平台体系建设不完善导致研发成果搁置，企业需求技术得不到更新，产业链上下游脱节，导致科技成果转化率低下。

(七)管理模式不完善、市场监管不足

吉林省对药品的生产、销售等环节事中事后全链条监管力度不足,尚未形成医药安全管理的长效机制。长生问题疫苗事件,也暴露出地方政府和监管部门在药品制造、流通和使用等环节监管体系不完善,原有的监管手段面对新的市场环境存在很大欠缺等诸多问题。可见,政府监管力度不足、监管体系不完善、监管手段欠缺,是导致很多行业相关从业者敢打擦边球甚至失控的重要因素。吉林省多数医药企业停留在传统的管理模式上。重利润、轻管理,质量监管不充分,导致药品质量事故频发。建立高效监管制度已成为医药产业健康发展的当务之急。

三 吉林省医药健康产业面临的机会与挑战

(一)机会

医药健康产业是吉林省的优势产业,也是"十三五"时期重点培育的新支柱产业。伴随国家大力支持战略性新兴产业发展,新一轮东北振兴和长吉图开发开放先导区战略全面实施,深入融入"一带一路",推进"一主、六双"产业空间布局,抢抓规划建设一廊(长辽梅通白敦医药健康产业走廊)、二核(长春国家生物产业基地和通化国家医药城)的背景,吉林省医药产业面对全新发展机会,对于提升医药健康产业竞争能力、加快技术创新驱动和新旧动能转换,形成全省新的发展动力,促进吉林省医药健康产业高质量发展至关重要。

(二)挑战

1. 外部环境压力较大

产业经济增长面临新压力。在经济发展新常态下,受宏观经济变化、药价改革、生产成本等因素影响,吉林省医药健康产业增速有所放缓,医药健

康产业将面临速度换挡、结构调整、前期政策副作用消化三重外部环境压力。

2. 对外开放意识不强

吉林省医药产业虽然近两年来发展迅速，但与发达国家相比还有很大差距。医药产业是高技术难度、高资金投入的产业，依靠自身的资源和技术难以在短时间内实现医药产业的跨越式发展。随着国家"一带一路"倡议的实施，医药产业面临诸多机会和挑战。中国具有世界上最大的市场，不但应利用外资优势与国外先进企业交流合作，同时要大力提升企业竞争能力，抵御外来竞争风险。目前国内值得借鉴的是长三角、珠三角等地区凭借地理位置和政策优势，吸引外资企业建厂，推动了地区医药产业发展。吉林省医药产业发展对外开放意识薄弱，吸引外商能力不强，带动效果不显著。

四 吉林省医药健康产业发展对策建议

（一）整合产业资源、补短板深发展

吉林省医药健康产业结构不均、生产布局分散，应加大力度补足短板，力争占据一席之地。

1. 着力发展医疗器械以及装备仪器产业

立足吉林省光学、精密仪器、医疗材料等领域的研发优势，不断完善产业链条，加快医疗器械、制药设备与检测仪器产业。依托长春新区重点建设好中国·吉林国际医疗器械产业基地，支持建设专业化的医疗器械、制药设备与检测仪器产业孵化基地，用好光机所、应化所、吉林大学、长春理工大学等科技资源和特色学科优势，加速科技成果转化，着力把医疗器械以及装备仪器产业打造成吉林省医药健康产业的新增长点。

2. 积极推进特医食品产业

突出吉林省资源特色，加快推进高附加值的特色保健食品开发与产业化，以及特医食品的开发与产业化。坚持以健康生活为主题，逐步扩大药食

同源的药材覆盖范围,推动中药材资源和绿色农产品资源有机结合,依托中医中药研究院等机构,围绕人参、梅花鹿、灵芝、桔梗、林蛙、五味子等中药资源,开发转化一批特医食品成果。支持部分中药企业转型发展特医食品,提升吉林省特医食品品牌效应。尽快制定吉林省特色特医食品的地方标准。

3. 打造特色产业融合基地

重点打造"健康+医药"产业基地,重点推进医药工业、医药商贸、药材种植、医药物流、医药文化融合发展的健康医药产业链;"健康+医疗"产业基地,重点优化医疗服务资源配置,形成多元化的办医格局,推进药品流通"两票制"改革;"健康+食品"产业基地,重点发展以绿色食品、功能食品和保健品开发为主体的健康食品产业链;"健康+养生"产业基地,重点发展以候鸟度假养生、养生养老、医养护服务为主的健康养生产业链。构建药医食养游动一体化的大健康产业格局。

(二)突出企业自身特色、提高企业拉动力

吉林省医药健康产业发展,必须通过推动特色龙头企业发展,实施产品强企、品牌强企行动,强化龙头企业对整个产业的拉动力量。

1. 面向前沿领域,推动核心技术突破

对接全球产业资本,把有潜力的医药健康企业打造成"独角兽",带动吉林省医药健康产业进入新的层级。统筹医药健康产业科技、基础设施、文化、生态环境、开放发展因素,塑造区域核心特色;通过激发基层活力,让各地方政府、医药园区(企业)在区域核心特色的基础上,走出自己的特色之路;逐步建立起"上下衔接、系统推进,产业引领、文化保障,绿色主题、开放发展"的特色格局。

2. 支持特色企业打造品牌产品、品牌企业

加大对获得省级以上名牌产品企业的资金奖励力度、宣传推介力度,鼓励企业以联合、并购等方式扩大品牌影响,引导企业收购其他企业优势品牌做大做强。引导支持企业积极参加国内外各类医药制造产业展会,扩大品牌

影响。支持医药制造企业开发新产品，打造新增长点，构建多产品强企格局。重点支持龙头企业组织实施智能制造项目、特医食品项目、基因及生物制药项目，加强产学研合作，提升产品质量和生产水平，应对政策变化和市场变化。

（三）强化创新驱动引领、促进产业孵化

吉林省发展医药健康产业，必须统筹原有药企的发展和壮大依托生物技术、化学技术创新的原创药以及依托信息技术应用的智慧医疗器械产业，在"传统药企转型升级""做强做大原创产品""创新产业孵化模式"的同时加大力度，强化创新驱动的引领力量。

1. 强化传统药企转型升级

在道地中药精准种植、中药有效成分精准萃取、传统药物精准治疗、医疗器械效能精准提升等方面，强化科技要素的作用，在做到每个药品（器械）在某个疗效（功能）上作用最显著的基础上，以最精准的定位拓展市场，重塑市场格局。

2. 做强做大原创产品

统筹企业、财政、金融资源，更多地采用风险投资、保姆服务、全程孵化的方式，以最快的速度扶持原创产品做大做强。加大在生物药、化学药领域的原创药以及智慧制药设备、新型医疗器械、新型专用疫苗等方面的研发力度。加大从国外引进拥有原创医药产品的研发团队的力度，探索与发达地区孵化资本联手，利用其全球孵化网络，实行"吉林研发生产制造、孵化资本股权分红"的联动引智、共享发展的新模式。

3. 创新产业孵化模式

要依托专业的医药产品研发企业或机构，大力加强与全球医药产业资本的联系，在全省建立3个专业的医药健康产业超级孵化器，在长春市做大做强生物药的科技企业孵化器，在梅河口做大做强化学药的科技企业孵化器，在通化市做大做强中药的科技企业孵化器。支持3个超级孵化器在产业走廊范围内设立分孵化器、联合孵化器或者孵化网点，着力形成产业孵化网络。

（四）促进全产业链联动、多方融合发展

以市场机制推进联动发展、融合发展是吉林省医药健康产业高质量发展的首要任务。

1. 整合产业链

吉林省应按照医药健康产业三大子行业（生物药、化学药、中药）整合产业链，从原料来源、制造设备、药剂器械生产、药剂器械销售、药剂器械市场反馈等环节梳理企业资源，整理信息资源，以市场机制促进产业链内部的资源整合和企业联动。切忌把三大子行业放在一起解决产业链的问题。

2. 强化"北药"品牌作用

着力解决"北药"包括但不限于中药这一领域的问题，鼓励医药健康企业使用"北药"标志，使"北药"公共品牌统领三大子行业（生物药、化学药、中药）发展，可授权与医药产业发展有关的康养、旅游等企业使用"北药"标志。进一步强化"北药"品牌作用，通过品牌共享促进产业壮大，通过产业壮大提升品牌价值。突出信息技术对医药产业发展的作用，推动医药健康产业链各环节协调共进，在数字企业、数字销售、数字化园区等方面加大投入，把建设数字化走廊作为医药健康产业走廊的重要目标。强化产业信息对产品生产、产品市场以及产业资本的导向性作用，着力推动相关企业、相关园区、相关区域共赢发展。

（五）强化区域协同发展、密切企业合作联系

吉林省医药健康产业区域协同，必须明确各产业属性、突出各区域定位。

1. 强化集群功能设计和精准谋划

明确各产业集群特色，精准定位集群功能，防止各集聚区、各龙头企业为了地方发展进行恶性竞争，破坏整体产业布局。

2. 优先做大医药健康制造业集群

优先做大长春、通化两个医药健康制造业集群，依托两市高新区、开发

区等区域，综合布局产业发展平台、产业孵化平台、科技创新平台、专业会展平台、绿色药材原料服务平台，推动两市医药健康制造业产值及增速在全国医药制造城市中稳居前列。

3. 促进医药健康产业走廊全域发展

围绕长春、通化两大医药制造城市建设，有序发展其他城市的医药制造业。加大力度促进医药健康产业走廊全域发展药材种植养殖产业和康养产业，着力把医药健康产业走廊打造成中药材种植养殖观光走廊、中国北方宜居康养生态走廊、中朝满蒙多药融合发展走廊和长白山医药文化走廊。

参考文献

[1]《吉林省人民政府办公厅关于印发"一主、六双"产业空间布局规划配套政策的通知》，《吉林省人民政府公报》2019年第4期。

[2] 徐岩：《吉林省生物医药产业技术创新路径研究》，吉林大学博士学位论文，2014。

B.6 吉林省绿色农业发展现状及对策研究

丁 冬*

> **摘　要：** 绿色农业能够降低农产品在流通过程中对环境产生的负效应，保障农产品质量安全的同时提高供应链整体运行效率，增加生态效益、社会效益与经济效益。本文首先阐述了吉林省绿色农业发展取得的成果，其次，通过供需层面、市场流通层面、管理与衔接层面分析其发展现存的问题，最后，提出促进绿色农业发展的对策，探寻吉林省农业绿色健康、可持续发展的道路。
>
> **关键词：** 吉林省　绿色农业　现代农业　可持续发展

习近平总书记在深入推进东北振兴座谈会上指出，要把"支持生态建设和粮食生产，巩固提升绿色发展优势"作为实现新时代吉林省全面振兴的重点任务之一。绿色农业以减少环境污染、保护资源、注重生态平衡为指导原则，在农业从"田间到餐桌"的整个产业链中，通过绿色采购、绿色生产、绿色仓储、绿色加工、绿色物流及绿色包装等方面，使农业对化肥、农药的依赖转向依靠生物内在机制，形成无污染、无公害的产业链。绿色农业是当今最科学的现代农业发展模式，是吉林省实现农业可持续发展的必然选择。

---

* 丁冬，吉林省社会科学院农村发展研究所助理研究员，研究方向为"三农"问题与农村经济。

一 吉林省绿色农业的发展现状

吉林省现代农业经历了石油化学农业、生态农业和绿色循环现代农业三个阶段。在决胜全面建成小康社会的关键之年，吉林省面临着以生态保护、绿色安全、精准高效为目标的绿色发展任务。

（一）已形成种养结合的农业生产模式

吉林省是我国生态建设试点地区之一，同时也是绿色食品的生态示范区和生产基地，担负着农业可持续发展的重要任务。目前，吉林省正在实施种养结合的农业生产模式，探寻无害化、资源化途径。吉林省现有11个国家级生态示范区、23个省级"生态乡镇"、84个省级"生态村"，"三品一标"环境监测面积达到1300多万亩，有效使用"三品一标"的农产品达2000余个，创建全国绿色食品原料标准化生产基地27个。目前，吉林省绿色农产品主要包括绿色水稻、绿色家禽、绿色肉牛和生猪等，已初步形成了具有地区特色的绿色农业。

（二）绿色农业节能减排取得新进展

吉林省在发展绿色农业工作中也比较重视节能减排工作，化肥减量增效等工作进展较顺利。2018年，吉林省二氧化硫年均浓度为14微克每立方米，同比下降30.0%；二氧化氮年均浓度为24微克每立方米，同比下降14.3%。吉林省新增测土配方施肥推广面积1860万亩，采集测试土样4.65万个，免费为60万户农民提供了测土配方施肥技术服务，测土配方施肥建议卡和施肥技术指导入户率达90%以上。每公顷化肥施用量2017年为714.6公斤，比2016年降低了26公斤。2018年，吉林省探索建立了6种41个化肥减量增效技术模式。其中，配方肥技术推广模式8个，增施有机肥模式9个，秸秆还田模式11个，新型肥料推广模式9个，水肥一体化模式2个，有机无机配合使用模式2个，可见吉林省绿色农业节能减排工作取得新进展。

（三）绿色原料标准化生产基地和园区建设不断加强

吉林省不断加强绿色食品原料标准化生产基地和园区建设工作，监测平台实现试运行，促进绿色农业发展。吉林省近年来还组织参加了"有机食品市场与发展国际研讨会"和"有机食品产业推介会"等活动，突出宣传"吉林大米"和"吉林杂粮杂豆"两个主打品牌，重点推介省内"三品一标"优质特色农产品，充分展示吉林省加快绿色农产品发展所取得的显著成绩，展示了吉林优质绿色农产品，宣传了吉林品牌。例如，吉林省长白山地区的绿色特产农业发展成为全国的典型。长白山利用地理位置的资源，以特色农业带动整个地区经济的发展，当地农户根据绿色农业发展要求，依托资源优势，发展人参、食用菌、山野菜、林蛙养殖等特产业，建立特色生产和加工基地，有效保护野生动植物资源。由此可见，吉林省绿色农业产业已经全面开展。

（四）绿色农业科技逐渐应用于全产业链

绿色农产品供应链的集成要求从生产者、零售商、加工商、物流服务商到供应商每个供应环节都必须是可追溯的，并强调质量安全的动态自动监测能力。绿色发展理念为吉林省农产品标准化生产经营指引了新方向，即创造新供给，使供给能力满足人民日益升级和个性化的物质文化和生态环境需求。近年来，吉林省绿色农业发展秉承"绿色、环保、安全"的理念，以资源优化、促进经济与环境的协调发展为目标，不断优化农业生态环境，综合衡量农业产业链各环节中的影响因素与资源利用情况，将标准化生产和绿色科技应用于全产业链。特别是在"互联网＋"时代，吉林省现代农业经营模式逐渐转变传统思维观念，借助绿色科技技术实现各地资源的供需搭配，减少生产风险、供需风险与市场风险。吉林省传统农业中，农产品供应链运行的各个环节参与主体众多、信息严重不对称。由于农产品有季节性及不稳定性等特点，各环节主体间需要动态集成机制，促进绿色整合，提高专属资产利用率，可有效减少供应周期，降低成本，提高农业综合效益。基于大数据背景推广集成化绿色供应链运行机制，例如BBS、Usenet及MUD等，已经构建了适应吉林省大宗农产品的远程交易系统，促进吉林省农产品供应链动态联盟环节的信息协同，提高了信息流通效率，促进新型经营主体科学决策、理性生产，提高全省抵御生产和市场风险的能力。

二 吉林省绿色农业发展中存在的问题

吉林省绿色农业发展现状表现出了新的活力，但是由于吉林省农产品供应链参与主体众多，市场比较离散，供应链环节多、领域广，随着我国社会主要矛盾的转变，吉林省绿色农业的发展呈现内外融合、矛盾交织的新动向，生产、流通以及经营管理等方面在绿色农业发展过程中仍存在一定问题，主要包括以下几个方面。

1. 农业资源环境面临一定压力

吉林省具有丰富的农业资源，是我国重要的产粮大省。但是，近年来，吉林省的耕地面积以约每年1%的速度递减，农业发展的环境污染问题仍然比较严重。化肥施用量在连续十年（2007~2016年）居高不下之后，2017年终于有所降低，2017年吉林省化肥施用量为434.9万吨，比2016年下降了9.7万吨，降低幅度较小，尤其是复合肥的施用量还需要大幅度控制。这些资源环境问题造成了生态污染，也对吉林省绿色农业发展与土地承载力造成了负面影响。加上一些农户缺乏绿色农业的意识和从事绿色农业应有的能力，目前，秸秆焚烧等现象在吉林省每年仍有发生。一些农业生产者仍然依赖农药、化肥来达到增收，科学合理的种养意识淡薄，烟尘以及化学残留物制约了吉林省的绿色农业经济发展，使农业资源环境面临一定压力。

2. 农业绿色供应链各环节的成本刚性提升

由于吉林省市场的"政策市"现象仍然严重，政策性农产品库存量过大，尤其是粮食库存，对市场化经营造成一定阻碍，各项成本过高。从人力资源资本的角度看，随着经济进步及城乡一体化发展，吉林省第二、三产业对劳动力的需求逐年增加。现代农业劳动者作为理性经济人，从事农业生产面临很高的机会成本，目前吉林省农业科技人员较少，留住人才的成本很高；从资本投入的角度，农机作业、土地流转等费用上涨过快。由于吉林省农业科研更多地重视产品阶段，缺少产业的多样化附加值研究，形成资源浪费，无法提高绿色农产品附加值效益。另外，农业经营者缺乏筹资渠道，导致融资、筹资的成本过高，加上先进科技技术的引入成本，这些都将转嫁到农业生产的成本中，最终导致农业绿色供应链各环节的运行成本刚性提升。

3. 新型绿色农产品的供给短缺

随着吉林省城市化进程加快和居民收入水平的提升，消费者越来越青睐品相、营养、安全方面俱佳的新型绿色农产品。新型绿色农产品是对化肥、农药的依赖转向依靠生物内在机制，形成无污染、无公害的合格、合规、溯源的农产品。"合格"要求农产品的生产所采用的种子、农药等农资，全部达到国标。与此同时，确保作业区水系达到国标，土壤无重金属和残留超标。"合规"要求农产品生产全过程采用的农艺、工艺以及销售流程符合国家、行业规范。"溯源"要求参与生产的农资商、粮农、仓储商、加工商、经销商等所有经营主体，质量必须得到认证，并能确保标识的可塑性，做到准确溯源追责。消费者这种需求的改变刺激了市场供给，传统生产经营模式下的农产品已无法满足新时代吉林省消费者追求更高质量生活的需求，使得吉林省绿色农产品的供给短缺，与需求之间匹配程度不高。

4. 绿色农产品标准化体系不完善

近年来，吉林省虽然在农业标准化建设方面取得了一定的成绩，但与世界公认的标准还有一定差距。一是吉林省绿色标准推广不够，农产品的生产、加工等环节尚未达到标准化，还有一部分生产者使用的是旧标准，生产规范不能与时俱进。二是吉林省绿色农业标准化体系不够完善，缺少绿色农产品后续环节的监管标准，制约了绿色农业产业化。三是农产品缺乏绿色销售渠道。吉林省农产品中心批发市场较少，流通渠道规模较小，发展的深度与广度都不足，大规模的绿色流通体系不够健全。在农产品交易过程中，由于农产品的级别包装、保鲜与储存等服务水平不够，大部分销售仍以现货交易为主，交易客体主要是初级产品，处于"小市场"带"小基地"的小经济状态，制约了绿色农业产业化。加上整个行业的绿色追溯体系与标准不健全，生产绿色食品的技术和设备不足，吉林省相关从业人员专业技术不过硬，专业人才也稀缺。另外，吉林省农产品加工业链条不完善，进入门槛较低，粗加工后的销售价格吸引人，导致一系列低质量、存在质量安全问题的农产品流入市场，形成了很大的农产品质量安全隐患。绿色农产品深精加工度较低，农特产业总体规模小，导致绿色产成品多是初级加工，深加工产品较少，因此，吉林省绿色农产品面临着一定的库存风险、经营风险与财务风险。另外，吉林省绿色物流设备与技术与发达地区相比较落后，农产品物资在流通过程中损耗率非常高，易形成供应链断链风险。根据调研统计，物资多采用敞篷车运输，仅30%是密封式厢式运输，备有制冷、保温等保护功能的车辆尚未达到运输车辆总数的10%。由于保鲜设施、运输设备和技术的缺乏，运输设施对农产品物资的保护不足，物资损耗率较高。

5. 政府的市场管理与扶持力度不足

市场供需关系的有效调节，需要通过农产品储备的规范管理来实现，以保障农产品供需平衡以及价格稳定，实现绿色供应。目前，吉林省农产品储量较大，储粮成本较高，存在一些不规范的问题，例如，投资决策不够科学、纪检监察力量薄弱、内部监督管理不够严格等问题亟待解决。由于吉林省粮食供应链的参与主体众多、领域广泛，存在分散的农户以及不完善的农民专业合作组织，供应链各环节之间的离散性较强，协调与信息分享能力不够。粮食供应链节点之间的风险主要源于供应链上下游节点企业之间的信息不对称、配送效率低以及节点间配合度不够等因素。由于各环节主体规模的限制，生产资料的采购、粮食产品的销售多为分散方式，难以做到绿色采购与绿色生产。生产经营条件与物流活动受到一定的限制，具有自发的盲目性，导致粮食物资供应周期较长、设施利用率较低，缺乏防御供应链衔接风险的能力。另外，对粮食经营过程中多环节的质量安全监管存在多部门"齐抓共管"、互不知情的现象，增加了对粮食质量安全有效监管的难度。由于吉林省粮食储量较大，储粮成本较高，存在投资决策不够科学、纪检监察力量薄弱、内部监督管理不够严格等不规范问题，粮食的种植收获和收购、贮藏、运输环节监管中出现一些盲区，缺乏绿色管理的公正性与权威性。另外，绿色农业在吉林省起步较晚，扶持效能不够。目前，吉林省绿色农业投入机制还没有建立，一些地区出现"短期绿色农业"，绿色农业的融资渠道较少，政府的补贴效能还存在不足。

三 促进吉林省绿色农业的发展对策

针对乡村振兴背景下吉林省绿色农业发展现状与存在的"短板"，把握外部环境与内部情况，从以下几方面提出发展对策。

（一）加强绿色农业生产源头管理，实施绿色优质农产品工程

吉林省绿色农业应以生态环境友好和资源永续利用为导向，坚持"统一、简化、协调、优选"原则，加强吉林省绿色农业生产源头的管理，推进农产品产业链各环节绿色化、优质化、标准化，促进吉林省由大粮仓变成绿色粮仓，培育出具有国际市场竞争力的非转基因、寒地黑土、绿色农产品。政府应对吉林省种养业产前、产中、产后全过程及农产品加工关键环节制定标准化生产技术，推行农产品标准化生产，逐步提升绿色农产品的生产水平。加强耕地和农业生物资源保护利用，强化农业节水高效利用，通过农业灌溉用水总量控制和定额管理来实施节水农业工程，并大力普及培肥改土、水肥一体化、秸秆还田、深耕深松、保护性耕作等农业高效节水技术，不断提高绿色农业生产源头的绿色发展能力。

同时，把增加吉林绿色优质农产品供给放在突出位置，建立生产精细化管理与产品品质控制体系，加快形成一批特色农业产业集群，全面提高综合生产供给能力和市场竞争力。构建吉林省集成化绿色供应链的运行机制，打造国家优质安全绿色产品生产基地。通过改善基础设施条件、推广重大绿色增产增效技术，提高单产、稳定总产，有序调减非优势区籽粒玉米，鼓励发展饲料玉米、专用玉米、食用玉米，促进农牧结合，加快构建"粮经饲"

三元种植结构；通过推进畜牧业全产业链建设，推动吉林畜牧业由一产向二、三产延伸，促进一二三产业融合发展；通过增加绿色水稻、优质大豆、杂粮杂豆和马铃薯等农作物种植面积，同时支持龙头企业、合作经济组织、家庭牧场、专业养殖公司等自建联建养殖基地，提高绿色优质农产品的综合供给能力。

（二）打造"吉林制造"绿色品牌，建设绿色和谐的宜居乡村

首先，加快绿色农产品生产基地的建设。扩大绿色农产品生产基地规模，努力建设国家级、省级绿色农产品标准化示范基地，并积极推进绿色畜牧业示范园区建设与"三品一标"认证。支持发展"一村一品""一乡一业"，积极发展保鲜、贮藏、分级、包装等采后处理、冷链仓储物流，鼓励引导龙头企业共同建设标准化生产基地、加工基地、仓储物流基地。其次，发挥吉林地域优势、抓住商机，优化农产品进出口布局和品种结构。构建吉林绿色农产品产业链，既保证农产品的绿色可追溯，又做好绿色农业品牌的宣传。重点打造"吉林大米"等地标性农产品，促进绿色稻米产业高质量发展，巩固皓月牛肉、华正猪肉、"精气神"黑山猪等知名名牌。同时，培育长春君子兰、国信"社稷尚品"有机蔬菜、农安"三辣"等特色优势品牌，建设如榆树市棚膜蔬菜优势区、双阳区绿色蔬菜优势区、农安县"三辣"和甜瓜、双阳区梅花鹿产业等产业优势区。形成吉林省品牌特色与竞争优势，多元化地拓宽"吉林制造"绿色农产品品牌市场。最后，加快推进吉林亿亩高标准农田建设，扩大轮作休耕制度试点范围，对黑土地实行战略性保护。乡村振兴战略的目标之一是人与自然和谐共生，在历史逻辑上，这是乡村生态遇到风险危机后的必然选择。吉林省应通过加强西部城市绿化带生态防护、石头口门水库和新立城水库水源涵养、西部湿地恢复与保护、东辽河流域生态涵养等重点生态功能区保护，实现对乡村自然生态空间的整体保护，提升生态功能和服务价值。通过推进农村人居环境整治，有序适度开展田园风光、自然景观、建筑风格和文化传承等风貌营造活动。通过"藏粮于地、藏粮于技"实现保供给与保生态的协调统一，变绿色为效益，

促进农民增收,助力脱贫攻坚,最终建设成与资源环境承载力相匹配、与生产生活生态相协调、与市场经济竞争相适应的绿色和谐宜居乡村。

(三)进一步深化农村改革,提高绿色生态为导向的补贴效能

吉林省绿色农业发展涉及土地改革、科技改革、"放管服"改革、农业农村经营体制机制创新、城市流通消费体制机制创新等,改革的快与慢、深与浅等直接关系着粮食供应链每个节点的活力与效益。针对吉林省重化工业比重高、产业结构单一、结构性污染较重、环境保护历史欠账多等问题,需深化吉林省农村集体产权制度改革与农垦改革,进一步推进国家农村金融综合改革试验,并继续推进粮食收储制度改革,扩大"粮食银行"试点范围,逐步实现产粮市县全覆盖,使生产要素在供给侧实现最优配置,利用绿色农业技术搭建符合绿色农业发展要求的平台,优化环境。同时,结合"一带一路"倡议,积极优化吉林省流通环境,敦促流通产业的绿色转型升级,促进"三产"融合。积极培育绿色农产品电商平台,推进重要物流通道及资源跨区域、长距离、高效率的绿色流通。

另外,吉林省政府要加大扶持力度,培育、扶持绿色农产品品牌,为绿色经营主体发展提供资金、技术、政策等全方位扶持,在政府干预等方面应着力保障制度的稳定性、政策的连续性和粮食供应链发展的市场属性,按照市场规律逐步优化政策环境,提高补贴效能。可以将农业"三项补贴"中直接发给农民的补贴与耕地地力保护挂钩,鼓励各市县创新补贴方式方法,为绿色农业的产业化注入新动能,并完善对农用生产资料的宏观调控,降低生产成本,扩大农业资源使用空间,提高新型农业主体进行绿色生产的积极性。

(四)加强资源利用与污染防治,促进绿色资源的维护与管理

加强吉林省绿色农业生态资源保护,首先提高秸秆资源化与畜禽养殖废弃物的综合利用,加快推进农作物秸秆肥料化、饲料化、原料化、能源化、基料化"五化"利用。坚持"农用为主、多元利用"的原则,提高秸秆还

田机械购置补贴，因地制宜推广秸秆深翻还田、覆盖还田、堆沤还田、留高茬还田和旋耕还田等技术。着力解决秸秆基料化技术难题，积极推进秸秆造纸、秸秆乙醇等项目建设，提高加工转化能力。鼓励引导发展生物质热电联产，推动榆树、九台等生物质热电厂项目建设，推动生物质替代燃煤，培植生物质成型燃料产业，推广使用农村户用秸秆成型燃料炉具。加快建立秸秆收集、储运、加工产业体系，并推进畜禽养殖废弃物以沼气、堆肥为主要利用方向，发展农牧结合、发酵还田的绿色种养循环农业模式。

与此同时，积极引导农民科学经营，提升耕地地力的同时，通过"互联网＋"等方式帮助农业经营主体准确把握最新的市场资源信息，避免资源浪费与信息不对称。支持农产品电商同吉林省合作，以提供低成本、高效率的绿色物流服务为支撑，延长绿色农业产业链与价值链，让新型经营主体增收、增效。通过"互联网＋绿色农产品交易"，将农产品网上交易平台和网下物流及增值服务协同，通过互动，建立电子交易的过程维护与监督、资金监管和服务跟踪机制，促进农产品绿色安全监管与后期管理维护的有效统一。

（五）加强组织领导，重视产业链核心节点的绿色管控与预警

绿色农业发展核心环节的质量监管是政府结合社会大众的共同监督管理，属于一个系统工程，应在体制机制层面做出一系列约束与激励并重的制度性安排。绿色农业核心环节由政府组织领导、全社会共同监控，通过制定土地经营补偿性支持政策，构建风险防范与转移体系、优化农业资源配置、提高劳动力资源素质以及提高农业生产经营绩效。从目前吉林省职能部门分工上看，农产品生产归农业部门主管，企业原料由质检部门把关，市场准入归口在工商部门，包括对生产、加工、储藏、销售、运输等多个环节的质量安全监管。这种多部门"齐抓共管"的管理方式，增加了对农产品质量安全监管的难度。当某些部门执法不力，或相关职能部门在联合执法时配合程度不足，将会导致在农产品的收获和收购、贮藏、运输环节监管中出现盲区。因此，绿色农业发展核心环节之间的监管需要耦合，加强部门之间的配

合，并受到严格的监控，才能为吉林省粮食的市场供给、平抑粮价提供有力的保障。在农产品的产、收环节，做到绿色、保量、保价收购，最大限度地实现资金投放与库存同步增长。在农产品储存环节，确保"绿色保障供给、平抑粮价"。把产区、物流、销区的绿色链条打通，各环节之间通过相互配合，形成规范的行业绿色管控体系。

另外，吉林省政府应通过抽查、审核、监督等流程对绿色农产品标准体系进行完善，加强对绿色农业认证机构的监督，建立农产品质量绿色监督系统。同时，完善绿色农业生产环境的污染防控监测体系，加强农业面源污染防治体系与质量监控体系，从生产、加工、物流、销售各环节对生产主体、加工企业、物流主体进行监督与跟踪，从全产业链上做到绿色管控。在此基础上，建立绿色全产业链风险预警系统，划清风险管理的红线，根据规定严格遵守。并建立风险控制专属部门，赋予其对相关业务进行初步监管与适当越级及时汇报的权限，促进各个核心环节的整体联动和有效制衡，为吉林省绿色农业发展提供安全、质量保障。

（六）培育新型经营主体精英团队，倡导绿色发展的全民行动

培育新型经营主体精英团队能够促进供应链各经营主体的精神导向、凝聚力与规范行为的形成，是组织经营取得成功的必要保障，也可以促使农户自身在组织发展中获得收益。首先，新型农业经营主体应该确立一个明确的团队战略目标，形成团队文化，建立绿色核心价值观。依托高效绿色农业项目培育懂农业技术的新型职业农民与新能人，留住适应绿色农业发展需要的后备人才，使新型经营主体成员更加明确权、责的关系，更好地促进协调行动力、有效约束农户的行为。其次，沟通即是生产力，应创立良好的沟通渠道。新型农业经营主体的各个龙头企业、专业大户、农业产业化服务组织之间，需要有效的沟通才能使组织开展绿色经营。设立公开沟通的渠道，信箱、邮箱以及网络信息公开等平台，解决矛盾。最后，调动社会各方力量，广泛参与到绿色农业发展各环节的绿色发展中来，倡导绿色发展的全民行动。定期举办绿色生产培训班和讨论会，学习和展示最新经营模式、农业技

术创新等，激发团队中人的潜能与创新意识，提升农户的技术效率与创新意识，使新型农业经营主体的规模效率与管理效率得以一定程度的提升，推行废弃物资源化利用、加工流通绿色循环等绿色生产方式，助力吉林省绿色农业发展。

参考文献

［1］刘耀彬、袁华锡：《中国的绿色发展：特征规律·框架方法·评价应用》，《吉首大学学报》（社会科学版）2019年第4期。
［2］葛鹏飞、王颂吉：《中国农业绿色全要素生产率测算》，《中国人口·资源与环境》2018年第5期。
［3］李曼莉：《江苏省级农产品加工集中区建设提档升级》，《江苏农村经济》2018年第1期。
［4］李由甲：《我国绿色农业发展的路径选择》，《农业经济》2017年第3期。
［5］于法稳：《习近平绿色发展新思想与农业的绿色转型发展》，《中国农村观察》2016年第5期。

B.7 吉林省农村一二三产业融合发展对策研究

于 凡*

摘　要： 农村一二三产业融合互动，是促进乡村产业兴旺，奠定乡村振兴产业基础的关键。目前吉林省农村产业融合主体培育不断进展，农产品加工业和农业服务业发展较快，农村产业融合新业态形式多样，一二三产业融合先导区示范经验逐渐形成。发展中存在农村基础设施与生产基地建设仍然滞后，生产经营者素质和专业技能仍待提高，农产品加工业规模和科技融合水平仍然较低，农业服务业服务层次和经济总量仍然不足等问题。应加强对农村一二三产业融合的统一规划和顶层设计，加强基础设施和公共产品建设，培育新型职业农民，提高企业科技竞争力，完善农业服务体系。

关键词： 产业融合　农业经营主体　农产品加工业　农业服务业　乡村振兴

"乡村振兴，关键是产业要振兴。"吉林省作为农业大省和重要的粮食主产区，农村产业仍然存在较大发展空间。要以农业生产为中心构建完整产业链条，开发农业多种功能，一二三产业融合互动，促进农村产业兴旺，奠

---

* 于凡，吉林省社会科学院农村发展研究所助理研究员，管理学博士，研究方向为农业经济理论与政策。

定乡村振兴产业基础。农村三产融合发展，微观看有利于引导农户等经营主体升级生产模式；宏观看有利于提升农业竞争力，推动产业结构调整，农业增效增值，创造发展新模式和新业态。从而推动农业农村展现盎然生机，对乡村振兴战略的实现具有重要意义。

一 吉林省农村一二三产业融合发展现状

（一）农村一二三产业融合主体培育不断进展

近年来，吉林省坚持将培育融合主体作为推进农村一二三产业融合发展的关键，培育发展基础作用较大的、具备较强示范性和服务能力的专业大户、家庭农场、农民合作社、农业产业化龙头企业等融合主体。目前，农村产业融合主体正面临从数量增加到质量提升、从单纯生产到综合带动、从收益独占到利益共享的转变。吉林省自2013年提出打造具备较强的生产经营能力、较高的综合素质以及具备主体功能的新型职业农民以来，新型职业农民的培育工作逐年进展。2018年全年新型职业农民培育的指导性任务总量为30128人。其中，各类新型农业经营主体的带头人18216人，贫困村致富带头人1000人，青年农场主810人，职业经理人100人，专业技能型和服务型职业农民合计10002人。新型职业农民培育补助资金数额7158万元。2019年，吉林省继续以每年培训3万人次的总量，主要培育生产经营型、专业技能型、专业服务型、创业创新型四种类型的职业农民。同时，吉林省家庭农场和农民合作社作为深化三农发展的基础性主体，带动性作用不断加强。据2019年一季度统计，吉林省认定的家庭农场24130个，注册农民合作社81884个，注册的农民合作社中成员数量已近10万人，注册资金总额近78.6亿元。在带领小农户对接现代农业、对接产业融合发展中地位愈加凸显。

（二）农村一二三产业融合载体形式多样

吉林省实施的一批休闲农业、特色小镇、"互联网+农业"等项目，这些实体与虚拟、线下与线上有机结合的新业态，作为推进农村产业融合发展的新载体，不断吸引社会资本加入，成为农村产业融合发展新力量。至2019年一季度，吉林省共有休闲农业主体4000多家。其中农家乐3000家，休闲农业观光园900家，休闲农业融合体近100个。直接安置以农民为主的从业人员17万人次，带动农户超过8.3万人。以吉林市为例，吉林市立足资源禀赋、文化特色和产业基地，规划引导休闲农业与乡村旅游发展。目前，万昌现代农业发展先导区共有休闲农业经营主体43家，包括休闲农业企业5家，休闲农庄10家，农家乐28家。年营业收入达到2000万元，接待5万人次，带动农户100余户，带动农民增收150万元。昌邑区共有休闲旅游农业企业29家。其中农家乐22家，休闲农庄3家，休闲农业园4家，资产总额约4亿元。年营业收入达到9000万元，带动1440户农户增收。特色小镇建设上，辽源市积极打造成长类、培育类和规划类特色小镇。2019年辽源东丰县沙河影视旅游小镇、东丰县那丹伯畜牧小镇、东辽县安恕蛋品加工小镇、东辽县辽河源生态农业小镇等被列入吉林省第一批特色产业小镇。"互联网+农业"方面，公主岭市依托国家和吉林省信息进村入户、远程教育助力电子商务进万村等项目，建立益农信息服务站210个、电商服务站416个。2019年再落实益农信息服务站258个，达到全市村级服务站884个，配套率达到219%。通过平台建设，为农民和各类农业经营主体提供市场信息、生产技术等公益服务，农产品电子商务交易额达到1.9亿元，线上服务累计38万人次。

（三）农产品加工业推动全产业链融合发展

作为农业大省，吉林省农产品加工业较早得到长足发展，丰富的农业初级产品既是其发展的资源优势也是现实需要。吉林市由农品区向加工区提升效果显著，以大米、木耳、果蔬等产业为重点，创建省级现代农业产业园，加强品牌农业建设。目前全市农产品加工企业已发展到1200余户，其中市级以上重点龙头企业318户，2018年农产品加工业销售收入达到830亿元，增长12%。公主岭市引入中粮、温氏集团、高金食品、国能集团等大型国企民企，推动农副产品加工转化。公主岭市农副产品加工企业发展到356

家，其中国家级龙头企业1家、省级龙头企业7家、市级龙头企业54家，年产值70亿元，年加工玉米200万吨以上，年加工猪牛肉120万吨以上，年加工秸秆超过62万吨，实现了农村产业融合发展。公主岭市依托黄金玉米带，发展出农嫂、德乐等一批农产品加工先进企业。农嫂公司以鲜食玉米为主体产业，做大玉米种植面积、做强玉米加工产业，实现集研、种、产、销为一体的全产业链融合发展。目前基地覆盖东北三省16个县市，种植甜糯玉米1.6万亩，玉米原料年产量2.4万吨，年生产加工玉米产品4500万袋，产值达到1.16亿元，解决劳动就业800人以上。德乐合作社是融合鲜食玉米种植、加工和销售为一体的专业联合社。2019年流转土地面积达到10000亩，达到年产鲜食玉米2000万穗的生产能力，可实现销售收入5100万元、净利润1500万元，带动农户就业300人以上，加入联合社的农户年均增收超过4000元。辽源市目前各类农产品加工企业已经发展到500户，市级以上龙头企业119户，其中国家级2户、省级24户。2018年农产品加工业销售收入达到449亿元，同比增长6.7%，2019年预计突破500亿元。通过联结农民与企业，解决小生产、小流通与大产业、大市场不相适应的矛盾，变农民为产业工人，逐步形成农民集团化发展。

（四）农业服务业加强第三产业的融合程度

农村产业是一个系统化、多元化的概念，既包括农产品产业链延伸形成的第二产业，也包括第三产业，围绕农业生产的社会化服务业，有助于实现农业产前农资购买、产中农事作业、产后储运销售的有机融合。公主岭市出台支持实体经济项目建设和促进服务业发展的相关政策，推进岭西新城、大岭、范家屯3个服务业集聚区建设，推动服务业项目落地，加速发展现代服务业。目前公主岭市在册交通运输仓储企业403家，实体经济物流企业206家，总部经济物流企业131家，规模以上物流企业21家。中储粮、吉粮、东良等粮食购销企业年购销玉米超过300万吨，加上加工转化的玉米200万吨，合计500万吨，已远超全市年产300万吨的玉米总量，有力推动了农村产业融合发展。范家屯镇顺民合作社成立马铃薯种植收购一体化联合社，负责统一提供优质种子、肥料、农药以及全程专家指导,并负责马铃薯的统一销售,一年来为当地460户入社农户增收400余万元,同时带动本地从业人员500余人,人均收入达到10000元以上。合作社规模的不断扩大和合作领域的逐渐拓宽,提高种植收入同时降低种植成本,促进农户收益逐年稳步增长,有利于农业种植结构较快调整。吉林永吉县坚持"大服务托起大农业"的理念,不断完善农业社会化服务体系,成立了宇丰供销现代农业服务中心,农户可以在服务中心享受到"一站式、全流程"的专业服务,可以购买种子、农药、化肥、农用机械等农资产品,也可购买机械播种、无人机喷药、涉农小额贷款等农事服务。农户等经营主体通过服务中心的一站式专业服务,提高了农业生产效率,整个农业生产过程的融合统一节约了每亩地1000元左右的成本投入。

(五) 农村一二三产业融合先导区示范经验逐渐形成

2018年全国农村一二三产业融合发展先导区创建名单中,包含有吉林省公主岭市、永吉县、通化县、长春市双阳区、汪清县和东辽县共6个先导区。这些先导区坚持农业产前产中产后有机衔接、一二三产业融合发展,形成了相对成熟成型的融合发展模式,积累了具有一定示范性的做法经验:一是有效的政策支撑。结合实际支持鼓励农业产业化项目、新型经营主体以及"互联网+农业"等产业的发展,在用地保障、财政扶持、金融服务、人才支撑、农民就地城镇化等方面明确支持政策,对融合发展中的重点项目、重点企业、重点经营主体和领头人加大资金扶持和奖励,具备基本公共服务条件,能够满足产城融合发展的基础。二是体制机制创新发展。有序推进集体资产清产核资、资源型资产确权登记等产权制度改革,探索成立有龙头企业、合作社、家庭农场参加的产业联合体,各经营主体通过交易联结、互助联结和资产融合等方式,相互间建立稳定的利益联结机制,同时尝试运用政府和社会资本合作模式,撬动社会资本积极参与。三是强化平台支撑。以省级开发区、工业集中区为载体,大力引进农副产品加工业等项目,建设农业产业融合示范园,推动农业产业化项目集聚。

二 吉林省农村一二三产业融合存在的问题

（一）农村基础设施仍然滞后是产业融合发展的短板

目前农村基础设施等公共产品供给规模不能满足农村实际需要，一些地方政府往往将资金和政策支持更加集中于公共产品供给前期，不能保证后期供给的持续性，使得公共产品使用效果不明显，甚至出现了资源浪费和公共产品闲置的现象。作为农村一二三产业融合先导区的公主岭市，村村通公路设计标准低，运行时间长，目前仍然有一些路段年久失修，成为农村产业融合发展中的人流、物流障碍。一些地方供水、供电、供气、通信、仓储物流设施落后，导致农村内部以及城乡之间互通水平低，制约融合发展。农田水利设施建设滞后，制约农业结构调整和特色经济作物种植。此外，吉林省农产品资源虽说较为丰富，但相较于农产品加工业发展需求，农产品生产基地的规模化、专业化以及优质特色建设仍相对滞后，部分产业仍存在原料供求紧缺的矛盾，与快速发展的加工业需求不相适应。

（二）农村生产者素质尚未达到产业融合的从业要求

目前，农业生产领域人力资源结构不平衡，农业现代化技能水平较低，现有人才使用效率较低，实用人才仍然缺乏，主要表现为农业劳动人数萎缩和农业人口结构失衡。农业劳动力萎缩的原因，一是在城乡统筹发展过程中，农业劳动向非农领域的转移；二是相对于非农产业，传统农业对农民尤其是青年农民的吸引力已经大不如前，造成农村劳动力的缩减。而人口结构失衡主要是老龄化比较严重，新生代农民的比例不高。从规模农户相对于一般农户年龄构成看（见表1），虽说规模经营农户年龄已呈现年轻化趋势，但35岁以下这一年龄段的比例仍然不高。相关研究表明，农户年龄越大，其经营土地的面积则越小。农户年龄若达到50岁以上，那么其经营耕地的面积将与年龄呈现负相关关系。受当前农业生产基本条件所限,农业生产仍然对体力具有一定要求,中老年的农业劳动力无论体力、脑力或是精力都远不及青壮年劳动力,只适应于小规模简单的农业生产经营,对于规模较大的产业融合经营难免力不从心。

表1 吉林省农业生产经营人员和规模农业经营户年龄构成

单位:人,%

	35岁及以下		36~54岁		55岁及以上	
	数量	比重	数量	比重	数量	比重
农业生产经营人员	1232903	19.91	3081537	49.77	1876505	30.31
规模农业经营户	99759	24.70	237342	58.77	66735	16.53

资料来源:吉林省第三次全国农业普查主要数据公报。

农业三产融合发展必然对从业者有一定的职业技术经验要求。农业经营者的专业技能水平直接决定其所从事的职业高度,主要包括文化程度以及信息收集、专业技术和研究创新等方面的能力。从总体水平上看,吉林省规模经营农户的文化层次进步明显,但与年龄结构相似。目前农民群体仍是具有初中文化水平的占主体(见表2),具有小学及以下文化水平的仍占有一定比例且以50岁以上中老年人为主,同时具有大专以上学历的逐渐增加但整体比例不高。对于后代教育的态度,从多数农户对其子女读高中甚至大学的支持态度可见,农户自身受教育水平并未过多影响其对文化知识的重视程度。专业技术能力方面,尽管规模农户都接受过专业技能培训,但不同的年龄和文化程度必然导致其对所学技能的掌握程度差异较大,多数农民只能部分掌握,掌握技能程度有待进一步提高。创新研究能力方面,目前具备一定的农业生产经营创新能力的农民仍然较为少见,农民的创新意识和创新能力都有待提升。关于农业信息的获取,目前农民仍以亲朋邻里或者广播电视等渠道为主要信息来源,小部分通过农业科技推广渠道,相当数量对市场信息了解很少或不及时,农民获取农业信息的能力不足,缺乏有效的科技信息渠道,多数农民不擅长通过信息化方式获取所需信息。

表2 吉林省农业生产经营人员和规模农业经营户受教育程度构成

单位：人，%

	未上学	小学	初中	高中/中专	大专及以上
农业生产经营人员数量	120753	2437869	3259982	306204	66137
农业生产经营人员比重	1.95	39.38	52.66	4.95	1.07
规模农业经营户数量	4636	122935	249552	22929	3784
规模农业经营户比重	1.15	30.44	61.80	5.68	0.94

资料来源：吉林省第三次全国农业普查主要数据公报。

（三）农产品加工业规模和科技融合水平仍然较低

农业产业化龙头企业是农产品加工业的主要引导者，目前吉林省农业企业的数量、规模以及产业化层次仍与发展的要求相差较大。2018年吉林省进入全国农业产业化龙头企业500强的企业仅有10户，数量上仅为山东省的1/8。龙头企业在数量和规模上不足，多数农产品加工企业仍以初加工为主，产品种类单一，与科技和信息技术的融合程度不高，附加值较低。农业细分产业多、分布散，导致多数农业产业化经营主体小、散、杂，难以形成配套完整、关系紧密的产业链。农业生产经营主体的规模化、组织化、产业化程度依然偏低。即使是大型粮食加工企业生产经营依然艰难。如公主岭市的中粮、黄龙两家粮食精深加工企业，如果没有国家的有关政策支持，则只能亏损经营。这两家龙头企业可以说支撑着公主岭市农副产品加工业的半壁江山，对上下游带动的经济效益和社会效益巨大，但仍面临经营处于亏损边缘的处境。大型的精深加工龙头企业尚且如此，众多的初级农产品加工企业更是普遍面临技术、资金等多种因素制约其融合发展。农业产业化企业普遍存在科技投入相对不足的问题，高科技、高附加值、高市场占有率的高端精深产品较少，产品附加值较低，产业融合层次偏低，企业核心竞争力不强。而流动资金不足依然是制约龙头企业融合发展的共性问题，现有的农业农村金融产品、服务和抵押方式单一，金融机构对农贷款规模有限，直接融资渠道窄，融资难、成本高的问题仍然较为突出。尤其是粮食加工企业，原粮收购占用大量资金，非政策性粮食收储加工企业都不同程度存在流动资金缺口的现象较为普遍，一定程度上制约了加工企业产业链的延伸。

（四）农业服务业融合层次和经济总量仍然不足

目前吉林省农业社会化服务仍然存在总量较小、服务层次较低等问题，农业服务体系仍需健全。受政府职能转变较慢等影响，农业公益性服务发展仍然滞后，公益性服务主体机制落后，多年来服务人员老化、学历偏低，服务经费不足，基础设施陈旧短缺等状况仍未明显改观。服务功能弱化，无法真正发挥公益性服务的作用。市场体系不成熟不健全，导致商业性农业服务主体多散杂，大部分主体服务内容仍停留于买卖的简单层面，售后服务和技术指导等服务不足且难以保证质量。就农户层面来讲，产前农资要素供给环节，农业生产信息服务仍较为盲目，欠缺及时准确的产品与市场变化趋势；产中的农事作业环节，缺乏有效的生产经营指导，无法满足技术需求；产后流通服务环节，储运销和加工能力仍然有限。农村金融贯穿整个农业生产过程，农村金融服务是重要的农业服务内容，资本的趋利性使农业信贷需求在金融机构受到冷遇，吉林省农村金融主体缺位与异化问题严重，资本短缺成为新型农业经营主体发展的制约因素。

从农林牧渔业产值看，近十年来吉林省农林牧渔业产值整体上升，从2010年起增长幅度较大，2015年起有所回落（见图1），2017年较十年前增长33.85%。而农林牧渔服务业产值虽然也呈上升趋势，从绝对产值上看，2017年是2008年的4.39倍，但由于基数较小，在农林牧渔业产值中所占比重依然较小。从产值增速看，十年间吉林省农林牧渔业产值增长较快，增长幅度在较为固定的范围内平稳波动。而农林牧渔服务业在十年间均有所增长，经历了几年的积累，在2009年得到大幅增长，增幅达到了167%。但随后，这一增长势头并未得以延续，近年来反而出现增长放缓，增速下滑的趋势（见图2）。产值比重与增速显示吉林省农林牧渔服务业发展仍然缓慢，未来吉林省农业服务业存在较大的提升需求和发展空间。

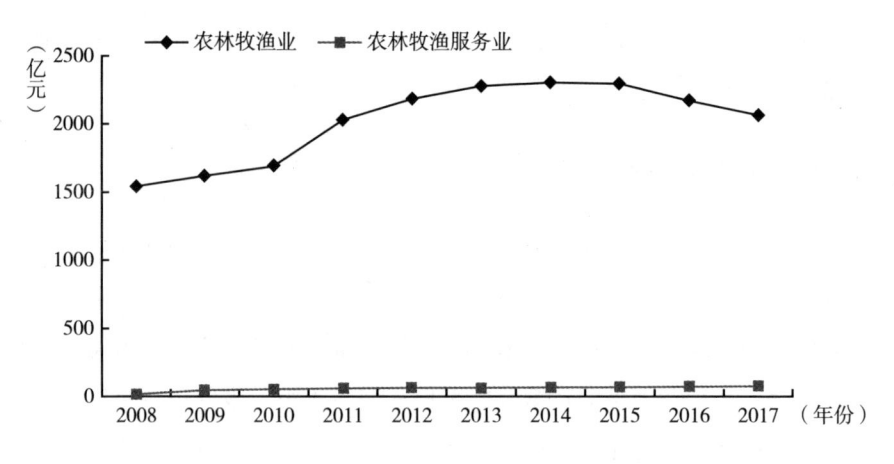

图1 2008~2017年吉林省农林牧渔业及农林牧渔服务业产值

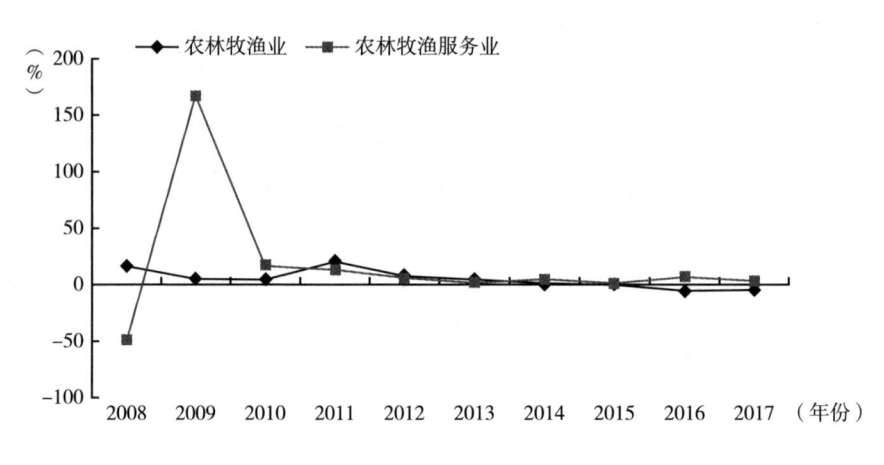

图2 2008~2017年吉林省农林牧渔业及农林牧渔服务业产值增速

三 吉林省农村一二三产业融合发展的对策建议

（一）加强农村一二三产业融合发展的政策支持

首先应加大基础设施建设和公共服务平台搭建的投入。对产业融合发展关键设施和公共服务设施进行完善，开展大规模农村公路改造工程，营造城乡互联互通发展环境；搭建农村综合信息化服务平台，鼓励引导创业创新人才返乡下乡，致力于农业农村发展，为农村产业融合投入新力量。应不断增加各级政府财政预算中对农村基础设施和农业公共平台的投入额度，对有助于产业融合发展的项目在金融、财税等方面给予扶持政策。其次是加强农村产业融合的顶层设计，形成一致的农村产业发展政策。对于农产品加工、休闲农业、农产品流通等各个涉农领域扶持政策加以整合统一。政策上保障产业融合发展的方向，循序渐进控制产业融合发展规模，科学合理布局产业融合发展重点。最后要加快农村农业改革进程。推进农村产权制度改革，尤其是推动土地三权分立和集体产权制度的改革，加快大棚房整治，发挥对发展休闲农业等新业态产业融合发展的促进作用；深化农村金融体制改革，保障政策性金融供给，提倡金融制度创新，加大村镇银行业务覆盖面，加大商业银行对农信贷范围，引导新型农村金融合作组织健康发展，引导金融创新产品向休闲农业等新业态倾斜，促进农村产业融合发展。同时，要引导工商资本投入农业生产经营，对于工商资本进入产业融合互动的业务领域应该积极扶持鼓励，具体可包括开发新产品、推广应用新技术以及农产品加工、运输、储藏、销售和品牌建设等，成为推动农村一二三产业融合发展的关键因素。

（二）大力培育农村一二三产业融合发展主体

农村一二三产业融合的发展，对人才的需求涵盖管理、技术和服务等各个层次，因此对新型职业农民也应分层次来培育。一是培育新型职业农民中的"白领"，主要指农业产业化龙头企业经营者、农民合作社领办人等农业经营管理人才。这类职业农民不但具有丰富的见识和阅历，较强的经济实力和创新能力，还应有较强的社会责任感和凝聚力，能够带领农户组织实体开展区域行业的协调与产业化经营。二是培育新型职业农民中的"蓝领"，即种植能手和养殖能手。职业农民的"蓝领"积累了丰富的种植养殖管理经验和技术，通常被称为"土专家"，这一群体既要传承传统农耕技术和农耕文化，也将作为将传统农业与现代科技相结合提高农业效率的主要载体。三是培育服务型职业农民。包括从事整个农业再生产环节农资供销、农机作业、植保防疫以及运储加工等工作的社会化服务人才。

同时，对不同类型的职业农民应分区域、分产业开展灵活多样的培训，制定有层次有针对性的培训内容，对职业农民的培育从临时型、短期型、技能型和就业型向规范型、终身型、职业型和创业型转变。对于重点培育对象，应依托政府有关部门，通过院校培育、远程教育或创业扶持等形式，以道德规范、创业能力和职业素养为主要内容，培育新型创业型和经营型的职业农民。对于"生产经营型"和"技术服务型"职业农民，应依托农业园区、推广机构或科技项目，通过半市场化形式，以农业科技、职业技能和经营管理能力为主要内容，培养科技型、推广型和服务型的职业农民。对于"种养能手"，应依托农民合作组织、协会、农业企业，以农业标准化生产、农产品流通、经营管理技能为主要内容，培训适应农业产业化和企业发展的实干型人才。在对职业农民分类的基础上还应区分不同区域、不同产业的培育模式。综合考虑吉林省东、中、西部在经济、人文和农业资源方面不同的地域特征，以及不同产业产品在技术特性和产业链不同环节的独特性质，制定适应不同需求的差异性职业农民培训新模式。

（三）强化农村一二三产业融合的企业核心竞争力

首先，企业应加大对农业科技应用的投入，加强创新能力，加快生物技术、信息技术等新技术的科技成果转化，使科技成果在产业融合中发挥更大作用。具备发展实力的龙头企业应以高科技企业作为企业发展定位，农村电子商务第三方物流等新业态必须依托互联网、物联网等移动数字技术的快速发展，才能在农村产业融合中真正发挥作用。其次，企业应把握产业集群的发展方向。健全的市场环境对促进产业融合发展作用明显，而产业集群所散发的集聚效应可以促进市场快速发育，这样不只是产业集群内部促进了农村产业融合发展，同时在产业集群之间也能够产生产业的融合。集群化的农业生产基地和产业园区的建设，可以引导农业生产资源向优势区集聚，通过全产业链融合使农业产业集群上下游链条完整延伸。同时，应建立完善现代企业制度，优化公司治理结构，提高企业经营管理水平，逐步建立多形式的利益联结机制。发挥龙头企业辐射带动功能,创新产业发展模式。通过"公司＋农户""公司＋合作社＋农户""公司＋协会＋农户"等形式,不断完善企业与农户的利益联结机制,开发农业多种功能,延长产业链、提升价值链、完善利益链。应该注意的是,利益联结机制不应是简单的利益分配机制,而应该包括不同经营主体之间通过分工协作、优势互补,共同将农村产业融合做大,规划资源收益分享权利,健全相关权益保护制度等内容。

(四)提高农村一二三产业融合发展的配套服务水平

农业服务体系包括公益性服务体系、商业性服务体系和合作性服务体系。公益性服务主体包括政府相关部门及所属公共服务机构,各级政府尤其是基层政府应在农村产业融合发展中不断提高配套服务质量,推进公益性农业服务体系的改革和创新,真正发挥出各公共服务机构的实际服务职能。一是信息服务。及时收集判断市场供需价格以及自然气候环境等信息并及时有效向农户等经营主体传达,做到科学的市场监测预警,预防降低市场与自然的双重风险,有效引导农业生产合理安排和产业融合发展方向。二是资金服务。产业融合发展中规模的扩大和产业链的延伸都离不开资金支撑,对于有关产业融合发展的项目应以资金扶持、金融对接等方式加以扶持,还应做好优质籽苗、化肥农药以及农机具等基础性农资供应的对接工作。三是法律服务。农业产业链条的延伸发展,自然无法避免法律问题,而整个利益链条中农户是最弱势群体,应有相关服务主体作为保护农户合法权益的代言人,对农户参与农业产业化龙头企业的合同纠纷等问题提供咨询援助。同时,应不断改善商业性和合作性服务主体的发展环境,优化商业性农业服务体系发展环境和政策制度,引导其提供更多的高质量农业服务,逐步建立农资质量和服务质量的追溯机制。加强农村金融政策扶持力度,明确和拓展政策性金融对农服务范围,加强商业性金融服务农业的扶持政策,拓展服务的广度和深度。逐步形成公共服务部门、农业服务企业、农民合作社三位一体,公益性、商业性与合作性服务相协调,专项服务和综合服务相结合,自我服务和社会服务相衔接的现代农业服务体系，引导各类服务主体提供优质高效的农业生产配套服务。

参考文献

［1］姜长云：《科学理解推进乡村振兴的重大战略导向》，《管理世界》2018年第4期，第17~24页。

［2］孔祥利、夏金梅：《乡村振兴战略与农村三产融合发展的价值逻辑关联及协同路径选择》，《西北大学学报》（哲学社会科学版）2019年第2期，第10~18页。

［3］高帆：《乡村振兴战略中的产业兴旺》，《南京社会科学》2019年第2期，第9~18页。

B.8 吉林省国家级高新区高质量发展的对策研究

王 西*

摘 要： 国家级高新区是引领区域经济成功转型升级，培育可持续发展的新经济增长极的战略先导。吉林省目前拥有5个国家级高新区，其定位于吉林省深化改革开放的"试验田"，能够进一步加快培育省内新兴产业，优化区域开放格局，有效整合各类资源联动发展，充分发挥对区域经济、社会等方面的带动作用。本文分析了吉林省国家级高新区发展的现实情况，构建了国家级高新区高质量发展评价指标体系，有针对性地提出了实现吉林省5个国家级高新区经济高质量发展的建议对策。

关键词： 国家级高新区 高质量发展 区域经济 吉林省

产业园区是一种相对特殊的经济区域，通常它的设立根据一个国家或地区经济发展的现实要求，依托已有一定发展基础的城市或城市群，划出特定的区域边界，集中行政力量和市场化因素，按照中长期战略规划，统一建设基础设施和提供运营服务，实施优先发展经济政策，着力提升经济发展规模和质量，打造一批具有鲜明特色、创新能力强的集约化产业。根据近年来我

---

* 王西，吉林省社会科学院经济研究所。

国区域经济发展和各类园区建设的基本情况，产业园区级别中最高的是经国务院批准设立的国家级产业园区，同时考虑到园区的功能特征的区别，可以分为国家级高新技术产业开发区（简称"高新区"）、国家级经济技术开发区（简称"经开区"）和出口加工区、保税区等。截至2018年底，国务院共批准设立160个国家级高新区。本文研究重点是吉林省内的5个国家级高新区，阐述5个国家级高新区发展的基本情况，分析发展现状和面临的主要瓶颈问题，科学评价其高质量发展水平，为促进老工业基地传统产业转型升级、增强区域创新能力和带动经济布局优化，提出具体对策建议，为政府有关部门决策咨询提供有益参考。

一 吉林省国家级高新区发展现状

目前，吉林省域内共有5个国家级高新区，它们分别是长春高新技术产业开发区、吉林高新技术产业开发区、延吉高新技术产业开发区、长春净月高新技术产业开发区、通化医药高新技术产业开发区。下面将按照获得国务院批准晋升为国家级高新区的时间顺序依次阐述。

1. 长春高新技术产业开发区

长春高新技术产业开发区（以下简称"长春高新区"）位于长春市西南部，是1991年经国务院批准建立的首批国家级高新区之一，是吉林省最早的开发区，也是省内第1个获批的国家级高新区。2016年2月，国务院以长春高新区为基础和龙头批复设立了长春新区，长春新区也是国务院批复设立的第17个国家级高新区，覆盖长春高新区、长德经济开发区（长春高新北区）、北湖科技开发区、空港经济开发区等4个开发区，首期规划面积约499平方公里，其发展定位为体制机制改革先行区、创新经济发展示范区和新一轮东北振兴重要引擎。长春高新区目前辖区面积55平方公里，常住人口超30万人。历经20多年的创新发展，其目前累计注册企业突破1000家，年营业收入突破100亿元，先进装备制造、生物医药、光电技术、物联网大数据、高端服务业等多个战略性新兴产业集聚发展，拥有各类国家级研发中心 100 多家，具有较强的创新能力。2018 年，长春高新区地区生产总值突破 1000 亿元，固定资产投资增速超 50%，地方财政收入、工业总产值、高科技产业等经济指标增速超 10%，实现同步较快增长。

2. 吉林高新技术产业开发区

吉林高新技术产业开发区（以下简称"吉林高新区"）于 1992 年 11 月获得国务院批准成立。目前，吉林高新区由高新南区、江北精细化工试验区、高新北区（新建区）构成，总规划面积 130 余平方公里，总人口 20 余万人。累计注册各类工商企业 3000 余家，形成了以汽车整车及零部件、电子信息、生物医药等为支撑的现代产业体系。2018 年，吉林高新区地区生产总值同比增长 2.1%，但规模工业增加值、全口径财政收入、固定资产投资、招商引资到位资金、外资到位资金等统计指标均出现不同程度的下滑。

3. 延吉高新技术产业开发区

延吉高新技术产业开发区（以下简称"延吉高新区"）成立于 1993 年，位于东北亚经济圈"金三角"内的中方支点——延吉市，与朝鲜、俄罗斯毗邻，同韩国、日本隔海相望，距日本海直线距离仅有 80 公里，周边有 11 个对外开放口岸，延吉高新区内民航机场、快速铁路、高速公路等交通基础设施建设完善。2010 年 11 月，经国务院批准延吉高新区升格为国家级高新区，目前全区规划面积为 5.33 平方公里，实际控规面积 11.98 平方公里。创立 20 多年来，延吉高新区的工业经济总量和公共财政预算全口径收入均占延吉市的 50% 以上，形成了食品加工、生物制药、信息技术、现代服务业为主导的产业格局。2018 年，高新区实现规模以上工业总产值 121 亿元；完成公共财政预算全口径收入 49.4 亿元，同比实现了一定程度的增长。

4. 长春净月高新技术产业开发区

长春净月高新技术产业开发区（以下简称"净月开发区"）位于长春市主城区东南部，初始成立于 1995 年 8 月，2012 年 8 月经国务院批准晋升为国家级高新区。目前，净月开发区面积 478.7 平方公里，其中建成区 65 平方公里，常住人口52万人。全区民营经济增加值254亿元，增长8.2%，占GDP比重为67.1%，民营经济发展动力和活力不断提升。净月开发区生态覆盖面积达到2/3以上，荟萃了长春市许多科技人文要素，重点发展了现代服务业、文化创意产业和汽车电子等高技术产业。

5. 通化医药高新技术产业开发区

通化医药高新技术产业开发区（以下简称"通化医药高新区"）的前身为创建于2005年的吉林通化经济开发区。经国务院批准，从2013年12月起，通化医药高新区升格为国家级医药高新区。目前通化医药高新区的核定规划面积约为15.5平方公里，中远期规划为57平方公里。通化医药高新区根据通化市地形地貌沿江和沿路展开，其空间布局由核心区、主园区和拓展区构成。经过10多年的发展，依托长白山地区的特色资源，通化医药高新区形成了以研发服务、中药现代化、生物医药为核心的高新技术产业体系，同时冶金、食品、能源、新型建材、装备制造等行业发展势头良好。

二 吉林省国家级高新区高质量发展评价

国家级高新区是中国特色的新区建设战略之一，国家级高新区发展的内在动力是改革和创新。截至2018年12月31日，东北地区共有16个国家级高新区。科学构建有效可靠的国家级高新区高质量发展评价系统，分析掌握吉林省5个国家级高新区高质量发展与其他地区，尤其是区位资源相仿的东北3省国家级高新区（内蒙古自治区蒙东地区暂无国家级高新区）的实际差距和存在的问题，对有效推进其发展战略的实施，是十分必要的。本节基础数据资料来源于科技部《2018中国火炬年统计年鉴》和《长春统计年鉴2018》。

1. 评价方法的选择和评价指标体系的构建

本研究将吉林省高新区发展质量评价问题，抽象成多目标优化模型。在评价过程中，设定评价指标个数为m，评价对象个数为n。依照定性与定量相结合的原则，针对多对象建立了多指标评价矩阵X：

$$X = \begin{bmatrix} x_{11} & x_{12} & \cdots & x_{1n} \\ x_{21} & x_{22} & \cdots & x_{2n} \\ \vdots & \vdots & & \vdots \\ x_{m1} & x_{m2} & \cdots & x_{mn} \end{bmatrix} \tag{1}$$

对 X 实施标准化处理后，得到新的矩阵 X'：

$$X' = (x'_{ij})_{m \times n} \tag{2}$$

其中，x'_{ij} 为第 j 个评价对象在指标 i 上的值，又 x'_{ij} 区间（0，1），且：

$$x'_{ij} = \frac{x_{ij} - \min_{j}\{x_{ij}\}}{\max_{j}\{x_{ij}\} - \min_{j}\{x_{ij}\}} \tag{3}$$

吉林省5个国家级高新区高质量发展水平评价指标的选取，直接关系着评价过程的合理性和评价结果的准确性，在进行指标选取时要通盘考虑影响国家级高新区高质量发展水平的关键因素、指标阈值和特点作用等，分析国家级高新区高质量发展水平的关键指标，初步选定若干评价指标。其发展情况的分析涉及多方面因素，例如高新技术企业数、净利润、科技活动支出等，这些因素从不同的层面反映了吉林省国家级高新区的发展水平。而高新区工业收入、人员流动等方面，又一定程度反映出国家级高新区创新发展的趋势。

2. 国家级高新区高质量发展评价体系指标权重的确定

吉林省国家级高新区高质量发展水平的各指标权重确定过程如下：

第一，专家调查法的应用。专家调查法是一种比较成熟的评价方法，其主要步骤是由独立非关联的几名专家对评价对象进行分析和评价，评分值平均得到各个指标的分数值，其评分结果具有数理统计特性。专家调查法是一种基于不同专家打分平均值的定量分析方法，它适合在缺乏原始量化信息和统计数据样本相对不足的情况下，以主观方式对定性化指标给出定量的估计值。

第二，评分专家的选择。专家调查法的专家团队一般由5~9位相关研究领域专家组成。在本研究中，考虑到专家调查法本身带有一定的主观倾向性，选取9位具有深广的经济学专业理论知识的学者、实践经验丰富的管理学专家组成评价团队，分别以书面形式非关联通信方式结合国家级新区高质量发展水平评价研究现状综述，针对各项评价指标进行打分。选择专家的标准如下：①评分专家要有经济（管理）相关领域8年以上的工作经验；②评分专家能够客观地打分，并且肯定自己的打分结果，不能带有主观随意性；③评分专家的分析角度尽可能多样化。

第三，专家打分量表。本研究的打分方式采用7级李克特量表（Likert Scale）法。常用的7级李克特量表要求答卷人对陈述的问题表明自己的态度，每一项按照7～1依次从"非常同意"到"非常不同意"。本文为了使专家更能够明白分值的含义对7个标度进行了详细介绍，如表1所示。

表1　专家打分值的含义

标度值	含义
7	该项指标属于国家级高新区高质量发展水平评价的关键指标
6	该项指标对国家级高新区高质量发展水平评价很重要
5	该项指标对国家级高新区高质量发展水平评价比较重要
4	该项指标对国家级高新区高质量发展水平评价一般重要
3	该项指标对国家级高新区高质量发展水平评价有影响
2	该项指标对国家级高新区高质量发展水平评价有间接影响
1	该项指标对国家级高新区的高质量发展水平评价不重要,可有可无

专家通过打分表对吉林省国家级高新区的高质量发展水平评价指标进行打分，得到吉林省国家级高新区高质量发展水平评价指标打分均值表，如表2所示。

第四，为了准确测算各指标的权重值，应用熵权法之前要对调研所得的数据归一化，从而消除评价指标属性值对计算结果的影响。国家级高新区高质量发展水平评价指标数据归一化处理后的数据如表3所示，其中原始数据限于篇幅略去。

表2 国家级高新区发展水平专家打分均值表

发展水平评价指标	分数	发展水平评价指标	分数
A1 工商企业注册数	6	C1 净利润	5
A2 入统企业数	5	C2 上缴税费	5
A3 高新技术企业数	7	C3 出口总额	4
A4 工业总产值	7	C4 年末资产	5
B1 营业收入	6	C5 年末负债	3
B2 技术收入	6	C6 科技活动经费内部支出	5
B3 产品销售收入	5	D2 留学归国人员	3
B4 商品销售收入	4	D3 年末从业人员	2
D1 科技活动人员	6	D4 外籍常驻人员	2

表3 吉林省高新区各指标分数归一化结果

发展水平评价指标	分数	发展水平评价指标	分数
A1	0.221	C1	0.569
A2	0.384	C2	0.614
A3	0.151	C3	0.227
B1	0.403	C4	0.376
A4	0.491	C5	0.388
B2	0.273	B3	0.443
B4	0.118	C6	0.413
D1	0.349	D3	0.367
D2	0.348	D4	0.455

第五，取 K = 0.346。得到吉林省国家级高新区的各个指标的熵值。

其熵值依次为：e = (0.115, 0.127, 0.099, 0.121, 0.127, 0.123, 0.125, 0.087, 0.111, 0.104, 0.116, 0.127, 0.126, 0.126, 0.127, 0.126, 0.128, 0.124)。

第六，计算各个指标的偏差度，得到偏差度向量。

吉林省国家级高新区各指标偏差度向量 g = (0.885, 0.873, 0.901, 0.879, 0.873, 0.913, 0.875, 0.873, 0.889, 0.896, 0.884, 0.873, 0.874, 0.874, 0.874, 0.872, 0.876, 0.889)。

第七，对偏差度进行归一化，得到各个评价指标的权重。最终得到各指标权重排序。其中：

吉林省国家级高新区各项评价指标权重依次为 ω_j =（0.059，0.058，0.061，0.059，0.058，0.062，0.058，0.058，0.060，0.059，0.058，0.058，0.058，0.058，0.058，0.057，0.059，0.059）。

3. 基于熵权—双基点模型的优属度计算

熵权—双基点方法的核心思想是首先利用熵权法这一客观赋权法确定评价指标体系中各评价指标的权重，然后再运用双基点方法对构造完成的加权标准化决策矩阵对各被评价对象的各项指标值进行计算、分析和评价，得到更加客观、准确的评价结果。在多目标决策理论中，双基点包括理想点和负理想点，其中理想点是各个指标最大评分值构成的向量，负理想点是各个指标最小评分值构成的向量。在国家级高新区高质量发展水平综合评价中，通过计算吉林省（东北地区）国家级高新区高质量发展水平评价不同指标的综合评价值与由双基点方法确定的国家级高新区对应指标预先设定的综合评价值之间的"靠近度"大小，进一步计算出东北地区16个国家级高新区在评价中的优属度，再根据优属度最大原则，求得东北地区高新区的综合评价值并以大小排序。优属度大则说明该国家级高新区的发展质量水平较高，优属度小则说明该国家级高新区的发展质量水平较低。熵权—双基点法在多目标决策中有很突出的优点，既排除了人为主观因素的过多影响使得评价指标权重的确定较为客观有效和稳定可靠，又具有计算过程逻辑清晰的优点，是一种较好的综合评价方法。

本研究的优属度用评价对象与负理想点的"靠近度"表示。评价东北地区国家级高新区发展质量水平的优属度结果，如表4所示。

4. 评价结果分析

综观整个东北地区，辽宁省、吉林省及黑龙江省，从国家级高新区发展质量数量性指标值来看，辽宁省各方面数据均较为靠前，发展较好，吉林省次之，黑龙江省居于最后。

从优属度数据结果来看，合计16个国家级高新区，辽宁省大连国家级高新区发展最为迅速，其地理优势和人才优势为其经济发展提供了强有力的

表4 东北地区国家级高新区优属度归一化结果

地区	优属度	排名	地区	优属度	排名
沈阳	0.603	3	长春	0.636	2
大连	0.664	1	长春净月	0.552	6
鞍山	0.418	8	吉林	0.489	7
本溪	0.258	14	通化	0.316	12
锦州	0.245	15	延吉	0.349	11
营口	0.402	9	哈尔滨	0.584	4
阜新	0.314	13	齐齐哈尔	0.290	16
辽阳	0.386	10	大庆	0.561	5

保障，位居东北地区榜首。排名第二的是吉林省长春高新区，从经济发展角度来看，长春高新区工业化发展迅速，其营业收入和产品销售收入提高较快，有效地拉动了地区经济增长；从人才战略角度来看，长春高新区的从业人员、留学归国人员、大专学历以上人员数量等指标值也仅次于大连高新区，人才优势较为明显。从这个角度分析，长春高新区应继续加强本土人才的培养，大力减少人才流失，从而带动地区经济高质量发展。

对吉林省5个国家级高新区进行简单的横向分析，长春高新区发展优势明显，其地理位置、科教人才、经济发展、基础设施建设等方面相对于吉林省其他4个国家级高新区优势明显。长春净月综合发展位居吉林省第2，其得天独厚的地理优势，使其大力发展物联网大数据、信息服务业和旅游业等，拉动经济快速增长，人才优势较为突出。吉林高新区位居吉林省第3，制造业发展较为平衡，但发展速度较慢。延吉高新区相对来说基础较为薄弱，高新技术企业较少，出口总额也不高，因而相对发展缓慢。通化医药高新区的发展较为不平衡，医药主导产业占比过高且技术收入较少。

三 吉林省国家级高新区高质量发展对策建议

可以说，国家级高新区是吉林省经济发展的重要支撑，没有国家级高新区的高质量发展，就不可能带动吉林省经济全面实现高质量发展。而体制机制的改革创新是东北地区国家级高新区高效持续发展的基础性决定因素，产业转型升级和集聚发展则是促进国家级高新区建设的核心动力，科技创新、人才战略、社会建设等方面也是国家级高新区能否实现高质量发展的关键要素。综合考虑不同的国家级高新区区位优势、功能定位等维度，提出加快吉林省国家级高新区实现高质量发展的对策建议。

1. 探索体制机制改革

强化规划的引导作用。推进"多规融合"管理创新，做好国民经济和社会发展规划与城市总体规划、土地利用总体规划、环境保护规划等空间规划的协调和衔接，并做好与国家和省市现行各类规划的衔接；统筹考虑产业发展和城市功能提升，以新区总体发展规划作为各个功能板块协同发展的总纲性指导，同时加强总体规划与各专业规划、重点功能项目单体规划的对接；遵循国家级高新区所在城市的新一轮总体规划和土地利用总体规划的指引，结合国家级高新区的快速发展需求，对建设用地与城市发展进行统一规划；鼓励专业园、加速器、孵化器等产业集聚发展载体建设，适度超前规划基础设施、信息化设施、配套设施建设，并予以土地指标倾斜。

构建高效的运行机制。适应未来创新发展的城市空间布局，结合国家级高新区的区位特征、资源禀赋和发展基础，促进国家级高新区的产业集聚和功能提升；整合利用区内企业、研究机构、高等院校、金融机构、中介服务机构等各类资源，建立全区统一的人力资源信息服务平台、投融资信息服务平台和科研设备共享平台；支持学校、医院、商业、文体休闲娱乐设施等配套设施资源共建共享，实现公共服务、社会事业等功能互联互通，在较大区域内创造优势资源互补共享的良好发展局面；充分整合现有分区网络信息资源，推动智慧城市基础设施与应用系统建设，加强各板块政务、公安、交警、城管、人口、企业、应急指挥等信息资源共享和对接，建设统一高效的网络信息资源数据库及共享交换平台。重点构建产业、创新和政策三级联动机制，加强对区内重大项目开发、基础设施建设、人文生态环境优化、公共服务保障供给等方面的统筹，逐步形成符合国家级高新区特点的联合招商、资源流动、利益分配的机制，建立健全规范的决策机制。鼓励在政府服务、产业服务和科技服务层面相互竞争，创新管理模式、提升服务水平、营造创新环境，通过竞争提升新区软实力。

建立联席会议制度。建立起国家级高新区管委会与各板块所在的行政区政府的联席会议制度，每年至少召开两次工作会议，共同研究解决国家级高新区内产业转型发展、优质企业与项目布局、创新体系与基础设施建设、资源信息共享、政策落实等具体问题。强化纵向横向信息沟通，及时协调解决重大问题，深化细化规划中的目标任务，做到目标明确、责任到位、措施到位、投入到位。

2. 加大招商引资力度

抢抓机遇，主动招商。要充分把握好吉林省与浙江省、天津市等沿海地区开展合作交流的大好机遇，探索推动"飞地经济"，加大吸引来自环渤海及"长三角"等地的投资商；在吉商大会、东北亚博览会等载体平台上，积极开展项目推介、商务洽谈等商务活动；深入北上广深、长三角、珠三角等发达地区与世界500强、国内百强、行业领军企业接洽，主动找项目、挖线索，确保招商引资工作的实效性；围绕平台包装项目、策划项目，主动寻找各类合规、优质投资合作方，推动招商引资工作更快更好地开展。

突出重点，以商招商。结合国家级高新区现有企业及产业基础，实施定向招商，投入一批产品研发、软件设计、物联网、区块链、质量检验等高新项目；选招总部经济项目；利用批而未供的土地资源、供而未用的闲置土地包装项目，吸引新型工业项目。

创新方式，精准招商。创新招商引资的机制和模式，以多元产业体系为基础，围绕产业升级"招大引强"，围绕集群发展"补链强链"；以新形势下具有广阔发展前景的新能源汽车、先进轨道装备、卫星及航天信息、通用航空、生物制药、节能装备、新型环保材料、现代服务业等重点产业为目标，拟定招商引资目标产业，动态锁定一批优秀企业，优先接纳产业链的高端环节、龙头企业和核心项目；积极吸引专业化的招商中介机构，重点加强与北上广等一线城市的实力招商中介机构合作，利用各类企业和中介机构等所拥有的信息渠道和产业资讯，探索购买服务、政商互动、合作共建等多种形式，引进优质项目。

3. 构筑科技创新实力

加快推进创新项目和平台建设。瞄准有重大应用前景领域，重视汽车产业核心技术、医药前沿技术、新材料技术、新一代信息技术产业关键技术等开展科技专项攻关，并推动科研院所和企业联合共建实验室，支持联合开展精准医疗、机器人与智能制造等重大科技项目；在科技创新中心的支持下，完善光电子、新材料、新能源、生物医药等产业技术创新平台的建设，组建新能源汽车、激光应用、智能机器人、生物疫苗等技术创新战略联盟和产业技术研究院，大力引进创新人才，力争在重大创新工程、关键技术研发等方面取得关键突破性成绩；依托国家级高新区内现有的科研机构、高等院校、科技开发实体等，建设一批实验基地和实验站；打造"互联网+科技大市场"，完善"五位一体"功能，打造技术交易与服务O2O平台，做活线上技术交流与服务平台，做实线下资源整合和服务协调，推动科技创新资源和市场需求直接对接；探索在我国东部沿海地区和俄罗斯、欧盟、日本等国外科技园区建立离地离岸创新创业基地，鼓励国家级高新区内的优势企业到区外、省外乃至国外设立研发中心。

助力提升企业创新能力。重点支持国家级高新区内优势企业加快技术中心建设、建立产业研发平台，不断提升技术创新能力；鼓励制造业企业加大研发投入，推动企业与大学开展产学研对接，加快关键核心技术研发，促进更多科技成果在区内转化和产业化；支持国家级高新区内企业尤其是大中型企业加大研发投入和创新成果产业化投入，鼓励区内企业与国内外重点高等院校、科研机构、企业联合共建研发中心或重点实验室，支持并服务其联合申报国家、省、市重大科技专项；鼓励和引导产业链协同创新，发挥大中型企业、高新技术企业创新引领作用，建设企业研发中心，并资助有条件企业创建国家级、省级工程（技术）研究中心、企业技术中心等，并积极带动一批专、精、特、新的中小企业发展。

积极构建"众创空间+孵化器+加速器"的创新孵化链。支持民间社会投资到新区内新建、参股、合作或受托运营管理孵化器，推动与百度、腾讯等企业合作创新中心或企业孵化平台快速发展；推进由综合性孵化平台向主业突出的特色产业孵化基地转变；鼓励企业利用存量商务楼宇、老旧厂房打造低成本、便利化、开放式的众创空间，扶持发展各类线上虚拟众创空间，着力打造一批众创空间品牌；继续发挥吉林省和各地区科技大市场成果转化的"加速器"、产业发展的"助推器"、资源统筹的"聚变器"作用，进一步增强服务和辐射功能；推动由政府、园区、科研机构、企业和风投共建孵化创新中心实体，通过"技术开发＋孵化""风险投资＋孵化""技术导师＋商业导师（企业家）＋资本支撑"等模式，促进重大项目培育和产业化。

4. 深入优化营商环境

加快出台重点产业专项促进政策。针对新区重点产业出台专项促进政策，尤其是装备制造业、生物医药、光电信息产业、新材料等战略性新兴产业领域；理顺省、市、区在相关产业链、创新链的政策体系，加大对自主创新、人才引进、创业投资、企业上市等多方面的政策优惠支持；全面落实国家减税降负政策，完善涉企收费清单和集中公示制度，全面清理取消不合理的行政事业性收费和涉企经营服务性收费，并对各类越权收费、超标准收费、自设收费、重复收费行为加大行政追责和经济处罚力度。

完善政策支持和配套服务体系。研究出台产业发展、科技创新、投资融资、人力资源、技能环保等方面的优惠政策，加大土地、人才、资金、财政税收、审批环节等政策扶持力度，为企业发展提供优质服务和良好环境；围绕"成本最低、政策最优、服务最好"的目标，创新政策和服务机制，降低政策门槛，在土地、税收、政策等方面出台优惠措施，努力形成"政策洼地"，全力打造"创新高地"，为企业发展提供要素供给保障。进一步深化"只跑一次""证照分离""压缩企业开办时间"等各项行政审批制度改革，在现有成果基础上，再细化、再创新、再压缩审批时限，对标浙江、江苏等地推广"零跑动"服务，做好"店小二"，提高办事效率，真正使国家级高新区的营商环境特色更特、亮点更亮，形成强大的"引力场"，不断增强国家级高新区管理的核心竞争力。

制定完善相关法规政策体系。确立国家级高新区管委会的法律主体地位，为国家级高新区快速发展以及各项规划的顺利实施提供立法保障，确保企业、项目的进入与退出符合国家级高新区的发展导向，营造有利于高新区产业发展的法治环境。

5. 提升公共服务能力

加强教育医疗养老等公共服务供给。加快义务教育阶段各类学校的配置和建设，特别是优质幼儿园和初高中基础教育，补齐国家级高新区教育资源发展短板。以高等院校、职业技术学院以及职业技能培训机构为依托，构建全覆盖、差异化的城乡劳动者终身职业培训机制，并继续加强就业援助和各类未就业人员的职业技能培训，更好满足新区产业转型升级对产业工人的实际需求。加快推进国家级高新区域内高水平高等级医疗机构等项目建成运营或设立分支机构，多渠道扩大公共医疗服务投入，完善国家级高新区的医疗服务配套水平。强化政府宣传引导，积极鼓励社会资金参与兴办养老服务业，进一步加大养老服务和产品供给。

提升基础设施支撑保障能力。贯彻国家"一带一路"倡议、落实长吉图发展战略，按照适度超前、互联互通、安全高效、智能绿色的原则，加快推进公路、城市综合管廊、综合交通枢纽等一批重大基础设施工程，并大力提高基础设施网络化智能化水平，加快构建国家级高新区的现代基础设施体系。围绕创建细分行业园区，依托国家级高新区的区位及资源优势，不断完善园区道路、污水处理厂及配套管网、集中供热等基础配套设施建设，进一步提高产业园区的承载能力。

加快构建公共文化服务体系。加快推进体育健身指导中心等大型城市文体设施建设使用，满足国家级高新区群众就近开展文体活动的需求。积极推动建设图书馆、文化馆、博物馆、艺术馆、小剧场、街道综合文化活动服务中心、社区文化广场、群众健身场地等公共文化体育设施，满足群众文化娱乐和体育健身需求。

6. 推进产业绿色发展

大力发展绿色低碳产业。制定绿色低碳产业目录，组织实施绿色低碳产业发展专项资金，加快推进高新区绿色低碳产业发展。培育节能和环保服务产业，要创造条件培育或逐年引进节能服务公司，加快推行合同能源管理和节能环保服务外包。不断拓展与"一带一路"沿线国家和地区的合作，积极对接京津冀、长江经济带等发达地区，持续开展绿色产业全方位对接合作，提升区域绿色产业的市场竞争能力。

扎实推进工业节能减排。开展工业能效赶超行动，抓好汽车、装备制造等高耗能行业的能耗管控和节能监察工作。在重点耗能行业推动能源管理体系认证和节能产品认证。加快高效节能机械电子产品的推广应用，加速淘汰落后生产设备。落实工商业和民用分级限时的阶梯电价政策，推动可再生能源在工业园区的应用，运用价格手段推进高耗能行业供给侧结构性改革。

严格把控国家级高新区的循环化改造和清洁生产。推动园区开展绿色生产，积极探索园区企业间副产物交换利用、能源梯级利用、土地集约利用和水的循环利用。推动企业开展清洁生产审核，重点推进汽车、医药、化工等行业企业开展清洁生产审核。加快发展工业和民用废弃物的回收再利用、危险性废弃物的安全处置、生活垃圾的资源化处理等技术与设备。

参考文献

［1］科技部火炬高技术产业开发中心、中国科学院科技战略咨询研究院中国高新区研究中心：《国家高新区创新能力评价报告（2018）》，科学技术文献出版社，2018。

［2］中国科技发展战略研究小组、中国科学院大学中国创新创业管理研究中心：《中国区域创新能力评价报告（2018）》，科学技术文献出版社，2018。

［3］马海韵：《国家级新区社会治理创新：域外经验和本土实践》，《贵州社会科学》2018年第3期。

［4］晁恒、满燕云、王砾、李贵才：《国家级新区设立对城市经济增长的影响分析》，《经济地理》2018年第6期。

［5］王稳妮、李子成：《国家级高新区创新发展探析》，《宏观经济管理》2016年第2期。

［6］王西：《基于熵权—双基点法的现代物流企业服务创新绩效评价研究》，吉林大学博士学位论文，2013。

B.9
吉林省上市公司发展问题研究

吴 妍*

摘 要： 本文借鉴相关研究成果，从盈利能力、偿债能力、成长能力三个方面，选取了净资产收益率、资产负债率、流动比率、主营业务收入增长率四个指标评价分析吉林省上市公司经营绩效。就东北三省相比而言，吉林省上市公司盈利能力整体水平好于辽宁、黑龙江二省；吉林省上市公司整体偿债风险相对较低；吉林省上市公司成长能力相对较弱。吉林省上市公司存在企业上市数量少，上市速度缓慢；上市公司经营绩效不高；上市公司行业分布与经济产业结构不一致等主要问题。为此要打造良好的营商环境，制定重点扶持方向，积极培育和鼓励新公司上市，扩大上市公司数量，促进吉林省上市公司持续健康发展。

关键词： 上市公司 经营绩效 区域经济发展

从20世纪90年代起至今，吉林省上市公司①发展取得长足进步，对吉林省经济发展做出很大贡献。上市公司作为区域经济中最具活力的微观主体，借助于资本市场资金筹集能力、人才吸引能力、技术创新能力和管理能力等，从微观层面、产业层面和区域层面促进区域经济发展，在区域经济发

---

* 吴妍，吉林省社会科学院城市发展研究所副研究员，研究方向为区域经济。
① 本文中上市公司是指中国境内A股上市公司。

展中扮演着重要角色。重视和发展上市公司,将上市公司发展优势转化为区域经济优势,是促进区域经济发展的有效途径。因此研究吉林省上市公司发展,总结其发展规律,发现问题并探求解决方案具有积极的现实意义。

一 吉林省上市公司发展总体概况

(一)吉林省上市公司发展总体情况

截至2018年12月31日,吉林省辖区共有A股上市公司(以下简称上市公司)41家。[①] 其中沪市17家,深市24家。从全国范围看,吉林省上市公司数量占全国上市公司数量的1.1%。在东北三省中,吉林省上市公司数量居中,低于辽宁省的74家,但高于黑龙江省的38家(见表1)。与东部发达地区相比,吉林省上市公司数量仅相当于广东省(590家)的6.9%、浙江省(431家)的9.5%,江苏省(401家)的10.2%,上海市(298家)的13.8%。

表1 2018年东北三省A股上市公司数量

单位:家

吉林省	辽宁省	黑龙江省	全国
41	74	38	3584

资料来源:吉林省金融办,新浪财经http://vip.stock.finance.sina.com.cn。

截至2018年12月31日,全国3584家A股上市公司中,主板占比53.82%、中小板占比25.59%、创业板占比20.59%,呈现出以主板为主,中小板略高于创业板的分布结构。从吉林省上市公司所属板块看,主板31家,中小板6家,创业板4家。各板块占比分别为主板占比75.61%、中小板占比14.63%、创业板占比9.76%。与全国的分布结构相比,吉林省上市公司

---

① 数据来源:吉林省金融办网站。

主板占比远远高于全国平均水平，中小板和创业板占比则低于全国水平。

2018年末，吉林省辖区共有上市公司41家，总股本440.8亿股，总市值2542.8亿元，同比下降38.8%。全年上市公司共募集资金140.8亿元，同比减少24%。2019年第一季度，吉林省41家上市公司共实现营业收入373.99亿元，同比增长0.68%；共实现净利润27.83亿元，同比下降6.36%，其中10家公司亏损，共亏损6.04亿元。2018年末，吉林省上市公司总资产4474.13亿元，比上年增长6.4%（见表2）。

从上市公司行业分布看，制造业24家，电力、热力、燃气及水生产和供应业4家，房地产业3家，信息传输、软件和信息技术服务业4家，批发和零售业2家，金融业1家，建筑业1家，交通运输、仓储和邮政业1家，水利、环境和公共设施管理业1家。制造业是吉林省上市公司分布的主要行业，有60%的上市公司分布在制造业类。

从上市公司区域分布看，吉林省41家上市公司中，长春市24家，吉林市8家，通化市6家，辽源市1家，延边朝鲜族自治州2家。吉林省上市公司主要集中在中部地区，中部长春、吉林、辽源三市共有上市公司33家，占比高达80.5%，而西部地区则无上市公司。省会城市长春集中了22家上市公司，占全省上市公司总数的54%。上市公司分布呈现中部强，省会独大的区域分布格局。

表2　吉林省上市公司总体情况

	数量(家)	总股本(亿股)	总市值(亿元)	总资产(亿元)
2016年	41	399.44	4347.16	4026.27
2017年	42	437.68	4156.26	4204.49
2018年	41	440.81	2542.82	4474.13

资料来源：吉林省金融办，新浪财经 http://vip.stock.finance.sina.com.cn。

（二）吉林省上市公司发展对区域经济的影响

有学者研究表明，东北三省GDP和东北上市公司总资产、净资产、总收入、净利润之间有非常强的相关性,GDP与总资产、总收入呈现正相关关系(刘斌、陈阳,2017)。东北地区上市公司发展与区域经济增长存在一个长期、动态的互动关系,即上市公司的总市值、总产值和上市公司规模能够显著促进东北地区的经济增长(朱君,2014)。借鉴相关研究成果,本文选取上市公司总资产、营业收入来分析上市公司对吉林省GDP增长的影响。如图1所示,2014~2018年,吉林省上市公司总资产、营业收入和GDP发展趋势基本一致,呈现同步增长趋势。通过计算相关系数,发现吉林省上市公司总资产和营业收入与吉林省GDP均呈现正相关关系。由此可得出结论,吉林省上市公司发展能够有效促进吉林省经济增长。

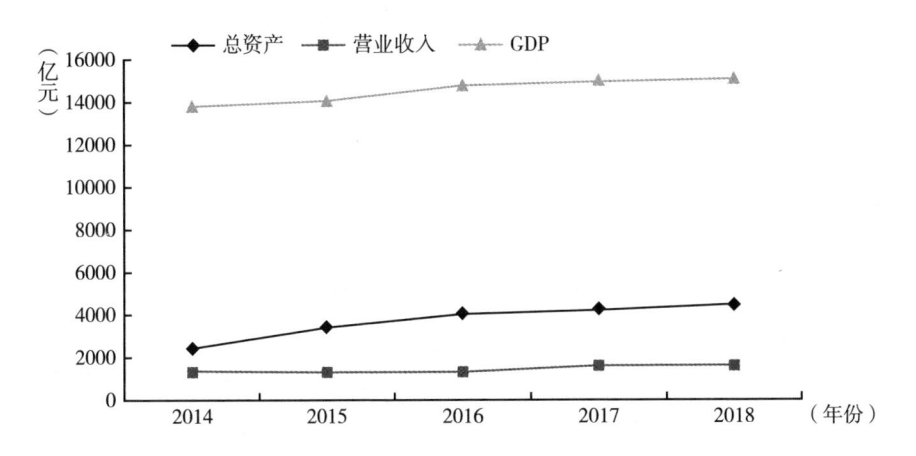

图1 吉林省上市公司总资产、营业收入与GDP关系

资料来源:新浪财经,http://vip.stock.finance.sina.com.cn。

(三)吉林省制定一系列政策鼓励企业上市

近年来吉林省出台了一系列鼓励企业上市的扶持政策。2016年4月,吉林省人民政府印发《关于吉林省推进供给侧结构性改革落实"三去一补"任务的指导意见及五个实施意见的通知》,推动企业直接融资,加大支持力度,通过给予奖励补助等措施,引导企业上市融资。2016年8月,吉林省人民政府发布《关于进一步促进全省民营经济加快发展的实施意见》,加强拟上市民营企业培育，对成功上市、挂牌的企业落实资助奖励政策。2016年12月，吉林省人民政府发布《吉林省人民政府印发贯彻落实国务院关于深入推进实施新一轮东北振兴战略加快推动东北地区经济企稳向好若干重要举措意见有关措施的通知》，利用国家对东北地区符合条件的企业申请首次公开发行股票并上市给予优先支持政策，争取省内更多优质企业上市。2016年12月23日，中共吉林省委、吉林省人民政府下发关于深化投融资体制改革的实施意见，鼓励企业上市融资。2017年3月，吉林省人民政府发布《关于吉林省人民政府关于缓解企业融资难融资贵若干措施的通知》，着力推动企业上市（挂牌）融资。但是由于受诸多原因影响，扶持政策力度有待进一步加强。

二 吉林省上市公司经营绩效分析

（一）盈利能力分析

盈利能力是指企业在一定期内获取利润的能力，通常表现为一定时期内企业收益数额的多少及其水平的高低。盈利能力是上市公司实现持续健康发展的保障。衡量上市公司盈利能力的指标主要有总资产收益率、净资产收益率、销售净利率等指标。其中净资产收益率是反映企业资本经营能力的基本指标，是反映企业自有资本及其积累获取报酬水平的综合性与代表性指标。通常情况下，净资产收益率越高，企业盈利能力越强。

2018年吉林省上市公司的盈利能力表现尚可。净资产收益率大于零的上市公司共有36家，占比87.8%，净资产收益率为负数的上市公司占比12.2%。其中净资产收益率超过10%的上市公司有9家，占吉林省上市公司总数的22.0%；净资产收益率在0~10%区间的上市公司有27家，占吉林省上市公司总数的65.9%。与2017年相比，净资产收益率为负的公司数量增加3个，净资产收益率大于10%的公司减少3个。从2018年和2017年净资产收益率排名前几位的上市公司来看，医药制造业整体表现较好，尤其是长春高新表现亮眼，企业盈利能力较强。2018年长春高新净资产收益率为19%，比2017年增加4个百分点；每股收益5.9166元，比全省平均水平多出5.5947元。这也反映了2018年吉林省医药产业加快转型升级效果较为明显。

东北三省相比而言，吉林省上市公司盈利能力整体水平好于辽宁、黑龙江二省。吉林省上市公司资产净收益率为正占比的分别高于黑龙江、辽宁8.9个和10.77个百分点。但资产净收益率大于10%的上市公司占比表现不如黑龙江省，低了4.3个百分点（见表3）。

表3 2018年东北三省净资产收益率区间比较

单位：%

省 份	大于10%占比	0~10%占比	为正占比	为负占比
吉林省	22.0	65.9	87.8	12.2
黑龙江省	26.3	52.6	78.9	21.1
辽宁省	21.62	55.41	77.03	22.97

资料来源：新浪财经http://vip.stock.finance.sina.com.cn。

（二）偿债能力分析

偿债能力是指企业对债务清偿的承受能力或保障程度。通过对上市公司偿债能力的分析，能够显示其财务风险的大小。衡量上市公司偿债能力的指标一般有资产负债率、流动比率、速动比率等。资产负债率反映企业的长期偿债能力。通常情况下，资产负债率过高表明企业潜在财务风险过大，但也表明企业市场信誉较好，能够充分利用财务杠杆；资产负债率过低，虽然企业发生财务风险可能性较小，但也表明企业对财务杠杆利用不足。保守观点认为资产负债率维持在50%比较合理。流动比率通常用来衡量企业的短期偿债能力。一般情况下，流动比率越高表明企业资产变现能力越强，发生财务风险可能性越小。一般认为合理流动比率为2。

2018年，吉林省41家上市公司中，资产负债率低于50%的有23家，占全部上市公司的56.1%。其中资产负债率低于20%的有4家企业，奥普光电资产负债率只有9.9236%。流动比率大于2的上市公司有12家，流动比率在1~2区间的有15家，其中流动比率最高的奥普光电为12.2513。这一方面说明上市公司偿债能力较好，发生财务风险可能性低，另一方面也反映出不少上市公司财务杠杆利用不充分，筹措资金能力不强，从而影响企业进一步获利能力。在资产负债率高于50%的上市公司中，ST成城连续三年（2016~2018年）资产负债率高于90%，2018年流动比率只有0.201，发生财务风险可能性继续加大。

东北三省比较来看，吉林省上市公司偿债能力要好于辽宁、黑龙江二省。2018年吉林省上市公司资产负债率均值为46.11%，分别比辽宁和黑龙江低2.08个和8.85个百分点。就全国范围而言，吉林省上市公司资产负债率低于全国平均值（60.9%）14.79个百分点（见表4）。这表明吉林省上市公司整体偿债风险相对较低。

表4　2018年东北三省上市公司及资产负债率均值比较

单位：%

全国	吉林省	辽宁省	黑龙江省
60.9	46.11	48.19	54.96

资料来源：新浪财经，http://vip.stock.finance.sina.com.cn。

（三）成长能力分析

成长能力是指上市公司经营活动的发展趋势和潜力，主要是由其自身不断积累并持续扩大形成的。成长能力的强弱决定企业发展潜力的大小。判断上市公司成长能力的指标一般有主营业务收入增长率、净利润增长率、净资产增长率、总资产增长率等。主营业务是上市公司收入的主要来源，主营业务收入增长率增加代表企业生存和发展状况良好。通常情况下，主营业务收入增长速度越快，说明企业市场前景越好，市场所占份额越大；反之，主营业务收入增长率为负数，则说明企业服务或产品存在问题，市场份额可能萎缩。因此，选取主营业务收入增长率来衡量吉林省上市公司成长能力。

2018年，吉林省主营业务收入增长率大于零的公司有26家，占上市公司总数的63.4%。其中主营业务收入增长率超过100%的有1家公司；增长率超过30%的占上市公司总数的24.4%；增长率在10%以上的占上市公司总数的41.5%；增长率在10%以下的占上市公司总数的21.95%。

2018年吉林省上市公司中主营业务收入增长率小于零的有15家公司，占上市公司总数的36.6%，而2017年主营业务收入增长率小于零的只有7家。就个体公司来看有三家上市公司已连续两年主营业务收入增长率为负数，其中2家上市公司主营业务收入增长率连续两年低于-30%，应予以警示。

东北三省相比来看，辽宁省主营业务收入增长率均值为35.95%，黑龙江省均值为11.73%，吉林省只有6.96%（见表5）。这表明吉林省上市公司成长能力相对较弱。

表5 2018年东北三省上市公司主营业务收入增长率均值比较

单位：%

全国	吉林省	辽宁省	黑龙江省
13.68	6.96	35.95	11.73

资料来源：新浪财经，http://vip.stock.finance.sina.com.cn。

表6 2018年吉林省上市公司经营绩效评价主要指标

单位：%

净资产收益率	资产负债率	主营业务收入增长率
3.03	46.11	6.96

资料来源：新浪财经，http://vip.stock.finance.sina.com.cn。

三 问题与建议

与经济发达省份相比，吉林省上市公司无论在数量上还是质量上都不尽如人意。怎样充分利用上市公司在资金筹集、人才吸引、技术和管理创新等方面的优势能力，通过大力培育和发展上市公司以促进吉林省经济健康发展，成为振兴吉林过程中亟待解决的问题。

（一）存在的主要问题

1. 企业上市数量少，上市速度缓慢

吉林省上市公司数量偏少。东北三省比较来看，吉林省上市公司数量虽然多于黑龙江省，但仅为东北三省上市公司数量最多的辽宁省的55%。目前吉林省上市公司数量仅占全国上市公司总数的1%左右，且吉林省上市公司总数在全国排名呈下降趋势。2014年末，吉林省辖区上市公司数量全国排名第17位；2015年末，吉林省辖区上市公司数量为40家，占全国上市公司总数的1.42%，在31个省区市中居第19位，与2014年相比排名下降2位。2016年以来，吉林省新增上市公司2家，退市1家，截至2019年6月末，吉林省辖区上市公司总数为41家，与2015年相比上市公司总数只增长1家，增长缓慢。而2016年、2017年，中国A股上市公司数量增速分别为7.96%、14.19%，远远高于吉林省上市公司数量增速。2018年中国A股上市公司数量增速虽然出现急速下滑仅为2.81%，但也仍然高于吉林省同期增速。

从拟上市企业数量看，截至2019年6月末，吉林省共有上市在审企业3家，上市在辅导企业6家。2018年末，拟上市在辅导企业9家。2017年末，拟上市在辅导企业11家；在审企业2家，占全国在审企业总数的0.39%。2016年末，拟上市在审企业2家，占全国在审企业总数的0.88%；在辅导企业4家。从成功上市企业看，2016年至2019年6月末只有2家企业成功上市（见表7）。由此可见无论从拟上市企业还是成功上市企业来说，吉林省在总量和占比上都处于比较落后的状态。

2. 上市公司经营绩效不高

从衡量上市公司盈利能力主要指标净资产收益率来看，2018年吉林省上市公司净资产收益率平均值为3.03%，对比2017年和2016年的负数均

表7 2016年至2019年6月吉林省拟上市企业、上市企业数量

单位：家

	在辅导企业	在审企业	上市企业
2016年	4	2	1
2017年	11	2	1
2018年	9	0	0
2019年6月	6	3	0

资料来源：吉林省金融办，http://jr.jl.gov.cn。

值，进步明显，表明吉林省上市公司整体盈利能力有所增强。但是从全国范围来看，2018年中国上市公司净资产收益率平均值为7.16%，高于吉林省近4.13个百分点（见表8）。吉林省上市公司盈利能力有待进一步提高。

表8 净资产收益率对比

单位：%

	2018年均值	2017年均值
全　国	7.16	7.99
吉林省	3.03	-39.43

从衡量上市公司成长能力主要指标主营业务收入增长率来看，2018年吉林省上市公司主营业务收入增长率均值为6.96%，相比2017年下降速度明显。虽然主营业务收入增长率全国均值也呈下降态势，但是仍为13.68%，增长速度是吉林省的2倍多。这表明吉林省上市公司整体发展能力弱于全国平均水平。

盈利能力是上市公司持续健康发展的保障，成长能力是上市公司发展的趋势和潜力。吉林省上市公司盈利能力和成长能力均落后于全国平均水平，这表明吉林省上市公司竞争力不强，未来发展面临严峻挑战。

3. 上市公司行业分布与经济产业结构不一致

根据发达国家资本市场的发展经验，上市公司产业结构与整体经济产业结构应该保持较高的一致性。追求上市公司产业结构与整体经济产业结构发

展趋势相一致是经济发展的根本要求,也是上市公司产业结构发展的基本目标。就吉林省情况看,上市公司产业结构与区域经济产业结构出现较大程度偏离。吉林省上市公司第二产业所占比重最高,超过了60%,第三产业次之,第一产业占比最低。近年来,吉林省产业结构不断优化,第二产业所占比例下降,第三产业比例上升。2018年吉林省三次产业的结构比例为7.7∶42.5∶49.8。与之相比,吉林省上市公司第三产业上市公司比例偏低,第二产业比例偏高。有学者研究表明,"这种不一致性产生的原因是经济结构调整速度过快,使得区域上市公司发展水平没能跟上经济结构调整步伐。上市公司行业分布调整仍需时日,但此种不匹配现象会导致资源错配,经济效率下降,不利于区域经济发展"①。

(二)建议

1. 积极培育和鼓励新公司上市,扩大上市公司数量

当前吉林经济呈现企稳回升的积极态势,但回稳基础仍不牢固,依然面临着实体经济困难增多、新旧动能转换需加快、结构性问题突出、深化改革任务艰巨等难题。作为区域经济中最具活力的微观主体,上市公司既能够通过吸收和整合生产要素,投入生产经营,从而增加区域财富;又能够通过借助资本市场,凭借其在资金筹措、人才吸引、技术创新、管理创新方面的优势,增加区域资本积累、提高区域人力资本质量、增强区域技术创新与管理创新能力,从而促进区域经济良性发展。因此,政府要站在全省的高度,设计有利于企业借力资本市场发展的政策措施,为吉林省企业提供优良的上市条件和上市环境,有效引导有实力的企业走向资本市场获得更大发展。要积极鼓励省内优质企业上市,要继续加大对拟上市企业的辅导和培养力度;同时要健全对已上市企业监管体系,争取较大幅度提高上市公司数量和质量。

2. 重点培育符合产业结构调整政策要求的企业上市

2019年吉林省政府工作报告明确指出:"要在'一主、六双'规划指导

---

① 朱君:《上市公司对区域经济发展的影响研究——基于东北地区的分析》,东北师范大学博士学位论文,2014。

下,再造汽车、石化、农产品加工三大支柱产业新优势,努力把先进装备制造、医药健康、文化旅游产业发展成为新的支柱产业。同时,大力培育发展新能源汽车、光电信息、生物制造、卫星及航天信息、通用航空、新材料、人工智能及机器人、大数据等一批战略性新兴产业。"为此,一要鼓励和扶持符合产业发展政策、代表高新技术产业的企业上市。二要结合产业政策对行业发展前景不好,主营业务缺少竞争力的传统上市公司进行调整,促进其产业升级或转型发展。三要加快培育本省科技型企业上市。科技型企业是建设现代化经济体系和加快建设创新型国家的生力军,在提升自主创新能力,推动经济高质量发展,培育新经济增长点方面发挥着重要作用。要从科技成果精准转化、财政资金普惠扶持、打造品牌孵化基地、完善社会服务体系、与发达省区联合建设科技企业行业创新中心或公共创新平台,支持科技型企业利用多层资本市场融资等多维度扶持培育科技型企业上市。

3. 提升上市公司创新能力

创新是经济发展的重要推动力,是提升企业竞争力的重要因素。上市公司自主创新能力的提高会明显提升上市公司经营绩效,从而促进公司竞争能力的提升。提升上市公司创新能力,对于政府来说,主要是要强化企业创新主体地位,要激发企业家自主创新的热情和意愿;要积极促进产学研对接,构建科技中介服务体系,搭建技术与产业桥梁;要建立健全资本市场体系,优化企业融资环境。对于企业来说提升上市公司创新能力主要是要注重技术创新、产品创新、市场创新,牢牢围绕企业的核心资源和核心优势,推进供给侧结构性改革,提供适销对路的优质产品;要引进和培育优秀科技人才和管理人才;要更新企业发展理念,注重学习发达地区成功经验。

4. 打造更加优良的营商环境

营商环境是企业活动中的经济、政治、社会与法律环境的综合反映,是企业从开办、营运到结束各环节所处的环境和条件的总和,直接表现为企业生产经营活动的资金、人力、时间与机会成本的高低。良好的营商环境有利于提高上市公司集聚数量和经营绩效,地方政府应该努力优化当地的营商环境,为本地上市公司创造良好的发展空间。有研究表明,东北地区经济增速

下滑是多方面因素导致的结果，但与全国其他地区相比，营商环境不佳导致的生产要素流入少、流出多和生产要素配置效率提升缓慢是根本性因素之一。为此，要进一步深化行政管理体制改革，打破机构设置条块模式，优化服务环境，加快审批速度，简化审批流程，提高管理效率；要重点着力提高基层政府治理能力，确保各项政策落地显效；增强涉企收费的透明度；要鼓励科研院所开展营商环境比较研究，为优化营商环境政策制定提供智力支持和理论基础。

参考文献

［1］耿明斋主编《河南省上市公司发展报告（2018）》，企业管理出版社，2019。
［2］武靖州：《振兴东北从优化营商环境做起》，《经济纵横》2017年第1期。
［3］朱君：《上市公司对区域经济发展的影响研究——基于东北地区的分析》，东北师范大学博士学位论文，2014。
［4］2018年吉林省国民经济和社会发展统计公报。
［5］王钧：《广东省扶持农业龙头企业上市的实践及思考》，《当代农村财经》2017年第9期。

B.10
吉林省消费变动特点及提升对策研究

田振兴[*]

摘　要： 2019年，内外部环境比较严峻，吉林省经济下行的压力较大，对消费也产生了深刻的影响。社会消费品零售总额增速自2014年开始持续下行，改变了长期以来与全国消费增速走势趋同的状态。总体来看，消费市场保持基本稳定，新消费发展速度较快。但仍存在人口外流严重、居民收入增长缓慢、高质量消费品供给不足、消费环境不优等制约因素。今后吉林省需要积极应对消费新趋势，并采取积极有效措施促进消费增长。

关键词： 消费　消费增长　消费市场　吉林省

一　吉林省消费市场基本情况

2019年，面对复杂多变的国内外经济形势，吉林省扎实推进经济结构转型，千方百计扩大消费需求，消费市场运行总体保持平稳，2019年1~9月，吉林省实现社会消费品零售总额5678.17亿元，同比增长3.6%。

（一）消费总量的变化

从季度累计走势的情况看，2019年一季度，吉林省实现社会消费品零

---

[*] 田振兴，吉林省社会科学院软科学研究所研究实习员，主要研究方向为消费经济、产业经济。

售总额1853.62亿元，较上年同期增长3.6%，与上年同期增速相比，回落了1.4个百分点，与同期全国平均水平8.3%的增速相比较，低了4.7个百分点。在全国31个省区市中，吉林省排在第28位，比上年同期提高2位。在东北三省中，比辽宁（5.6%）低2个百分点，比黑龙江（6.4%）低2.8个百分点。2019年1~6月，吉林省实现社会消费品零售总额3755.61亿元，同比增长3.9%，与上年同期增速相比，回落了1.3个百分点，与同期全国平均水平8.4%的增速相比较，低了4.5个百分点。在东北三省中，比辽宁（6%）低2.1个百分点，比黑龙江（6.4%）低2.5个百分点。2019年前三季度，吉林省实现社会消费品零售总额5678.17亿元，同比增长3.6%，与上年同期增速相比，回落了1.6个百分点，与同期全国平均水平8.2%的增速相比较，低了4.6个百分点。在东北三省中，比辽宁（6%）低2.4个百分点，比黑龙江（6.2%）低2.6个百分点，排在东北三省最后一位。

（二）消费品总额构成情况

按销售地区分：2019年1~9月，吉林省城镇实现社会消费品零售总额5064.80亿元，同比增长3.6%，低于全国4.4个百分点；乡村实现社会消费品零售总额613.97亿元，同比增长3.7%，低于全国5.3个百分点，从增速看，城镇增速与乡村增速基本保持一致（见表1）。

表1 2019年前三季度吉林省社会消费品零售总额构成

单位：亿元，%

社会消费品零售总额		绝对值	增长率
		5678.17	3.6
按销售地区分	城镇	5064.80	3.6
	乡村	613.97	3.7
按消费形态分	商品零售	4923.38	3.7
	餐饮收入	756.61	3.2
按规模分	限额以上	1393.34	-5.3
	限额以下	4240.44	5.8

资料来源：吉林省统计月报。

按消费形态分：2019年1~9月，吉林省商品零售业实现社会消费品零售总额4923.38亿元，同比增长3.7%，低于全国4.3个百分点，商品零售业平稳增长，商品零售额在全省消费品市场中比重较高，约为87%；餐饮业实现社会消费品零售总额756.61亿元，同比增长3.2%，低于全国6.2个百分点，商品零售业稳步提高，并且增速快于餐饮业（见表1）。

按规模分：2019年1~9月，吉林省限额以上企业实现社会消费品零售总额1393.34亿元，同比下降5.3%，占全省比重为24.72%；限额以下企业实现社会消费品零售总额4240.44亿元，同比增长5.8%，占全省比重为75.28%，在吉林省，限额以下企业社会消费品零售总额在全省中占据主导地位（见表1）。

按行业分：2019年1~9月，吉林省批发和零售业、住宿和餐饮业增速均有所回落，住宿和餐饮业回落明显，分别增长5.5%和2.8%，分别回落0.2个和4.6个百分点。批发和零售业分别增长4.6%和7.0%，分别回落3.6个和0.2个百分点。

（三）消费品增长率表现各异

2019年前三季度，从吉林省限额以上单位商品零售额同比增长率变化来看，吉林省增速较快的依次为家具类、体育娱乐用品类、金银珠宝类、书报杂志类和建筑装潢材料类，增速分别为10.5%、5.3%、3.6%、1.4%和1.2%；增速回落幅度较大的是文化办公用品类、汽车类消费、日用品类、烟酒类和通信器材类，分别降低了19%、11.3%、10.6%、9.0%和8.8%。从零售额比重上看，在吉林省限额以上重要商品零售中，热销商品主要包括服装、鞋帽纺织品类、汽车类、石油及制品类和粮油食品类。总的来看，基础类消费的比重较大，而代表消费升级类商品零售额比重较小，且增幅普遍下降。

二 吉林省消费变动特点及有利因素

（一）吉林省消费变动特点

1. 旅游消费拉动作用明显

旅游消费与餐饮、住宿、娱乐、购物四个行业高度相关，对整个消费行业的拉动力呈现逐年提升的趋势。伴随居民收入的提高以及人民对美好生活向往意愿的增强，加之旅游假日制度的不断完善，旅游消费得到充分释放，旅游拉动力指数始终在高位运行。国家旅游局数据中心发布的《2018年春节旅游消费大数据报告》显示，2018年我国春节旅游对消费行业拉动力指数已达75%以上，旅游消费对餐饮、娱乐、住宿、购物四个行业的拉动力指数均在60%以上，较2017年分别提高2.6个、4.9个、2.2个、4.5个百分点。分城市线来看，一线城市居民旅游消费拉动力指数保持领先，其余城市线依次降低。从2018年的数据来看，三线城市中吉林市的旅游消费拉动力指数最高（见表2）。吉林省推出滑雪、冬捕、温泉养生、乡村旅游等一系列旅游项目，促进旅游、文化、体育等产业联动，激发和释放旅游消费潜能。2018年旅游经济总量增幅喜人，全省接待游客22156.39万人次，同比增长15.15%；实现旅游总收入4210.87亿元，同比增长20.07%，分别高于全国平均水平4.65个和9.17个百分点。假期旅游消费增长明显，在2019年国庆黄金周期间，吉林省接待游客人数、旅游收入实现双增长。共接待游客1814.11万人次，同比增长14.46%；实现旅游总收入134.34亿元，同比增长20.60%；乡村旅游游客为537.14万人次，同比增长29.34%，收入约为22.67亿元，同比增长34.23%。

表2　旅游消费拉动力指数Top5城市

排名	一线城市	二线城市	三线城市	四线城市	五线城市
1	上海	厦门	吉林	吕梁	丽江
2	广州	南京	常德	资阳	普洱
3	北京	杭州	岳阳	孝感	广安
4	深圳	成都	芜湖	内江	哈密
5	天津	合肥	宜昌	遵义	嘉峪关

2. 网络消费引领消费新风

网络购物已经成为一种新的消费方式，改变了传统的供销模式和渠道，而网络消费市场产品丰富，功能齐全，不仅涵盖实物商品，而且各类服务性商品众多，目前已经进入了提质升级阶段。截至2018年12月，我国网络购物用户规模达6.10亿，较2017年底增长14.4%，占网民整体比例达73.6%。手机网络购物用户规模达5.92亿，较2017年底增长17.1%，使用比例达72.5%。2019年前三季度，我国网络零售市场也保持着快速平稳的增长势头，全国网上零售额达7.32万亿元，同比增长16.8%。吉林省在网络消费领域更是发展迅速，2019年前10个月吉林省电子商务交易额、农村网络零售额和跨境电商出口额分别增长30.5%、27.4%和37%。据吉林省商务厅统计，"双十一"当天，吉林省实现全天交易额31.9亿元，同比增长24%，在全国排名第24位。在2019年京东全球好物节（11月1~11日）中吉林省消费额增长强劲，累计下单金额同比涨幅居全国第12位。此外，网络消费已经与网络社交进行融合发展，例如通过快手和抖音等视频社交软件进行商品售卖，通过这种多元化的发展不断激活消费潜力，激发省内中小城市和农村的消费潜力。网络消费已经成为吉林省拉动内需的重要力量。

（二）促进吉林省消费增长的有利因素

1. 以绿色消费推动可持续发展

习近平总书记在党的十九大报告中明确指出，要建立健全绿色低碳循环发展的经济体系，倡导绿色低碳的合理消费理念。绿色消费是在我国经济发展到一定阶段，人们生活质量普遍提高，环保意识、生态意识普遍得到增强的大背景下提出来的。绿色消费还被称作"可持续消费"，是从满足生态需要出发，以有益健康和保护生态环境为基本内涵，符合人的健康和环境保护标准的各种消费行为和消费方式的统称。随着绿色饮食、绿色出行的生活方式深入人心，消费者的绿色消费理念也在逐步形成。最近几年绿色食品、共享单车和新能源汽车的销量大幅提高。经过近三十年的健康有序发展，吉林省有效使用"三品一标"的产品已经达到2061个，创建全国绿色食品原料标准化生产基地27个，"三品一标"环境监测面积达到1300多万亩。吉林省培育了一批无公害、绿色、有机和地理标志农产品优势品牌，已经成为引领农业产业和消费转型升级的"主力军"，近年来，吉林省通过政策扶持拉

动,引导企业绿色生产,通过开展绿色食品宣传月活动培育市民绿色消费意识。2018年全国共享单车的日均使用量达到1000万人次,最近两年共享单车也大量地出现在吉林省各城市的街头。新能源汽车也逐步进入全省居民的视野。随着吉林省居民消费能力逐步增长,提高消费质量成为居民新的消费需要,绿色消费已经成为助推吉林省消费增长的新动力。

2. 以智能消费助力产业升级

当今5G时代已经到来,2019年5G已经正式开始商用,与5G相伴而来的还有智能生活。当下,移动互联网一直保持着高速发展,人工智能、AR/VR等新技术将进一步推动产业的升级与变革。新的消费需求催生新的供给,越来越多的智能家电、智能汽车、智能手机成为消费热点,越来越多的家电设备制造商参与到这场智能化产品研发竞赛中,家居智能化趋势益发明显。随着居民消费升级,5G信息类商品、智能运动手环、智能手表、VR设备、无线吸尘器等小型电子产品受到追捧。吉林省也在根据消费者最新的智能消费需求进行产业布局,2019年全国首家人工智能AI家电卖场在吉林市开业,在这家人工智能AI家电卖场中5G网络已经全覆盖,进入卖场购物的消费者可以通过手机亲身体验家电产品的功能、特点和使用技巧等,此商场将顾客体验性、科技性、创新性、互动性、娱乐性融入其打造的5大体验区里,使消费者尽情享受时尚元素与智慧零售概念的完美结合。人工智能还与出行相结合,省内各个汽车企业均在人工智能无人驾驶汽车研究方面加大投入,汽车行业数据显示,预计到2030年,中国无人驾驶汽车销量将达190万辆。一汽红旗推出"红旗智能小巴",其汇聚了智能自动驾驶、语音交互、智能车载机器服务员、全新制动系统等创新技术,使人车交互方式发生了颠覆性变化。这些智能产品的出现不仅可以使人们的日常生活更加便捷,更可以推动相关产业的蓬勃发展,与此同时,极大地释放消费潜力,成为推动经济社会发展且动力不断增强的新引擎。

3. 以国货和吉货消费加快吉林省制造业高质量发展

在20世纪50年代,西方的产品代表了质量和先进,随着人们经济水平的提高和消费观念的成熟，进口品牌和本土品牌的格局开始逆转，国内产品逐渐占据上风。随着中国制造的崛起，自主品牌的现代化产品正在慢慢回归消费者的视野。京东大数据显示，在下单金额方面，2017年中国品牌商品的同比增幅高出国际品牌3个百分点，2018年中国品牌商品的同比增幅高出国际品牌14个百分点；而在下单商品销量方面，2017年中国品牌商品同比增幅高出国际品牌7个百分点，2018年中国品牌商品同比增幅高出国际品牌8个百分点。吉林省最近两年也在不断宣传推介吉林品牌精品，增强吉林自主品牌情感，提振吉林国货精品消费信心，消费者热衷国货的消费情怀更是折射出国民的文化自信。"十三五"以来，吉林省已培育认定吉林省名牌907个、吉林省十大服务业名牌30个、地理标志保护产品57个，持有中国驰名商标155件、地理标志商标72件。目前，占全省规模以上企业数量15%的品牌企业，工业总产值贡献率达到40%以上。吉林省还在2019年举办了第三届"中国品牌日"主题宣传展览活动，通过对吉林品牌产品的集中展示，突出"吉"好吃、"吉"好看、"吉"好玩、"吉"好用等吉林消费品品牌产品，通过一系列的宣传活动让消费者亲身体验"吉品"魅力，增强对"吉品"的消费认知。随着国货和吉货品牌的成功转型和蓬勃发展，消费者的消费观念也已经发生了变化。消费者热衷国货和吉货的消费情怀更是折射出消费者对本土文化的自信。

三 吉林省消费发展存在的问题及制约因素

（一）吉林省消费发展存在的问题

1. 社会消费品零售总额下降明显

2014年以前，因国家对振兴东北老工业基地的政策性扶持，吉林省经济保持高速增长，社会消费品零售总额也表现出稳步快速扩张的态势，增速高于同期GDP增速和全国社会消费品零售总额平均增速。2014年吉林省经济增速出现急剧下跌，社会消费品零售总额增速也随之下滑，与全国基本持平，2016年之后走势开始出现明显的分化。虽然全国的增速水平也是下降的态势，但态势相对平稳；吉林省社会消费品零售总额增速下降明显，且增速低于全国平均水平（见图1）。

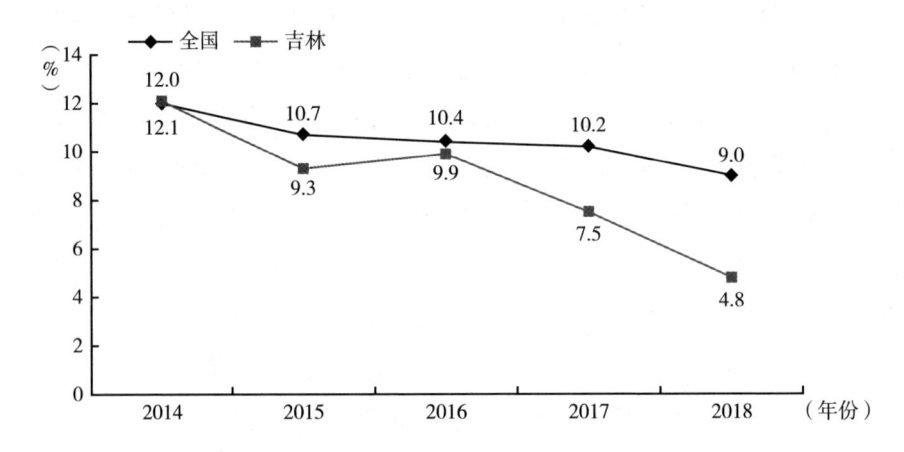

图1　全国、吉林省2014~2018年社会消费品零售总额增速对比

资料来源：国家及吉林省统计公报。

2. 汽车和通信器材消费持续下降

汽车消费自2018年以来陷入低迷状态，2019年上半年吉林省汽车消费持续下降，增速降至-11.8%。虽然经销商促销降价、厂商季度末加快冲量推进了汽车销量增长，宏观经济下行和中美贸易摩擦是导致汽车消费下降的重要原因，汽车行业本身的政策问题也对汽车销量造成了一定的影响，例如国六标准的实施和新能源汽车补贴的收紧等。吉林省2019年上半年的通信器材消费下降幅度也比较明显，2019年上半年下降了8.1%，这与消费者等待5G手机推出而延迟消费有直接关系。

（二）制约吉林省消费增长的主要因素

消费是拉动经济增长的主要动力，对于提升经济发展质量和完成经济增长目标至关重要。吉林省消费受收入增长缓慢、消费意愿降低、消费环境质量不高等诸多因素影响，表现出逐年下降的态势，亟须加快扭转。

1. 人口外流阻碍消费需求的增长

人，作为消费主体，直接影响了整个消费水平的变化，特定状态下的人口特征在很大程度上影响了当前和预期的消费模式，由此可见，地区的人口是影响该地区整体消费水平的重要因素。近年来吉林省人口外流现象引起全省社会各界的关注。吉林省人口自2016年开始连续三年减少，三年累计减少49.26万人。2018年末吉林省常住人口为2704.06万人，比上年减少13.37万人，2018年全省人口自然增长率不到全国水平的1/10。人口的流失，尤其是青壮年人口的流失对于消费的增长与升级都起到负面的影响作用。从人口结构方面来看，多数学者认为，少儿抚养比的提升会促进消费的增加而老年抚养比的提高会显著降低消费支出。吉林省2018年出生人口为17.99万人，出生率为6.62‰，比上年有所降低，明显低于全国10.94‰的水平，并且死亡人口逼近出生人口。吉林省少儿抚养比为16.4%，低于全国平均水平7.3个百分点。吉林省已经进入老龄化社会，而且具有高龄化特征，2018年吉林省65岁以上人口比重为12.7%，老年抚养比为17%，高于全国16.7%的平均水平，而且老年抚养比高于少儿抚养比。少儿抚养比的低水平会减少消费支出，而老龄人口的增多，消费习惯趋于保守，会导致消费的驱动力不足，影响消费需求的扩张。

2. 居民收入偏低影响消费能力的释放

收入是刺激消费需求释放的基础，收入水平的高低在一定程度上决定消费水平，较低的收入水平必然无法支撑较高的消费水平。近年来，吉林省经济一直在低位徘徊，经济增速均低于全国平均增速，在全国排位基本处于后位。受经济的下行影响，收入的增速慢于全国平均水平。2018年，吉林省城乡居民人均可支配收入均低于全国平均水平。吉林省人均城镇居民可支配收入为30172元，低于全国平均水平9079元，增速落后1.3个百分点；吉林省农村居民人均可支配收入水平和增长水平都落后于全国，收入水平低于全国869元，增速落后2.6个百分点。从收入构成上看，财产净收入占比偏低，而财产净收入与居民消费总量增长的关系较大。2018年吉林省城镇居民收入构成中，财产净收入占6%，低于全国平均水平。吉林省转移净收入占比高于全国平均水平，达到23%，转移净收入主要包括离退休金、失业救济金等政府对个人收入转移的部分，这也与吉林省老龄化的现状相符，很难转化为消费动力。

3.高质量消费品供给不足导致消费外流

消费需求能否最终实现，还取决于供给状况。从商品和服务供给来看，受流通成本偏高、商品标准不健全、设计研发成本高和人工成本高等因素影响，吉林省现阶段改善型、享受型的高品质、高性价比商品和能够满足居民多元化、个性化等需求的有效服务供给明显不足，而低端同质商品和服务供给相对过剩，导致大量中高端和新兴服务消费外流严重。省内高质量商品方面供给不足导致海淘、省外购、出境购等增长迅速，而省内家政、养老等服务行业高质量的有效供给也较为稀缺，"好保姆、好月嫂"难找导致有消费需求和能力的家庭也不愿意消费。

4.消费环境较差影响消费者消费热情

消费环境质量的高低直接影响消费者的意愿与行为。现阶段随着吉林省对市场监管和整治力度的不断加大，消费环境有所改善，但是在消费市场中以次充好、假冒伪劣等商业欺诈行为仍屡有出现。从吉林省消费者协会发布的《2018年全省消协受理投诉情况统计分析报告》来看，吉林省消费环境趋于好转，受理各类投诉7939件，同比减少了59%；消费投诉热点主要表现为以下几个方面：一是假冒伪劣产品屡禁不绝。近年来投诉量同比变化幅度最大的商品类别是医药及医疗用品类，2018年，吉林省共接收药品类咨询举报信息3555件，同比上升16.78%。市场上以次充好、质量不合格等问题比较严重，食品药品安全等方面问题降低了消费者的信任感，减少了消费意愿。二是价格问题比较突出。市场定价机制不规范，导致交通运输、旅游物业管理与服务、公共资源等领域信息不对称、乱收费、乱涨价的现象较为严重。三是服务市场混乱。房屋装饰装修、教育培训、汽车销售与服务、房屋中介、家庭服务等方面由合同签订不完善、资质不过关、技术不到位、服务意识不强等方面原因导致服务水平差，2018年吉林省投诉问题中合同问题占17.33%，售后服务问题占11.76%。四是老年消费和服务问题严重。部分商家通过虚假宣传、低价策略等营销手段兜售保健品、旅游产品等欺骗老年消费者，牟取暴利。五是网络消费成为投诉热点。消费者通过电视购物、电商平台进行消费，存在商品质量差、售后问题解决困难，支付安全难以保障等方面问题。

四 对策建议

（一）积极应对消费新趋势

目前，新的消费特征已经从传统和相对简单的商品消费转变为个性化消费和优质的服务性消费，绿色消费、网络消费、智能化消费和本土化消费已经成为当前和以后的消费趋势。针对消费者对这些新兴热点产品的消费需求的增加，应当积极拓展消费范围，激发消费潜力，重点应在以下方面着手：一是积极发展绿色消费产品供给，继续挖掘旅游消费潜力。在旅游消费市场方面应充分发挥吉林省的资源优势，推出具有吉林特色的生态旅游和冰雪旅游，打造休闲度假避暑旅游基地，并加大节日宣传力度，提升服务体验。二是积极推动绿色食品和有机食品产业发展。通过创建标准化绿色食品基地，打造绿色食品专营市场，解决绿色食品的产销难题。并完善省内准入和监管机制，保障绿色食品产业良好发展。三是促进网络消费方式的发展。随着互联网通信技术的快速发展，网络购物消费模式已经改变了人们的消费习惯，逐渐成为全国购物消费的主要模式。吉林省应进一步加快5G网络的发展与普及，加快信息消费的技术进步，促进电商企业的发展，提供更为广阔的消费平台，并加快宽带网络升级改造，尤其是要提高农村宽带网络普及水平和接入能力。四是积极引导传统消费品升级，借助新技术、新模式打破地域限制，加快推动传统制造领域科技化和智能化发展，积极挖掘吉林省房地产、汽车等传统消费品转型升级增长潜能，加快智能制造、智能家居、智能物流发展，提供便捷高效的智能服务。

（二）提高消费品供给质量

提供高质量的消费品及服务是推动吉林省消费能力提升的重要途径。一

是加强高端、高质量消费品供应，挖掘传统消费潜力。借助吉林省内科研院所、创新技术企业和高校等创新资源优势，提升重点消费品技术含金量；针对消费品质化趋势，布局开发一批高质量消费品，加快关键产品技术的产业化，增加高品质消费产品和服务。二是改善服务供给，加快服务业发展。针对家庭服务、教育服务、健康服务、商品售后服务、旅游业等领域加强监管，制定公开透明的定价机制和行业标准，使相关服务业的准入标准和监管规则更加合理化，让每个服务性企业在市场机制的良性竞争下充分发展；与此同时，精神性和享乐性消费服务的发展也需要重点关注，大众的消费喜好已经开始逐渐转向享乐性服务消费和精神性服务消费，政府需要加大对旅游、文化和教育企业的政策支持，促进多元化和个性化服务性企业的发展。

（三）优化消费环境

优化消费环境是提高居民消费意愿的最直接保障。消除消费者对消费过程出现问题的担忧是提高消费者消费意愿的重要途径。要在吉林省创造优质的消费环境，必须同时兼顾"软"和"硬"两个方面。一是完善消费"硬"环境。围绕消费升级的需要，加大对消费基础设施的投入，补齐住宿餐饮、公共交通、信息网络、现代物流等硬件领域的短板；加大对体育、旅游、卫生、文化等领域基础设施建设的投入，鼓励社会力量积极参与建设，在继续完善交通、能源、电信、水、电、气等方面的基础设施建设的基础上，着力推进信息化、互联网及大数据等方面的基础设施建设。二是改善消费"软"环境。对假冒伪劣商品采取"零容忍"态度，对假冒伪劣产品一查到底；提升消费者信心，营造消费者能够放心消费的消费环境；积极推动消费信贷发展，降低消费信贷门槛和利率；在消费配套方面应支持餐饮、住宿和旅游等重点领域开展从业人员服务技能和专业知识培训；在宣传方面加大投入力度，借助网络、电视等主流媒体对消费品牌进行宣传，形成良好的消费宣传推介机制，积极向消费者推介商品和旅游、文化等服务。

（四）提高省内居民收入

劳动收入是主导居民消费的长期因素，居民人均可支配收入持续增长对消费增长有促进作用。一是积极促进全省经济发展。吉林省经济的低迷一方面影响居民收入的提升,另一面也加剧了人口的流失。当前,吉林省需要加快产业结构调整升级,尤其是需要根据消费产品的更新换代与新消费趋势适时调整投资方向和产业结构、产品结构,制定中长期规划,激发发展新动力和消费潜力,促使经济步入快车道,发挥对消费的正向影响作用。二是全力扩大就业渠道。应进一步明确政府和企业的责任,建立完善促进就业和失业调控的相关机制,要将更多的资源投入职业教育和技能培训中去,提高劳动力就业技能。三是提高农村居民收入水平。要加大对农业生产基础设施建设的投入,确保农户以高效优质的方式开展农业生产和农业经营,促进农村一二三产业融合发展,保证农民在农业生产和农业经营中收入持续稳定增长;采取科学有效的方式引导农民就业,鼓励农民工反向创业,增加农民工资收入;深化农村集体土地产权制度改革,继续推进农村土地征收、集体经营性建设用地入市、宅基地制度改革试点,有序推进农村经营性资产股份合作制改革,增加农民财产净收入。四是拓宽居民增收渠道。大力改善创业环境,提供物流、能源、交通条件等硬件设施条件,建设信息交流平台,充分利用减税降费、金融支持等经济杠杆鼓励更多人投入创业之中,激发大众创业、万众创新的热情;构建新型金融管理与服务体系,创新适宜普通群众的金融产品,丰富居民财富增长的渠道。

参考文献

[1] 余茂军、窦瑾、张淑娟:《消费新趋势中安徽的机遇、挑战与对策》,《当代经济》2019年第3期。

[2] 刘振中、李志阳:《新消费时代公共服务供给侧结构性改革的思路与路径》,《经济纵横》2019年第10期。

[3] 田晖:《绿色消费:当代消费发展的大趋势》,《林业经济》2003年第3期。

改革创新篇

Reform and Innovation

B.11
吉林省优化民营经济营商环境的对策研究

张春凤*

摘　要： 近年来，吉林省通过落实"放管服"改革、推动减税降负、转变监管方式等一系列政策措施，使得民营经济发展的营商环境得到明显改善。但整体来看，吉林省仍然存在着思想观念偏于保守和发展理念相对落后、政策实施效果不及预期、制度性交易成本总体偏高、融资难融资贵问题相对突出、民营企业负担仍然较重及人才与用工短缺等亟待解决的难题。因此，本文建议从转变思想观念、持续深化"放管服"改革、优化相关决策机制、进一步推动减税降费等方面入手，采取不断提高政府服务效能、推动政策真正落地达效、提高

---

* 张春凤，吉林省社会科学院经济研究所副研究员，研究方向为产业经济、产业政策。

要素供给保障能力与资源配置效率等措施，以营造更加公平高效的政务环境、市场环境、法治环境、社会环境等，为民营经济健康可持续发展提供优良的营商环境支撑。

关键词： 营商环境　民营经济　成本　效率

近年来，吉林省民营经济发展突飞猛进。2018年，吉林省民营经济增加值占全省GDP比重超过一半，是全省经济名副其实的"半壁江山"，对地区经济发展起着重要支撑作用。为更好地推动民营经济发展，吉林省高度重视为其提供更加公平、高效的营商环境，采取不断深化"放管服"改革、深入推动以"多证合一""只跑一次"为代表的简政放权改革等一系列政策措施，全省民营经济营商环境得到很大改善。然而，对于长期倚重国有企业的吉林省来说，与国有经济面临的发展环境相比，尤其是与南方较为发达的省份和地区营商环境相比，吉林省民营经济营商环境仍然存在很多问题，未来仍有很大改进空间。

一　吉林省优化民营经济营商环境的主要做法与成效

近年来，随着吉林省整体进入转型调整的关键时期，民营经济发展受到极大重视。为了进一步优化民营经济发展环境，吉林省采取了一系列政策措施，包括深化"放管服"改革、给民营企业持续降税减负、加快诚信体系建设等措施，使得全省民营经济发展环境有了明显改善。

（一）深化"放管服"改革，效率优势正在逐步显现

近年来，在谋求新一轮振兴与转型升级过程中，尤其是自2016年以来，吉林省大力实施简政放权，深化最彻底的"放管服"改革和最高效的"只跑一次"改革。2018年共取消下放省级审批事项比例达30%。优化行政审

批流程，形成了涵盖所有项目类别的优化企业投资项目审批流程2.0版，一般项目审批压缩到50个工作日，有特殊条件要求项目审批压缩到80个工作日。全面推行审批服务"马上办、网上办、就近办、一次办"，企业和群众办事事项提供的材料减少60%以上。积极构建便捷的市场准入通道，省级"只跑一次"事项比例达97.6%，企业开办时间由11天压缩至3天。在全省范围内实施"54证合一"并开发了"多证合一"信息采集平台。深化企业简易注销登记改革，实现在线查验共享税务机关清税信息，将45天公告期压缩至15个工作日。一系列措施的实施，显著地缩减了办事流程、提高了办事效率，全省营商环境的效率优势正在显现。

（二）推动清费减负，民营企业负担整体有所降低

为切实减轻民营企业生产经营负担，吉林省持续推进清费减负工作。2017年以来，省政府先后公布9个清费减负通告，推出减免涉企收费措施达72条。与此同时，吉林省清理规范政府定价经营服务性收费，放开6项具备市场竞争条件的收费定价，取消3项收费。另外，吉林省开展涉企保证金清理规范工作，累计取消14项涉企保证金。为降低企业用能成本，吉林省分四批降低企业电价，降幅达10.17%。为降低企业物流成本支出，吉林省选取高速公路的部分典型路段，试行差异化收费措施，对上路运营的合法装载货运车辆通行费，给予7~8折的优惠政策。为降低企业融资成本，吉林省组建了省级政策性救助基金，引导担保公司开展低费率业务，全省平均担保费率比2017年末下降0.46个百分点。整体来看，吉林省民营企业负担普遍有所降低，民营经济活力得到一定程度释放。

（三）推动监督重心转变，监管方式实现初步转型

近年来，吉林省大力推动监管重心转移，从以审批为主的事前监管，向以监督管理为主的事中事后监管转变。陆续推进106个涉企行政审批事项实现"证照分离"，较好解决了民营经济"办照容易办证难""准入不准营"等问题。同时，吉林省深入开展"双随机一公开"综合监管改革，在全国

范围内率先实施跨部门联合检查并取得显著成效,初步实现"一次抽查、全面体检、综合会诊、精准施策"目标。在涉企信用信息共享方面,推进企业信用信息归集共享"全国一张网",依托国家企业信用信息公示系统大力加强企业信息归集公示工作,现已归集省、市、县三级共3150个部门的涉企信息合计超过2456万条,基本实现了涉企信息在不同区域、不同行业、不同部门之间的无障碍流转;在全省各级行政执法部门范围内,初步实现监管信息横向联通、纵向贯通、实时共享。

(四)完善执法与工作机制,民营经济法治环境持续改善

执法责任体系和工作运行机制不断完善。常态化开展涉企"四乱"即乱检查、乱罚款、乱收费、乱摊派问题集中整治,坚决遏制和整治发生在企业身边的突出问题。截至2018年底,全省查处典型涉软案件341件,党政纪处分343人,公开通报三批次26起典型涉软问题。继续完善地方协同监管平台的联合惩戒功能,开展失信企业联合惩戒,实现"黑名单"信息自动传递、联合惩戒、结果实时反馈。截至目前,已累计限制1042名"老赖"担任企业高管;驳回28户已列入经营异常名录企业的简易注销登记申请;48户企业因存在失信记录在办理许可时遇到障碍;5户企业因被列入经营异常名录被限制申请驰名商标和吉林省著名商标;3名自然人因对企业违法行为负有责任被剥夺了人大代表、政协委员及"五一劳动模范"等评先选优资格。颁布实施《吉林省优化营商环境条例》,为优化营商环境、推动高质量发展提供了法治保障。大力整顿政府失信问题,通过"政府拖欠资金监督平台"督促各级政府及部门偿还拖欠企业资金77.6亿元,维护了企业权益。

(五)理顺组织机构并整合相关职能,工作质效显著提高

不断强化软环境建设的组织领导体系。2016年10月成立了省软环境建设领导小组,负责全省经济发展软环境建设工作的组织领导、统筹协调和工作部署。全省各地也都比照省里的模式相应组建了软环境建设组织机构,强

力推动全省软环境各项工作取得了积极进展。2018年，吉林省成功组建省政务服务和数字化建设管理局，与吉林省软环境建设办公室一起，负责全省"放管服"改革、电子政务建设、政务公开协调、行政审批制度改革、信用体系建设、"数字吉林"建设、优化营商环境建设等。目前，省市县三级全部组建了相应工作机构并正式开展工作。将政务服务、数字化建设和营商环境建设工作职能整合在一起，避免了部门间的推诿掣肘，减少了内耗，显著提升了工作质效。

二 吉林省民营经济营商环境存在的主要问题

整体来看，与自身过去相比，吉林省民营经济营商环境得到显著改善。但与南方民营经济相对发达的省区相比，甚至与近年来发展较快的中西部省区相比，吉林省民营经济营商环境仍然存在很多问题，未来还有很大的改善空间。

（一）思想观念和发展理念明显滞后

总体上看，吉林省民营经济发展必需的社会"重公德守信义"、企业"重合同守信用"、政府"重承诺守信誉"的社会氛围尚未完全形成；"不靠市场靠熟人""不靠规则靠人情"的观念盛行，以至于办事就要"托人、托关系"的行为仍然在相当大范围和程度上存在；人们的法治意识、规则意识、契约意识都明显不足，各级政府和部门的行政行为与国家"法治政府"的制度设计规范还有一定差距。从现实情况来看，吉林省一些地方政府普遍缺乏因时而变、随事而制的思维和胆识，建设及评价营商环境的视野和站位不高，吸引企业投资仍主要停留在依靠减税让利，以及拼资源、拼政策、拼服务、拼信用上，对"产业生态是最大营商环境"的认识明显不足且重视不够，总体尚未形成持续建设产业链、强化产业链、补足产业链、延展产业链的理念，尚未构建以产业链为核心的具有共生、互生、再生能力的产业生态的思路。

(二)政策实施效果低于预期

多年来,吉林省基本构建形成功能完善、全面系统的民营经济扶持政策措施体系。但客观来讲,很多政策的落地实施并没有达到预期的效果。一是部分政策不够"接地气",落地实施存在困难。一些政策操作性相对较差,或缺少具备切实指引性的相关配套措施,致使部分政策落地只差"最后一公里"。二是部分惠企政策空转,政策效应未充分释放。如部分税收、技改、研发、人才等领域,由于其政策性补助设置了相对较高的准入门槛,附加了较多约束性条件,众多中小微企业无法真正享受补助带来的好处。如创业投资企业所得税优惠政策,要求必须是"高新技术企业",很多中小科技企业被排除在外。三是部分政策普及宣传不够。许多惠企政策举措散落在各系统各部门,缺少专项指导或针对企业需求提供的"一对一"答疑解惑。从现实来看,规模较大的企业更容易享受到来自政府组织的银企对接等指导服务,但对于广大急需相关服务的中小微企业来说,享受这一服务的比例还不到1/4。四是部分优惠政策只针对新引进的企业,对原有企业优惠有所欠缺,"招来女婿气跑儿子",政策惠及对象明显有偏颇,建议吉林省不仅要"筑巢引凤",更要"筑巢留凤",即更加重视优惠政策制定实施各环节的公平性。

(三)制度性交易成本仍然偏高

与国有企业相比,民营企业的制度性交易成本更高,主要体现在包括政务服务、市场准入、待遇公平等多个领域。一是行政服务水平和效能有待提升。对标国际和先进地区,吉林省审批环节仍然偏多,互为前置的审批怪圈、前置审批改为后置的现象依然存在。二是部分行业市场准入障碍难消除。目前较难进入的行业,首先是涉及民生的关键行业,包括电力、热力、燃气及水的生产和供应业等;其次是资本密集或资源型产业领域,包括金融、房地产及采矿业等。随着绿色发展要求的提高,环保与安全投入攀升,更抬高了企业投资与运营支出,使得社会资本进入相关领域存在相当大的难度。三是不公平待遇仍然存在。以政府采购为例，现阶段仍然明显倾向于支持国有企业；在大型工程招投标、承担国家科技任务以及人才职称评定等领域，同样存在民企与国企待遇不公的问题。四是数据信息壁垒亟待破除。全省并联审批和网上审批工作进展不平衡，数字政府建设领域的"数据壁垒""信息孤岛""专网对接""数据开放与共享"等问题亟待破解。有市县反映，省级房产和不动产分属两个部门管理，部门间数据不通，需重复提交相关材料。五是民营企业维权难。不同政府部门设置不同的投诉渠道，部分投诉渠道对投诉问题的处理效率偏低，对于高度重视时间成本与效率的民营企业来说，等待低效率投诉处理的过程漫长，维权成本高昂。

（四）融资难、融资贵依然制约企业发展

民营企业融资难是一个世界性的难题，吉林省也不例外，主要表现在两个方面。一是融资渠道较为狭窄。从现实情况来看，吉林省民营企业较难获得信用贷款，且有超过一半的小微企业的主要融资来源是民间拆借与个人拆借，增加了小微企业的融资风险。二是融资成本过高。很多企业反映，银行对企业贷款主要是抵押贷款或变相抵押贷款，且抵押率、贷款额逐次降低，银行慎贷、惜贷、拒贷现象时常发生，贷款成本高于江浙等地区。对于占市场主体绝大多数的小微企业来说，融资贷款成本之高更是"雪上加霜"，所能享有的贷款利率较高，通常会在基础利率上进一步上浮。另外，申请贷款所需缴纳的相关费用较高，包括房产土地抵押登记费、抵押物评估费、担保费、会计审计费等，名目众多的中间费用之高，可占贷款总成本的二成左右，推高了小微企业融资成本，增加了小微企业开展生产经营活动的难度，束缚了这部分市场主体活力的迸发。

（五）民营企业负担仍总体偏重

近年来，尽管吉林省采取多项措施持续为民营企业减税降负，但受多重因素影响，吉林省民营企业负担仍总体偏重。一是人工成本刚性上涨问题突出。随着全国和吉林省人均收入水平的提高，人力资源成本上升趋势明显，

显著增加了企业用工成本。同时,一些企业认为"五险一金"缴费占工资总额的比例过高,给企业带来一定负担。二是用能成本占比较大。目前,尽管吉林省电力能源相对充足,但一般工商业电网销售电价却不低,甚至高于民营经济发达但电能相对紧缺的江苏等地。同时,受计价方式影响,一些企业的实际用电价格远高于平均价格。另外,企业厂房采暖费以及支付职工采暖费占比较高。三是用地矛盾仍较为突出。部分地区工业用地和企业升级用地指标极度短缺。此外,存在政府招商时所承诺的土地政策后期不落实的情况。四是物流成本不降反升。吉林省远离国内中心消费市场,交通物流成本相对较高,已成为影响企业在吉林省投资的重要因素之一。不少企业反映,近年有关降低物流成本的惠企举措适用性不高。五是税费负担仍过重。整体来看,减税政策偏向性较为明显,更多惠及的是高新技术企业、出口大户等大型企业,而民营中小企业则"看得见、用不着",难以享受真正的实惠。

(六)人才及用工短缺问题突出

作为人口净流出省份之一,在全国范围内发生的几次"人才大战"中,吉林省处于明显的劣势,全省人才和青壮年劳动力的流失问题、高技能人才数量短缺及结构性问题日益严峻。众多民营企业普遍反映,高级人才引进困难,普通工人留住难,各级各类人才都存在"招不来、留不住、留不久"的问题。目前,吉林省高技能人才仅占从业人员的4%,比例相对较低;作为东北地区教育资源相对丰富的省份,吉林省属高校、吉林大学、东北师范大学的研究生省外就业率分别为62%、68%、71%,本科生省外就业率分别为57%、79%、77%,说明人才外流情况严重。同时,吉林省包括人才认定、看病就医等方面的人才配套保障服务还有待完善,也凸显了吉林省人才服务保障领域"捉襟见肘"的尴尬。值得注意的是,吉林省在新兴产业领域的人才政策不够灵活变通,使得企业在人才评定上的自主性不强,制约了这些领域对人才的吸引力。例如,对互联网、动漫等产业领域的人才来说,个人发表论文、获得专利、评聘职称或者获奖等的要求应适当放宽。必须指出的是，吉林省对中坚人才、普通人才、产业急需的低学历中低技工政策不够，这些人才目前难以纳入人才政策范围。

三 进一步优化民营经济营商环境的对策建议

持续优化营商环境、促进民营经济发展，要补齐思想观念落后、关键少数的束缚、体量不大、质量不高、开放程度低、产业结构不优等短板，着眼于创造机遇、搭建平台、保障体系、共担风险、稳定预期等几个方面，与国际接轨，与发达省份看齐，大胆创新，着力突破体制机制障碍，努力营造民营经济健康发展的良好环境。

（一）解放思想，进一步营造宽松的发展环境

一是深化对优化营商环境的思想认识。全省上下要深化认识，强化时代站位，从我国经济进入新常态和世界经济发展的大趋势大格局中去把握、谋划和打造营商环境，站在历史的高度、国际的视野审视国内外环境的变化，用深化改革的思维来建设更加适合高质量发展的营商环境。二是强化法治意识。落实好中央推进法治政府、法治社会建设的各项部署和安排，引导带动全社会树立宪法法律至上，法律面前人人平等的法治理念，形成办事依法、遇事找法、解决问题用法、化解矛盾靠法的鲜明导向。三是增强主动服务意识。主动作为，经常与民营企业沟通，高度重视企业生产经营的现实诉求，为民营企业提供从投资、生产经营到市场退出全过程"保姆式"服务，对民营企业提出的营商环境相关难题提供及时高效的解决办法，并将此项工作纳入干部考核考察范围。加大政策宣传解读力度，建立跨部门统一的政策发布平台，及时发布政策信息、在线解读，解答企业提出的问题，实现所有惠企政策信息集中公开和推送。建立惠企政策咨询制度，设置惠企政策专线电话，为企业提供综合政策咨询服务和协助。

（二）深化"放管服"改革，持续提高政府服务效能

一是进一步完善"审监分离、批管并重"的行政审批服务工作机制。

全面推进"一窗受理、集成服务""一个窗口受理、一张表单填报、后台联动办理、一颗印章审批"的审批模式,推动行政审批由以"部门为中心"向以"行政相对人为中心"转变。二是进一步深化商事制度改革。借鉴上海等地开展的一站式"银企通"服务的做法,完善吉林省银政通系统,尽快在全省范围内将银行开户核准改为备案。对利用居民住宅从事电子商务、文化创意等不存在安全隐患、不环境污染、不影响正常生活秩序的市场主体,办理工商登记时,免于提交相关证明材料。探索实行企业集群注册登记管理办法,对拥有多个分支机构的连锁企业,在同一行政区内可选择一个分支机构作为管理机构注册登记。三是持续提高"互联网+政务服务"能力。以"数字吉林"建设为引领,持续发力,进一步打破部门层级之间的界限,持续打破政务樊篱,打通"信息孤岛",深入开展各地区各部门政务信息系统整合,使其全面并入省级"一网通办"信息化平台。借鉴浙江省经验,自上而下地通过立法促使政务信息共建共享,自下而上地以热门政务事项促重点突破,解决基础设施条块割裂、互联互通不畅、业务系统不协同等堵点。

(三)优化决策机制,推动各类惠企政策落地达效

一是提高政策出台的科学性。建立重大涉企政策科学论证制度,每项重大政策出台之前,都应先行召开科学论证会,包括相关政府部门论证会、多领域专家论证会、政策享(承)受主体论证会,凡是没有经过论证会的政策,一律不得出台。二是及时掌握政策执行情况。发挥工商联和行业商协会的作用,向企业家和从业者问计求策,及时了解掌握民营企业在投资与生产经营各环节中遇到的难题与现实诉求,对政策知晓度及政策落实与效果做到及时沟通反馈。重视对涉企政策开展全面深入的第三方评估,灵活调整完善并提高政策的精准度与有效性。三是加大政策的宣传力度。尤其是加大对《吉林省优化营商环境条例》的宣传力度,进一步抓好条例的贯彻执行,制定出台优化营商环境建设的具体措施,推动营商环境法治化建设。

（四）拓宽融资渠道，服务企业人才需求

在融资需求方面，吉林省应多措并举，创新融资手段、拓宽融资渠道，缓解民营企业融资需求。积极争取成立"中小企业银行"。借鉴广东做法，设立中小微企业信贷风险补偿资金，加大对民营企业信贷支持力度。推广供应链金融模式，探索新型融资渠道，如成立应收账款债券交易中心等。进一步开展面向民营企业的多层次融资试点，给优质中小微企业以更多关注与支持。大力支持民营企业直接上市融资，加大对民营企业上市融资的支持力度，加大对民营企业赴新三板、区域性股权市场挂牌融资的奖补力度。尽快完善面向民营小微企业的续贷政策，允许符合条件的民营企业转贷，扩大"无还本续贷"应用范围，允许"应急转贷"。在人才与用工需求方面，吉林省应提高企业人才与用工服务的精准度。加大人才引进与培养工作力度，提高人才要素的精准对接程度。在高端人才引进方面，鼓励企业以更为灵活和柔性引进等新方式吸引并留住高层次人才。鼓励省内各大高校、各类科研院所、多种培训机构等以民营企业需求为重要导向，与民营企业采取定向合作、订单式人才培养等方式，开展人才培养合作。同时，要完善人才相关服务保障机制，适当扩大相关政策的惠及范围，将企业市场推广类、研发类等实用型人才纳入人才政策保障范围。参考东莞做法，取消落户条件限制，为全日制大专及以上学历人员、企业高级技工等来吉林省落户创造便利条件。

（五）持续减税降费，进一步降低民营经济运营成本

一是多举措降低企业运营成本。在保障劳动者最低劳动报酬权益的基础上，统筹兼顾企业承受能力，确定相对合理的最低工资标准调整幅度和调整频率，根据企业发展所处不同阶段的现实需求，适当降低社保缴费比例，以切实减轻企业社保负担。探索实行企业社保费抵扣增值税制度，将企业社保费支出等同于增值税进项税，用以抵扣企业从事当期生产经营活动应缴纳的增值税。研究适合各地的税收增量返还政策，返还的金额可规定用于科技创新、产能技改、员工福利等方面，作为专项资金使用，增强企业活力，提振

企业发展动能，实现"放水养鱼"。把握国家电力体制改革契机，争取通过降低发售电企业成本来降低实体企业用电价格。将高速公路试点施行的差异化收费政策放宽到全省收费公路，对合法装载的货运车辆通行费，全部实行7折优惠；结合全面推行ETC计划，非接触收费也要加大打折力度。着眼于"买全球卖全球"融入"一带一路"建设，加快构建陆海空立体交通物流网，大力发展通用航空。二是持续清理整顿涉企收费。切实落实中央和吉林省关于进一步减轻企业税费负担各项政策措施，继续清理整顿事业单位、行业协会商会收费，审批部门不得向企业指定特定的中介服务机构，由审批部门负责办理的事项，不得向企业收取费用。大力推行清单管理，做到减少收费项目、降低收费标准、缩小收费范围。

（六）加强诚信建设，进一步营造规范诚信经营的良好氛围

一是深入完善全社会诚信经营的激励与约束机制。尽快构建并实施企业家从事投资及开展生产经营活动等的诚信承诺制度，建立并充分利用好企业家个人信用记录和个人诚信档案，对企业家守信行为实施联合激励，对其失信行为采取联合惩戒措施。推动各行业深入健全领域内的红黑名单，按照行业内普遍认可的认定标准，组织开展红黑名单主体认定，在遵循法律法规依据前提下，对被列入经营异常名录的企业及严重违法失信企业进行公开展示，引导诚信经营的社会舆论氛围对企业形成督促压力，以推动企业开展诚信生产经营活动。二是探索构建企业家参与评价政府的机制。为民营企业家提供畅通高效的意见反馈渠道，使其对各级政府部门服务与效率等的衡量评价真正作用于各级政府部门，助力政府部门提高服务水平与效率，推动相关惠企政策真正落地并产生效果。充分发挥网络对诚信建设的推动作用，构建诚信政府建设相关信息的网络公示平台，杜绝"开门招商、关门宰商"行为。

（七）弘扬企业家精神，进一步增强民营企业发展信心

一是重视名誉奖励对企业家的凝聚力与影响力，给予民营企业家荣誉表彰与激励奖励，并尽快将表彰奖励制度化。例如，可以考虑制定"卓越吉

商"或"新锐吉商"等荣誉称号，定期表彰不同行业与不同规模水平的优秀民营企业家，用心打造"吉商"企业家市场声誉，持续宣传并大力弘扬吉林企业家精神。二是坚持文化引领，精心培育重商文化。树牢尊商、重商、亲商、安商理念，引导领导干部坦荡真诚地同企业接触交往，构建亲清政商关系。尽快推出科学有效的容错机制操作细则，对于推动市场准入、混合所有制改革等设立一定的容错空间，明确免责范围、细化行为标准、设定亲清底线。三是切实保护企业家合法权益。建议形成民营企业家权益保护的联系协调机制，可以由吉林省工商联、吉林省司法厅等相关部门共同推进，提高政府法治建设水平。健全中小企业产权维权援助的工作机制，加大对非公有制财产的司法保护力度。强化合同权益保护，杜绝政府违约毁约行为，推动政府切实依法执行与企业签订的各类合同，加强中小投资者股东权利司法保护。健全知识产权仲裁和纠纷调解机制，健全侵权损害赔偿制度。构建畅通高效的企业市场退出机制，加大司法与行政部门工作的协调配合力度，为企业依法破产退出市场提供便利服务，切实保护企业家人身和财产安全。

参考文献

［1］盛玉雪、梁淑红：《"一带一路"背景下进一步优化广西营商环境的对策研究——基于241份非公有制企业调查问卷》，《广西财经学院学报》2019年第4期。

［2］广东省社会主义学院珠海市委统战部课题组：《广东推动市场经济发展专题（3）营商环境和民营经济高质量发展——基于珠海市调查研究》，《广东经济》2019年第1期。

［3］中共广东省委办公厅广东省人民政府办公厅印发《广东省深化营商环境综合改革行动方案》，《南方日报》2018年8月9日。

［4］《梅州市深化营商环境综合改革行动方案》，《梅州日报》2018年11月14日。

［5］金一初：《强化对表对标对接，着力打造一流营商环境》，《海峡通讯》2019年第3期。

［6］李晓林：《创优江苏营商环境的调查与建议》，《唯实》2018年第9期。

B.12 推进吉林省政务服务标准化的对策建议

任 晶[*]

摘 要： 政务服务是指政府部门面向社会公众提供的行政性和公益性服务。随着我国进入社会主义新时代，政府部门提供政务服务的好坏直接关系到经济社会的全面发展和区域营商环境的优劣。在全面振兴、全方位振兴的背景下，吉林省应大力推进政务服务标准化，用标准化的思维和方法开展政务服务工作，通过研究制定符合政务服务特点的标准化体系，进一步提高政务服务水平，打破"投资不过山海关"的瓶颈，推动实现"十四五"时期吉林省高质量发展。

关键词： 政务服务 标准化 吉林

一 新时代推进政务服务标准化的重要意义

加快推进吉林政务服务实现标准化，对全面规范吉林各级政府部门政务服务流程、提升政务服务水平发挥着关键作用。政务服务统一标准，对于深化地方政府机构改革和行政体制改革、探索治理体系和治理能力现代化均具有十分重要的意义。

（一）政务服务标准化是吉林省推进地方标准化工作的有效支撑

所谓标准化，是指推行业界公认并广泛使用的规范和技术。标准化工作

---

[*] 任晶，吉林省政府发展研究中心综合处处长。

涉及经济社会发展的方方面面，特别是渗透在技术、产品、流程、服务等各个领域，是地方政府、社会组织和企业主体需要遵循的通用范式。十八大以来，面对新的发展形势和新的任务要求，国家把推进标准化工作上升到突出位置。2015年，国家制定实施的《深化标准化工作改革方案》中明确提出，要发挥好标准化在推进国家治理体系和治理能力现代化中的基础性、战略性作用。2016年，吉林省为落实国家总体部署，也制定出台了《吉林省深化标准化工业改革实施方案》，三年来，全省正在有序开展标准化工作，积极优化标准体系，不断完善标准化管理体制机制。制定实施适用于吉林省政务服务的村准化体系，正是标准化体系的主要内容之一，对丰富完善吉林省地方标准化内容起到至关重要的作用。

（二）政务服务标准化是提高吉林省行政效能的核心路径

多年来，吉林省在深化行政体制改革方面，始终把建设人民满意的服务型政府作为根本目标。作为一种行政性、支持性和公益性服务，政务服务水平高低是政府履职尽责、贯彻新发展理念的重要评价指标，直接关系到一个地区能否实现高质量发展。推进政务服务工作标准化，就是要通过明确标准、细化要求、量化指标等手段，使政府提供服务的对象、条件、流程、效率、便捷性等更加明晰，实现政务服务事项在"谁负责""怎样做""达到什么结果"等方面的标准化，使政务服务工作从目标、过程到结果清晰明确，从根本上解决了当前全省各地各部门在同一服务事项办理上信息割裂、数据壁垒、各自为政的问题，为吉林省建设人民满意的服务型政府提供支撑保障。

（三）政务服务标准化工作是推进吉林省"放管服"改革向纵深发展的关键举措

近年来，吉林省通过不断向县市、开发区等基层部门下放管理权限，积极推进简政放权；通过"双随机一公开"监管手段，在监管领域创新上走在了全国前列，取得明显成效，激发了市场主体活力。但是，从目前

"放管服"改革的总体情况看,"优化服务"方面还存在短板,突出表现在标准化水平低。因此,积极推进政务服务标准化工作是吉林省深化"放管服"改革的"着力点",是实现政务服务"一网全覆盖"的"通行证",在一定程度上限制了政府部门的自由裁量权,消除权力寻租的空间,为服务对象提供清晰的预期,进而提高了政务服务效率,增进"放管服"改革效果。

二 吉林省政务标准化工作进展

随着"放管服"改革的不断深入,吉林省在政务服务标准化工作上也不断取得实质性进展。无论是顶层设计还是推进实施,都采取了一系列扎实有效的举措。

(一)高位统筹协调

为进一步推进"放管服"改革及政务服务标准化工作,吉林省成立了"数字吉林"建设领导小组,高位统筹部署谋划吉林政务服务工作。近年来,吉林省围绕着"综合窗口"改革、一体化平台建设、数据库建设、服务软环境优化和公共资源交易等方面聚焦发力,出台了《吉林省进一步提高政务服务质量与效率的意见》《政务服务"只跑一次"工作规范》等一系列指导性文件和《行政许可及服务编码规则》《行政许可事项服务指南编写规范》《行政许可事项审查细则编写规范》等一系列标准化规范。与此同时,积极开展了"三集中三到位"改革,即政务服务的职能向内设机构、政务大厅和"吉林祥云"政务服务平台集中;审批服务事项要做到进驻到位、授权到位、电子监察到位。

(二)编制事项清单

按照国家对政务服务平台建设提出的标准化要求,吉林省及时编制了省直部门权责清单和省级政务服务事项清单,对省级各部门的事项目录和要素开展标准化建设,实现了"两个统一"。一方面,实现了政务服务事项编码、事项名称、事项类别、设定依据等要素的统一编写;另一方面,在政务服务事项名称、提供申办材料、服务流程、办理时限和收费依据等方面提出统一要求,从而最大限度地实现了政务服务事项上的同标准受理、无差别办理。同时,全面梳理行政许可、公共服务事项和便民服务事项清单。行政许可事项按照《行政许可法》和国家统一目录,按照具体事项网上办、能互联的要求,全面规范全省各层级行政许可项目的细化目录。公共服务事项遵照法律、法规,对行政权力依申请事项逐一进行梳理,统一规范公共服务事项目录。目前,吉林省企业和群众办事提供材料已经减少了60%以上,使企业和老百姓到政府办理事务的"最后一公里"落实到位。此外,建立政务服务事项动态调整机制。根据法律法规和机构编制调整变化,及时调整权责清单基本信息。通过依托吉林政务服务"一张网"建立的政务服务项目管理平台进行在线申请、在线核准、动态发布,实现权力清单和公共服务清单动态管理。

(三)搭建数字平台

吉林省以推进数字政府建设为契机,借力建设"吉林祥云"大数据平台,着力构建了人口分布、法人查询、自然资源分布、社会信用、电子证照和经济等6大类公共基础数据库,已并入全国政务服务平台,实现了在线服务的一体化。目前,法律法规明确可公开的政务服务事项在没有涉密的基础上,都将逐步纳入网上政务服务平台办理。同时,大力推进吉林省网上政务服务身份实名认证,实现了群众和投资主体在网上办事"一次认证、全省漫游"。此外,吉林省在优化服务流程、降低交易成本方面还推广应用人工智能技术,群众满意度和获得感得到大幅提升。

(四)完善服务功能

为优化政务服务,吉林省着力完善各级政务大厅的"一站式"服务功能。截至目前,全省已有3/4左右的政务服务事项实现了"前台综合受理、后台分类审批、综合窗口出件"。通过推行"一窗受理、集成服务",集中了政务大厅、服务站和代办点等,变"多门"为"一门"。与此同时,构建完善投资审批管理体系,大幅压缩了企业开办和注销的审批时间,持续开展审批提速改革等。目前,全流程审批时间已经控制在100个工作日以内,并试点推行了新批工业用地"标准地+承诺制"的新模式。

三 政务服务标准化工作中存在的问题

(一)认识不足

受长期以来审批服务粗放化的影响,一些部门和工作人员对政务服务标准化工作的意识淡薄,对这项工作的重要性认识不足。如有的部门工作人员对标准化理论内涵的掌握并不全面,对这项工作的概念不清晰;有的工作人员则认为,标准化制约了政务服务工作的创新性,也限制了自身工作的灵活性;还有的工作人员认为政务服务的内容多、范围广、服务对象差异性大,对是否应该推行政务服务标准化心存疑虑。

(二)水平不高

吉林省现已制定发布的政务服务方面的地方标准尚不能满足当前和今后一个时期振兴发展需要。与广东、湖北等省份相比,吉林省政务服务标准化工作起步晚、起点低、标准数量少,技术支撑体系不完善、公共服务平台支撑力度不大。同时,部分标准的制定也存在内容单一、可操作性和前瞻性不够等问题。尤其是在结合吉林省自身特点、针对性和实用性上略显不足。例如,当前全省各地政务大厅建设标准化的管理体系尚未形成,各地政务大厅提供的服务缺少统一标准,影响了功能的有效发挥。

(三)体系不完善

政务服务标准化内容丰富、涉及面广,具体包括事项清单、办事指南、审查工作、考核评估、实名用户体系、线上线下支付等诸多领域的标准化。因此，这项工作牵涉部门多、人员规模大，需要省、市、县三级政府上下联动开展。但是，由于国家没有对其进行统一的顶层设计，地方政府在谋划工作中缺乏统一遵循，各地政府在先行探索政务服务标准化工作的过程中，往往选择了先易后难、先急后缓的工作方式，出现了在服务规范领域的标准多，而在监督、评价和持续改进方面的标准少之又少的现象。

（四）协调机制不健全

政务服务标准化的研究制定需要各个部门、各个层级、专业领域人才和一线工作人员共同推进，这就需要建立高效的统筹协调机制，系统谋篇布局。当前，吉林省还没有建立起多部门协同推动格局和有效协调机制，各部门各地区处在各自为战，分头探索的阶段，导致一些政务服务标准化工作一旦涉及多个部门参与制定和实施，就难以形成合力和共识，影响了标准化工作的顺利推进。

（五）电子政务服务标准不统一

由于国家法律法规要求和部门间自上而下、相对闭合的管理体系，各部门在软硬件系统建设上主要是按照国家部委的要求建设。因此，一些部门在软件系统上无法实现兼容，硬件系统缺少对应的接口且接口制式不统一，导致省内各地区各部门电子政务信息资源重复设计、无法共享，出现了"信息孤岛"现象，严重制约了企业和群众在线办理服务事项的进度。

四 加快推进吉林省政务服务标准化工作的对策建议

（一）深刻认识政务服务标准化的紧迫性

各级各部门及工作人员要从深化行政体制改革、推进政府治理体系和治理能力现代化的高度来认识政务服务标准化工作。大力开展标准化工作的集中统一培训，确保从事政务服务的工作人员认识到标准化工作的紧迫性、必要性、可行性，主动自觉推动标准化工作。与此同时，要多渠道、多途径广泛宣传政务服务标准化工作的经济社会意义，营造有利的舆论氛围和社会环境。

（二）强化政务服务标准化总体设计

加强顶层设计、整体谋划，为推进吉林省政务服务标准化规划好时间表和路线图。明确吉林省政务服务标准化工作的阶段性目标、发展方向、重点工作、推进路径和保障措施，按照"人有工作标准，事有质量标准，物有管理标准"的总体要求，对政务服务事项进行系统梳理、科学分类，围绕运行模式、办件流程、窗口服务、管理考核、机关管理、设备管理等，建立覆盖面较全的标准体系。

（三）建立健全协调推进机制

成立吉林省政务服务标准化工作领导小组和工作专班，统筹协调全省跨部门、跨领域、跨行业标准的制定实施。组织编制、发布通用行政权力事项清单和公共服务事项清单，汇总形成政务服务事项清单，实现省、市、县、乡四级政府"同一事项、同一标准、同一编码、同一名称"。建立省、市、县、乡、村五级便民服务标准化体系。

（四）培养引进专业化人才队伍

目前，政务服务标准化在我国仍属一个较新的领域，无论是标准化的制定实施还是推广环节，都需要大量的专业人才作支撑保障。应尽快培养一大批既掌握政务服务业务，又了解标准化知识的复合型人才。充分利用吉林省高校众多的优势，设置标准化专业，提供高等教育人才。积极发挥科研院所、行业协会的作用，推动标准化职业教育。利用好吉浙对口合作的契机，全面学习浙江省政务服务标准化方面的经验。在全国范围内选聘高级专家学者，组成政务服务标准化高端智库，对吉林省政务服务标准化工作进行有针对性的咨询建议，为政务服务标准化工作奠定坚实的智力基础。

B.13 吉林省民营企业政务服务法治化发展研究

刘星显*

摘　要： 吉林省民营企业政务服务的法治化进程已步入一个崭新的发展阶段，营商环境持续优化，民营企业政务服务法治化发展水平显著提升，"互联网+政务服务"改革与"放管服"改革促进了民营企业政务服务转型，打造形成民营企业政务服务新格局。目前，吉林省民营企业政务服务法治化依然存在诸如相关立法不完善，法治化程度不高等问题。进一步提升吉林省民营企业政务服务法治化水平，应加快推进地方立法，全面推进依法行政，构建民营企业政务服务监督制约体系并充分发挥司法职能，以政务服务法治评估为切入点，探索建立营商法治环境指数体系。

关键词： 民营企业　政务服务　法治化

民营企业的持续健康发展离不开高效透明的政务环境以及法治化的政务服务促进保障体系。2019年国务院《政府工作报告》指出，要"下大气力优化民营经济发展环境"，强调"激发市场主体活力，着力优化营商环境"，其主要的突破口与抓手在于提升民营经济发展的"法治化、国际化、便利

---

* 刘星显，吉林省社会科学院法学研究所副研究员，法学博士，研究方向为法理学和地方法治。

化"水平,"法治化"作为提升政府治理和服务现代化水平的首要要求一向为中央及地方相关权力部门高度重视。优化营商环境作为一项系统性工程内涵十分丰富,包含诸如政务环境、市场环境、社会环境和法律环境多个方面,打造良好的法治政务环境不仅是一国或一地区软实力和竞争力的重要体现,也是全面推进依法治国的必然要求,同时也是吉林省民营经济发展现在及今后很长一段时间的关键问题之一。

一 吉林省民营企业政务服务法治化发展现状

2019年是实施"十三五"规划、决胜全面建成小康社会的冲刺攻坚之年,吉林省民营企业政务服务的法治化进程也步入了一个崭新的发展阶段。在这一阶段,围绕促进保障民营企业发展的一些"改革红利"、"制度红利"以及"法治红利"得以逐步释放,营商环境持续优化,政务服务水平显著提升,消除了原有的一些体制机制上的障碍,各项有关民营经济发展的数据指标呈现显著增长态势,营商环境全国排名首次居第12位。从总体上看,2019年上半年吉林省新增各类市场主体17.9万户,日均新增1471户,市场主体总数达到232.98万户,同比增长8.69%,新增"个转企"企业841户,同比增长143.8%。伴随着地方法治政府及服务型政府转型改革的日益深入,围绕民营企业政务服务法治化方面的改革也持续推进。

(一)建章立制,不断提升民营企业政务服务法治化发展水平

近年来,吉林省委、省政府基于本省民营经济及民营企业的实际发展情况陆续出台了《关于金融支持民营经济和小微企业发展的实施意见》、《进一步促进全省民营经济加快发展的实施意见》、《促进民营经济加快发展若干措施的通知》以及《全面优化营商环境深入推进民营经济大发展的意见》等,形成了较为系统的政务服务规范政策体系,也为相关的改革成果从地方规范性文件上升到地方法规奠定了坚实的基础。在地方立法方面,吉林省于2019年5月30日颁布施行了《吉林省优化营商环境条例》(以下简称《条

例》),《条例》共7章73条,将现代法治的基本价值精神贯穿始终,突出了地方性立法的宣示性、引领性与保障性,积极落实了中央及省委关于优化营商环境,大力提升政务服务的要求并与相关改革举措实现了对接。值得注意的是,《条例》将"优化法治环境"设为专章,对政务服务建设的主要环节予以明确规制,在地方法律制度建设层面也实现了一定程度上的创新。在立法方面,充分肯定并明确了市场主体的参与权并赋予市场主体以纠错权;在执法方面,明确了公示制度、记录制度、审核制度,完善了围绕维护市场主体合法权益的行政强制、行政处罚、行政检查以及依法维权等相关制度;在司法方面,确立了"依法保护、平等保护、全面保护"三个原则以及"两个防止"原则,力图最大限度减少对民营企业正常生产经营活动的影响。该《条例》的颁布施行标志着吉林省营商环境优化特别是政务服务法治建设进入了一个新阶段,对提升地区竞争软实力,推动吉林省民营经济稳定发展提供了强有力的法治保障。

(二)提高效率,以"互联网+政务服务"改革促进民营企业政务服务转型

近年来,互联网、大数据、云计算等现代信息网络技术的普及为促进政府治理服务的转型提供了新的技术手段与发展契机。自吉林省出台《关于深入推进"互联网+政务服务"工作的实施意见》以来,通过推行"最多跑一次"等改革创新,运用现代信息技术改进政府管理和服务,以"互联网+政务服务"重构政府权力结构、运行机制及管理方式,对提升政府治理能力产生了积极作用,吉林省营商环境得以稳中优化,市场活力明显增强。以行政审批为例,目前不超过3个工作日即可完成企业开办程序,一般企业投资项目审批时间压缩到50个工作日以内。在工程建设项目审批改革方面,吉林省积极探索"统一审批流程、统一信息数据平台、统一审批管理体系、统一监管方式"模式,减少了审批环节,提高了管理服务效率。2019年4月,国务院颁布了《关于在线政务服务的若干规定》,作为国家层面出台的首部规范在线政务服务的行政法规将"互联网+政务服务"纳入

法治发展轨道。2019年4月,吉林省出台了《进一步深化"互联网+政务服务"加快推进政务服务"一网、一门、一次"改革工作方案》,提出统筹建设全省"云网一体"的信息化基础设施体系和全省一体化网上政务服务体系的"数字政府"新模式,着力打造网上政务服务体系,推动政务信息资源共享及政务服务线上线下集成融合。同月,由"数字吉林"建设领导小组办公室印发了《吉林省进一步提高政务服务质量与效率的意见》,该意见紧紧围绕"互联网+政务服务"改革,聚焦深化行政审批相对集中改革、政务服务平台集约化建设、营商环境优化以及政务服务评估监督等主要方面,结合吉林省实际提出了具有可操作性的具体措施,为建设全省一体化在线民营企业政务服务平台提供了行动指南。

(三)简政放权,推进"放管服"改革提升民营企业政务服务质量

"放管服"是处理政府与市场之间关系的重大改革,重塑政府与市场关系,以"简政放权、放管结合、优化服务"为切入点推动政府职能转变,提高政府服务质量,以激发市场活力,优化营商环境。2018年吉林省省级行政许可事项削减了60.23%,全省民营经济增加值占全省地区生产总值的比重达到52.1%。2019年吉林省继续深入推进政府部门"权力瘦身",年初发布了《落实深化"放管服"改革转变政府职能会议精神工作分工方案》,将"放管服"改革任务予以细化,落实到各权力部门,确保权力"放得下、用得好、效率高",不断激发市场活力和社会创造力,在继续清理、取消、下放相关行政审批权限方面取得了明显成效。以涉及民营企业的"简政放权"事项为例,国务院17批次取消和下放审批事项,吉林省基本落实并承接到位。以吉林省住建厅涉及民营企业的行政事项改革为例,按照权力下沉集成服务的改革要求,将原有各类行政权力事项319项,取消、下放248项,比例达78%。吉林省各地方在推进"放管服"方面也取得了一些阶段性成效,以辽源市为例,该市不断优化政务服务,着力提升企业办事效率,"只跑一次"事项1320项占行政审批服务事项1429项的92.37%,当地民营经济增加值占全市GDP近六成比重。

（四）突破壁垒，努力打造形成民营企业政务服务新格局

长期以来，各地所推行的民营企业政务服务中心集中行政审批与服务的模式中，尚存在一些规范中的模糊地带，造成管理服务不到位、工作协调困难等诸多问题。职能交叉增加了部门之间的协调配合难度，为解决政出多门、多头管理的问题，吉林省主要在两个方面进行了改革，一是对涉及民营企业政务服务相关部门进行整合重组，二是切实加强各职能部门之间的协调合作，充分体现了以建设服务型政府为导向的新的政府管理模式发展的趋向。就前者而言，为有效整合政务服务部门职能，2018年10月吉林省成立了政务服务和数字化管理局，由"九龙治水"变一门受理，统筹设计，厘清了责权，极大提升了民营企业政务服务的整体效能。就后者而言，2019年围绕保障服务民营企业健康发展的核心目标，包括政法部门在内的吉林省各部门集中出台了一批支持民营经济发展的政策，建立了部门间政务服务相互衔接、协同联动机制：省政府办公厅出台的《关于进一步推动实体经济降本减负的若干政策措施》提出了新一轮降本减负的具体政策措施；省公安厅出台的《保障和服务民营企业健康发展助推新时代吉林全面振兴十五条措施》从人身和财产两个方面为民营企业保驾护航；省政法委出台的《依法保障促进民营企业健康发展三十条意见》回应了民营企业对服务、保障、维权、公正及平安等方面的需求；省检察院出台的《服务民营经济高质量发展十条意见》创新性地提出了"平等保护、助大扶小、宽严相济、注重效果"的司法理念和"三严四宽"的特殊司法保护政策；省科技厅出台的《关于推动民营企业创新发展的实施办法》对民营科技型企业予以定向扶持；省自然资源厅出台的《关于提升资源保障服务水平促进民营经济发展的实施意见》从自然资源、空间规划、不动产登记、测绘和地理信息以及"放管服"等方面提出了20条政策措施；省税务局出台的《支持和服务民营经济发展三十条措施》将11类202项办税事项全部纳入"只跑一次"改革内容。

二 当前制约吉林省民营企业政务服务法治化发展的主要问题

中国战略文化促进会等四家协会、研究院联合发布的《2019中国城市营商环境指数评价报告》显示,以大连、沈阳、长春、哈尔滨为代表的龙头城市在营商环境建设方面取得了一定程度的突破。经过数十年高速的发展,各地区在"硬环境"建设方面均积累了丰富经验,也形成了相对成熟的发展模式,但在包括法治环境在内的技术创新环境、金融环境、人才环境、文化环境、生活环境等"软环境"方面建设则呈现出较大的差距。吉林省民营企业政务服务法治化发展尚存在诸多制约因素。

(一)相关立法不完善,制约民营企业政务服务法治化发展进程

"互联网+政务服务"极大地推动了政府由管理型向服务型的转变,依法行政始终是"互联网+政务服务"高效开展的根本保障,依法行政理念也必然引导并贯穿改革的全过程。目前在国家层面颁布的涉及互联网的法律规范已超70余部,有关"互联网+政务服务"的规章属于原则性指导方针,但相关规定较为模糊,"互联网+政务服务"中的法律地位也亟待明确,尚缺失在业务领域特别是"互联网+民营企业政务服务"方面的可操作的具体规定。相关规定在实践中缺乏明确的标准,没有与之配套的实施细则,约束力不强,导致在落实、执行的过程中实效性较差。目前,江苏、贵州、四川等地均已颁布出台有关政务服务的地方性法规,这为吉林省起草制定相关条例提供了宝贵的立法经验,相关地方立法亟待提上日程。

(二)法治化程度不高,影响民营企业政务服务整体效能的实现

民营企业政务服务的公开、透明及参与度也是法治的基本要求,提供优质、高效、便捷的民营企业政务服务是推动"互联网+"改革的根本目

的，随着行政审批改革的深化推进，各地普遍建立了以"一号一窗一网"一体化政务服务平台为载体的服务中心，力图推进一站式政务服务。不过，由于行政机关内部需要部门协作处理业务繁多，流程再造不够，对相关事务的处理具有反复性，影响了审批等事项的整体效能。尽管吉林省已初步建立了多样化的政府部门与民营企业沟通渠道，但由于职能保护等原因，信息壁垒仍未破除，相关权能部门之间的沟通仍存在一定障碍。从调研情况来看，各地区、各部门民营企业政务服务能力存在诸如服务事项缺乏统一标准、服务范围覆盖面狭窄、服务渠道集约化程度较低等问题，这与政务服务法治化程度不高密切相关。目前吉林省尚存在网上办事指南精细化程度不高的问题，准确性、时效性和实用性不强问题比较突出。另外，对民营企业政务服务的监督环节还属于短板，懒政、庸政、怠政现象尚未杜绝。

（三）拖欠民营企业账款问题亟待妥善解决，政务服务法治环境需进一步优化

民营企业政务服务法治环境取决于整体法治环境情况，政务服务水平与民营企业的发展状态高度关联。当前吉林省一些民营企业，特别是中小企业在发展中所遭遇的资金困难与某些地方政府部门和大型企业拖欠账款的行为直接相关，对民营企业的资金周转、经济效益、正常运行等带来了严重的负面影响，成为制约民营企业健康发展的一个突出问题。工信部发布的数据显示，2019年上半年全国各级政府部门和大型国有企业共清偿拖欠民营企业中小企业账款超过3800亿元。从法律机制层面上看，相关法律保障制度还存在一定缺失，对正常经营账款的支付时限、支付责任、惩戒措施等没有做出明确规定，没有形成长效机制。这也体现在部分地区在推进相关工作时不实、不细，进展缓慢，存在重视程度不够、工作机制不完善、责任落实不到位等问题。应当予以正视的是，一些政府部门、大企业利用优势地位以大欺小、拖欠民营企业款项的现象仍未完全杜绝。这也反映出司法保护力度不够，民营企业合法权益有时难以得到及时保护。

三 进一步提升吉林省民营企业政务服务法治化水平的对策建议

从大的发展方向来看，以政策优惠为导向的"政策红利"将逐渐减弱，过多的地方性政策会在一定程度上干预正常的市场竞争，其中某些政策优惠的盲目性、随意性、失效性所带来的负面效应亟待克服，民营企业耗尽"政策红利"后的招商引资速度减缓现象也值得关注。影响民营经济发展的关键因素正在发生从"优惠政策"向"改善环境"的转型，区域竞争的基本格局也开始由"经济GDP"向"法治GDP"转轨。健全健康的法律环境是经济活动的基础，法治成为促进地方民营经济发展的关键因素，也是当前吉林省推行政务服务改革发展的必由之路。

（一）加快推进地方立法，为民营企业政务服务法治化发展提供有力的立法保障

在全面推进依法治国的大背景下，应进一步明确"互联网+政务服务"的法治建构方略。在我国的立法体系中，地方立法发挥着极其重要的作用，政务服务地方立法须加快相关立法特别是对技术层面予以规范的立法速度，紧密结合吉林省政务服务的实际推进情况，切实提高相关立法的质量，以此保障政务服务国家法规及政策在地方的贯彻落实。在不与国家法规相抵触的前提下，政务服务需要在国务院颁布的《关于加快推进全国一体化在线政务服务平台建设的指导意见》及《国务院关于在线政务服务的若干规定》所确立的原则、框架下制定更加具体可行、便于操作的地方法规，如操作细则、公开细则、考评细则、问责细则等实施细则，以增强执行国家法规及相关政策的实际效果。对国家法规还未涉及的方面，应以政务服务改革的大政方针为基本依据，充分发挥地方立法的能动性功能与特点，结合吉林省民营发展的实际情况，制定有利于民营企业发展的具有长效性的地方法规。

当前，吉林省应加快民营企业政务服务专门立法，深化"放管服"改革，明确权力清单、责任清单、负面清单制度，最大限度消除权力设租、寻租空间。针对"互联网+民营企业政务服务"的各种规定应建立目录清单，从立法目的、基本原则、领导体制、网上服务事项、网上服务程序、服务平台建设、信息共享机制、制度规范标准、信息安全保护、法律责任等方面予以明确规范，并提出科学的制度设计。同时，要将民营企业政务服务的专门立法与地方性民营企业相关法规相协调，及时修改《吉林省中小企业促进法实施办法》等法规。依据《中小企业促进法》和现行的有关中小企业政策出台的专项政策进一步整合政务服务事项，保证发展战略或产业政策在民营企业尤其是中小企业这一领域得到全面落实。政务服务地方性立法的优势在于可操作性，是落实国家法及相关政策的重要环节，吉林省应充分结合民营企业发展的实际，通过立法手段，将对民营企业服务分门别类，将服务功能进一步细化，对资金支持、人员培训、社会福利、政策扶持、企业改造等专项内容作出系统化的服务实施机制。政务服务的精细化还应体现在对民营企业定向、专项服务上，如对民营技术型中小企业，应进一步充分利用法律手段来规范、提升在生产调整、设备更新、技术升级、新产品研制开发等方面的扶持服务渠道集约化程度。

（二）全面推进依法行政，进一步夯实民营企业政务服务法治环境基础

建立透明法治，推进一站式政务服务是现代政府的重要特征，"互联网+民营企业政务服务"推进过程也应遵循透明化、法治化的基本理念，保障民营企业的知情权、参与权和监督权等相关权利。可以说，服务行政理念在于关注民营企业利益的最大化，提供优质高效的各项服务，吉林省未来一段时期的民营企业政务服务改革基本方向依然是全面推行权力清单、责任清单、负面清单制度并实行动态管理，使政府"法有授权必须为""法无授权不可为"，企业主体"法无禁止即可为"。当前，吉林省应进一步完善行政执法责任体制，健全首问负责制、限时办结制、责任追究制，按法定权限

和程序行使职责，处理好政府部门之间的权力交叉问题，根据法治政府建设的基本要求，在民营企业政务服务领域健全完善各项制度机制，包括确定执法权限，分解执法职责，严格执法程序，细化执法标准，建立执法考核奖惩体系，突出执法效能评估，完善行政责任追究机制，以实现行政权的规范运作。在现行行政审批制度改革工作的基础上，应对不符合行政许可法的行政许可规定与项目及时予以修改、废止或撤销；同时，还应当进一步清理行政许可的实施机关，凡是不符合行政许可法规定的实施行政许可的主体一律予以纠正。在贯彻行政许可法过程中，要进一步转变政府职能和管理方式，在更大程度上发挥市场在资源配置中的基础性作用。继续深化行政审批制度改革，推进投资体制改革，减少政府对资源的直接配置，不断激发民营企业的活力。

（三）强化服务监督效能，构建民营企业政务服务监督制约体系

对于法治社会的建设及优质营商环境的塑造而言，在建立完整的法律制度体系的同时，也应高效有序地执行各项法律制度，并以监督制约体系提升政务服务质量和品质，实现执法行为和手段的法治化，这是提高政务服务效率的基本要求。吉林省应持续加强行政执法监督，一方面要健全民营企业政务服务的内部监督制约机制，充分发挥政府层级监督职能，对政务服务工作中不利于民营经济发展的违法、违规行为予以严肃查处；另一方面要强化民营企业政务服务包括人大监督、政协监督、司法监督、舆论监督以及群众监督在内的外部监督制约机制。通过内外部监督制约体系的建构，不断拓宽民营经济表达诉求和民主监督的渠道，切实解决民营企业反映的突出问题。按照法律监督制度的安排，应以鼓励、支持和引导民营企业发展尤其以提高企业自主创新能力为目标，加大民营企业的立法、执法以及司法等的监督监查。在这方面既要发挥省人大的法律监督职能，又要加强地方立法机构以及地方政府的法规监督职能，依据相关监督法的规定，定期开展法律监督监查工作，确保有关促进民营企业发展的法规得到有效落实。

（四）充分发挥司法职能，为民营企业政务服务法治化发展提供有力的司法保障

公正性在民营经济领域体现在处理相关行政事务时要始终坚持对市场主体一视同仁、平等保护，在司法层面表现在任何主体均不得有超越法律的特权，也不得受到任何法律上的歧视，为民营企业提供良好的法律服务，以创造公平、公正的法治环境和健康有序的市场竞争环境。吉林省民营企业政务服务法治发展的阶段性特征决定了若充分发挥政务服务的整体效能必须将行政服务与司法服务相结合、相协调、相衔接，推动行政与司法的良性互动。特别是在解决一些地方政府部门和大型企业拖欠民营企业账款问题上，建立行政手段和司法手段相结合、协调与衔接的机制更为关键。

2019年国务院政府工作报告中明确指出，"政府要带头讲诚信守契约，决不能'新官不理旧账'，对拖欠企业的款项年底前要清偿一半以上，决不允许增加新的拖欠"。地方政府拖欠民企账款问题关系到民营企业的生存和发展，2018年11月国务院开展专项行动将解决地方政府拖欠民企账款问题上升到政府重要议事日程，提出了对欠款"限时清零"和严禁发生新欠款的要求，吉林省也积极探索解决这一问题的有效途径。省发改委于2019年7月下发了《关于加强政府投资项目管理严防新增拖欠民营企业中小企业账款的通知》，提出了加强政府投资项目管理，严防新增拖欠民营企业中小企业账款，对建设资金落实不到位擅自开工建设的单位相关责任人进行问责等一系列措施。2019年9月吉林省成立了清理拖欠民营企业中小企业账款的专项工作领导小组，对拖欠民营中小企业账款现象予以集中清理整治。就目前而言，吉林省需进一步增强大局意识，高效有序地解决围绕民营企业发展的各类经济纠纷，形成行政主体与司法主体合力，加强特别是对中小企业合法权益的保护，加大便捷服务力度，进一步简化程序。吉林省应探索更为高效和认可度高的有关民营企业商事纠纷调解机制，充分发挥行业协会、经济组织、商会等社会组织职能，完善民营企业商事纠纷调解仲裁机制，鼓励支持市场主体通过非诉讼的方式解决纠纷。探索建立新型调解组织。在商会、行业协会、专业市场、产业园区成立人民调解组织，深入企业排查矛盾纠纷，了解经营中存在的问题和困难。同时严格执行程序法律规定，规范审判各环节，保护民营经济主体的诉讼权利，为民营企业权益的实现消除障碍，降低诉讼成本及门槛，为民营企业运用法律手段解决问题消除后顾之忧。在执行层面，应提高执行效率，确保民营经济主体及时回收债权，保护民营企业的合法权益，维护民营企业的合法经营和生产活动，将法律服务落到实处。

（五）以政务服务法治评估为切入点，探索建立营商法治环境指数体系

从地方法治建设的实证、实务度来看，高质量的法治发展评估咨询可以最大限度地对地方法治建设的整体及局部状况给予直观、科学的反映与把握。近年来，各地方政府运用多种法治指标体系来衡量、测算和评价地方法治的运行状况，进行了诸多有益的探索，从法治评估的发展趋向上看，法治评估也逐步进入微观层面，建立起各种专项法治评估指数体系。就政务服务评估领域而言，一些省份已陆续开展了以"互联网+政务服务"为研究对象的第三方调查评估活动。2019年5月由国务院办公厅电子政务办公室委托中央党校电子政务研究中心做出的评估报告即《省级政府和重点城市网上政务服务能力调查评估报告（2019）》正式发布，对各省级政府网上政务服务情况进行评估。这为建立专项的政务服务法治评估提供了可供参考的范本。事实上，民营企业政务服务有其特殊性，对民营企业政务服务的法治评估具有更强的针对性与指向性。吉林省应以政务服务法治化评估为切入点，探索建立营商法治环境指数体系，为吉林省民营企业法治建设提供系统性的量化运作模式，为规范政府权力提供治理路径，其不仅有利于地方政府的自我监督与督促，也有利于提高依法执政、司法公正，推进改革，民营企业政务服务法治评估可为吉林省法治发展的相关决策与改革提供有效的信息参考，为吉林省民营企业政务服务提供有意义的监督与促进。

参考文献

［1］翟云：《政府职能转变视角下"互联网+政务服务"优化路径探讨》，《国家行政学院学报》2017年第6期。
［2］张丽丽：《新常态下推进"互联网+政务服务"建设研究》，《浙江学刊》2016年第5期。
［3］周佑勇：《"互联网+政务服务"的法治构建》，《光明日报》2017年4月15日。
［4］谢红星：《营商法治环境评价的中国思路与体系——基于法治化视角》，《湖北社会科学》2019年第3期。
［5］霍小军、袁飚：《"互联网+政务服务"对地方政府治理的影响分析与实践研究》，《电子政务》2016年第10期。

B.14 吉林省科技创新治理能力提升策略研究

徐 嘉*

摘　要： 十九大以来国家启动了新一轮政府机构改革进程，这已经成为影响地方经济社会发展和现代化经济体系的重要因素。党的十九届四中全会以强化国家治理体系和治理能力为核心议题，强调建立健全完善的社会主义制度与加强现代化治理能力是未来工作的重点。吉林省科技创新着力进行治理能力优化工作，从"管理"向"治理"转变，有力激活地方经济社会发展的潜能，进一步进行区域科技创新治理机制的深度谋划以及相关资源的整合运营与升级发展。提升科技创新治理能力，为保证创新驱动发展战略实施效果和新旧动能转换创造更好的氛围，加速实现老工业基地振兴和现代化经济体系建设目标。

关键词： 科技创新　机构改革　治理能力

党的十九届四中全会科学阐述了"中国之治"的成功经验，深刻指明了国家治理现代化的前进方向，吉林省把创新发展作为转化经济增长方式的核心动能，在推进科技成果转化，科技创新体系建立的过程中，科技创新职能部门应深刻把握治理体系和治理能力现代化的新要求，不断突破现存桎梏，转变观念，推陈出新，着眼于构建适应时代变化的科技创新治理体系，

---

* 徐嘉，吉林省社会科学院城市发展研究所副研究员，研究方向为区域经济与产业经济。

推动创新吉林发展。继续加快经济转型升级步伐，以科技创新带动产业结构调整，特别是创新驱动发展已经成为吉林未来一段时期内改革的核心任务。吉林省正在采取多项举措来加速科技成果转化，依托政府机构改革，加快科技创新职能机构调整步伐，加速"管理"向"治理"升级，使科技创新治理能力得到不断提升。

一 吉林省科技创新治理推进情况

（一）科技创新工作全面有序推进

《中国区域科技创新评价报告（2018）》的数据监测显示，吉林省科技创新的整体水平稳中有升，虽然整体排名仍处于后半段，具有相当大的发展潜力，但综合科技创新水平指数较上年提高了4.30%，由此可见，吉林省科技创新相关政策的制定与落实显现了成效。科技创新环境指数较上年提升了8位，科技活动产出指数较上年提升了4位，科技促进经济社会发展指数水平在全国的排名提升了3个位次。在过去的五年里，吉林省在科技规划和管理层面持续发力，全面推进科技创新工作。吉林省的研发经费累计达到530.09亿元，年均增幅达到6%，省级科技专项资金投入共计35.96亿元，年均增幅达到10.7%，高新技术企业数量倍增，达到524个，技术合同交易额累计突破400亿元，科技进步贡献率增至55.5%。2018年全省高端人才与科研共建平台持续获得重视，国家级重点实验室的建设稳步推进，省级重点实验室与省级科技创新中心的设立也在有条不紊地进行中，其中省级重点实验室无论是数量还是技术水平都有所提升，年增长20个，省级科技创新中心也增长了12个之多。吉林省科技管理部门鼓励高技术研发，重视知识产权保护与转化利用，全省国内专利申请量和授权量分别比上年增长32.2%和25.2%。全省研发氛围良好，鼓励创新创造的政策得到有效落实，发明专利申请量比上年增长35.3%，超过万余件。全省高质量科技研发活动形势依然较好，2018年度登记省级科技成果674项，高于上年74项，全年有4项科研成果获得国家科技奖励,全省高科技成果的研发成功率保持稳定,高技术科技成果丰收。全年共签订技术合同4252份,虽然数量上大幅度低于上年同期水平,但实现合同成交额341.93亿元,在经济形势发展相对不乐观的情况下,仍旧比上年增长55.58%。可以说,吉林省科技主管部门的相关工作为全省打造科技创新高地提供了有力支撑,吉林省科技服务体系初步形成,科技载体水平不断提升,科技人才队伍建设成效明显。

(二)科技创新职能机构改革稳步进行

吉林省科技创新职能机构深入贯彻国家机构改革方案,成立吉林省科技厅,挂吉林省知识产权局牌子。十九大以来,国家对深化机构改革提出了新的要求,吉林省科技管理部门从实际出发,践行改革要求,考虑实际工作需要,通过深入基层调研,大胆有力推进内部职能机构的重组与整合。吉林省科技厅作为吉林省科技创新工作的重要行政管理机构,在2018年机构改革过程中,顺应科技部机构职能改革的要求,本着渠道顺畅、对接高效、职能明晰的原则,按照上级部门的改革意见,提出适合本省的改革方案。吉林省科技厅行政机构改革取得一定成效,在知识产权保护协调处、知识产权产业促进处、专利管理处、专利代办处、吉林省外国专家局等归属方面进行较大改革。同时对科技厅内部处室的职能与直属单位的相关归属也做出系列调整,机构设置数量由原来的23个调整为20个。其中,基础研究处、高新技术处、社会发展科技处、医药健康产业处、国际合作处、科学技术奖励处等11个基础职能处室未变,条财处、星火办、知识产权保护协调处、科技档案中心等10多个处室或剥离或根据职能重组,重新规划和新建了政策法规与创新体系建设处、外国专家服务处以及成果转化与区域创新处等近10个职能机构,进一步精简办事机构,整合行政资源。针对新一轮机构改革提出的新要求,吉林省科技管理机构从实际出发,践行改革要求,经过近一年的准备,吉林省级层面的科技创新机构改革已经按部就班推进良好,涉及市县区层面的机构设置以及全省在新机构职能设置下,进一步优化治理机制,将是下一步改革的关注重点。

（三）科技创新治理理念不断改进

一是以建设科技创新强省为战略，落实科技创新改革部署。吉林省政府全面贯彻落实国家对科技创新工作的总体部署与要求，着力以科技创新作为经济增长的原动力，引领工业领域供给侧结构性改革，以技术创新加速产业升级，同时强化第三产业发展。吉林省发布《关于深入实施创新驱动发展战略 推动吉林老工业基地全面振兴的若干意见》，以创新吉林为核心，以创新驱动为未来经济发展动力，切实推进"双创工作"与建设科技创新强省工作。

二是以服务企业为导向，加快科技创新治理优化。通过鼓励以企业为主体组织科技计划项目，使其逐步成为研发投入的主体，制定相应优惠政策。科技创新管理部门切实深入企业中，为企业解决问题，鼓励并引导企业重视高新技术科技研发的资金与人才投入，扶持科技小巨人企业，给予全方位帮助，加大高新技术企业的培育。推进技术创新决策模式及企业创新支持方式改革。形成科学有效的项目形成机制和储备制度，打造公开公平公正的项目申报、评选与审核机制，建立完善专家信息库与诚信管理制度。将科研项目资金投入重点科技研发计划，建立无偿与有偿相结合的支持制度，实现大型仪器开放共享，支持企业的经费占比逐年增加。通过修订完善省科技发展计划的管理办法，逐步更新相关项目管理信息系统，实现了全过程信息化管理，进一步推进科技计划管理体系创新改革。另外，依据创新活动的规律，完成科技计划体系的调整优化，建立覆盖科技创新创业活动全链条的计划体系。建立了以市场为导向的新型科技成果评价机制。

三是以加快科技成果转化为目的，深入推进科技创新职能机构改革。近年来，以省政府名义牵头组织实施了"双十工程"项目，着重解决产业发展的重大难点、技术瓶颈问题，吉林省科技厅联合七个部门印发《吉林省促进科技成果转化股权和分红奖励的若干意见》，从政策上给予支持，为全省重大科技成果高效及时转化保驾护航，提升高科技竞争力与创新原动力。鼓励科研团队就地转化、提高高新技术转化积极性，以项目驱动和产业园区为主要形式，扶持具有地区优势的科研成果产业化、集聚化，发展新动能，转变经济增长方式，提高成果转化能力，为吉林省供给侧结构性改革注入强劲的力量。

二 吉林省科技创新治理能力提升过程中面临的瓶颈

（一）协同创新治理机制亟待提升

吉林省的科技管理部门仍主要围绕科技创新活动的研发环节开展工作，但当前不断提速的科技创新活动多由多元创新主体参与，需要多方面的要素资源投入以及政府主管部门与多元创新主体之间进行沟通和协调，当前吉林省的科技行政管理在这方面显得力不从心。运营的协同创新治理体系尚在建设过程中，尚未形成合力。机构体系管理层次低，创新要素集聚力不足，在科技创新工作中统筹联动能力较弱。创新指标与效益评价体系不完善，信息不对称。缺乏务实与有效的区域联动机制。全省科技研发、科技成果转化以及战略性创新区域协调机制的区域内系统运营仍存在着分工不协调、政策不完善、体系不健全等问题，尚未做到特色创新资源集聚的一体化发展。全省科技金融、科技平台、产学研组织等科技创新面向市县区的治理能力较弱，产业创新和产业发展资源则主要依赖省级层面支持，供需衔接和协同耦合程度不高。

（二）职能机构部门间缺乏有效沟通

吉林省科技工作目前还存在着长期积累的体制机制问题，顶层设计不够完善，部门之间缺乏有效沟通，导致科技创新政策在制定、实施的过程中，经常遇到行政阻力，甚至出现意见相左、无法统筹的矛盾。还有一些新政策的制定与其他主管部门原有政策存在互相影响，不能统一的问题，短期内无法得到有效解决。在科技成果转化政策落实方面，诸如，为了鼓励科研人员进行转化型创新，鼓励高技术团队组建科技型企业，科技创新管理部门制定了允许科研人员与科技团队可以获得股权的政策，在一定程度上与干部管理条例的相关规定存在互相制约的情况。另外，同样是通过科技成果转化收益分配比例的增加来吸引科研人员大力进行科技成果转化的政策，科技创新管理部门提出的在科技成果转化与收益分配上的优惠政策，与税收部门的纳税政策存在一定的不相匹配，需要根据实际情况不断调整，以提高科研人员参与成果转化的积极性。吉林省存在多部门协同整合困难相互掣肘的情况，如科技管理部门根据实际需要申请专项资金，往往与资金管理部门的预算审计出现沟通不及时、难以落实等情况。即使审批通过也存在时间差，甚至工作步调不一致，协调起来不顺畅。

（三）科技创新机构设置与政策体系不健全

吉林省尚未建立具有互补统筹性质的政策链条，尚未针对科技创新、产业发展、经济发展、环境发展、文化发展等综合形成具有协同效应的政策体系。相关制度法规的可操作性、可执行性不高，也造成了科技创新活动无法可依、执法边界模糊等问题。缺乏创新性职能对接机构，对此吉林省科技管理部门可以考虑参考其他省市成立科技创新服务中心。另外，缺乏鼓励创新的治理氛围。包括新型国际合作机构、基地，新型研发机构等，特别是围绕吉林省重大科技创新需求，采用多元化投资、企业化管理和市场化运作的从事科技开发研究的相关机构，都需要吉林省转变观念，给予政策与资金上的扶持，简化确认流程，设立专项资金，给予硬件设施仪器共享，包括人才激励的"绿色通道"等。

（四）科技创新资源配置不够优化

2018年，吉林省研究与试验发展（R&D）经费投入115亿元，受经济发展影响，投入较低，R&D经费投入强度仅达到0.76%，远远低于全国平均水平2.19%，在东北三省中处于末位，低于辽宁省的1.82%和黑龙江省的0.83%。不仅是经济发展造成经费短缺问题，长期积累的体制机制问题依然很突出，科技投入增长的保障机制不健全、创新创业环境不优等等，尤其是一些基于"管理"的制度和工作安排，在一定程度上影响了多元创新主体科技活动的开展。具体而言，在科技行政管理模式下，吉林省科技主管部门既是科技资源的配置主体也是管理主体，对市场在科技资源配置中的决定性作用重视不够，导致科技创新资源出现浪费，利用效率低下，与资源紧缺、配置不足的现象并存，其根源在于管理缺乏统一规划，多头审批多头管理多头监督，不能及时优化资源利用率。加之企业、高校、科研院所等多元创新主体与政府科技管理相关部门存在依附关系，其研发目标多着眼于政府的导向，因而政府独大成为吉林省科技行政管理绕不开的问题。

（五）市县区级科技管理机制改革迫在眉睫

基层科技管理部门受经济发展与人才储备影响，科技管理工作成为县域经济发展的重要引领和支撑力量还尚待努力，存在着诸多问题：一是财政投入不足。按照国家政策规定，政府科技投入要占本级财政一般预算总支出的1.1%以上。然而由于省内地区本级财政困难，很多地方科技经费投入远远达不到规定的比例，严重制约了科技创新事业的发展。二是政策对企业影响乏力。政府虽然制定出台了许多鼓励企业创新的政策，但现实反映出政策对企业创新的影响力偏弱。一些高新技术企业不太清楚高新技术企业应享受的税收等各方面优惠政策，对由企业承担政府部门科技项目的政策也知之甚少。三是科技服务不健全。受市县区地域经济、地理条件的限制，那种多层次、多形式、跨行业、跨地区提供专业化、综合化科技服务的科技服务中介组织缺乏扎根服务的积极性，当地政策缺乏扶持其发展的吸引力。由此造成基层更多的中小科技型企业未能享受完善与立体的科技服务待遇，包括科技成果的申报与认定评审，科技成果转化的等级与资金评定，专利与项目的申报与评级，人才与技术的引进及团队建设等。广大市县乡镇建立的科普阅览室、特派员工作站、农村农业信息化县级站点等，由于缺乏科技管理部门系统的管理，尚未最大限度发挥其科技服务作用。

三　吉林省科技创新治理能力提升对策建议

基于从"管理"向"治理"升级的科技创新效率提升，在以"治理"为导向的科技创新工作中，吉林省科技主管部门应以提升全省科技创新能力、驱动老工业基地振兴发展为主攻方向，强调自上而下与自下而上相结合，科技主管部门应不再是唯一或主要的管理者，高校、科研机构、企业、中介服务机构等均可发挥各自优势，共同促进形成吉林省科技创新的战略引领、要素投入、制度保障、产权保护、人才培育、部门合作、园区建设、情报支撑机制。也就是说，在优化科技创新治理的目标下，吉林省科技主管部门应在有限的领域提供优质的公共服务，鼓励社会多元主体发挥主观能动性，承担更多服务功能，从而激发出创新主体的发展活力，大幅提高科技创新效率。

（一）以规划战略作为引领，多种投入协同治理

吉林省科技行政工作由"管理"向"治理"转变的进程中，科技主管部门与多元创新主体共建科技创新生态系统为大势所趋，这也是吉林省优化科技创新治理、提升科技创新工作效率的努力方向。因此，如何吸纳社会多元主体共建吉林省科技创新生态系统，并且加快完善系统运行机制，成为吉林省科技创新治理优化的重要方向，而强化规划战略引领应摆在核心位置。一是吉林省科技创新主管部门应结合全省科技创新现状及服务体系中存在的问题，立足关系全省经济高质量发展的技术领域和产业需求，更有针对性地提出优先资助的科技发展方向，为吉林省优选创新发展领域、规划产业布局提供决策依据；二是吉林省政府相关部门应重视鼓励和引导社会资本深度参与科技创新，构建完善多种投入协同机制，进一步强化要素资源对吉林省科技创新活动的支撑和保障作用。以资金为例，既是生产要素，同时也具有调配其他要素的功能，科技主管部门可考虑按照创新阶段划分企业，相应采用财政资金以奖代补、金融机构股权投资等多种资助方式，加快在投资领域完备供应链。

（二）加快政府职能转变，加速业务链整合

随着现代科学技术发展加快，科技创新活动的跨行业、跨部门、跨学科合作日益增多，这对如何促进资源共享提出了更高的要求，也是吉林省优化科技创新治理应重点解决的问题。对此，科技创新相关职能部门之间需要紧密合作，调动社会多元主体协同参与，共同围绕优化科技创新服务、搭建服务平台、拓宽融资等推出相关措施，从而进一步扩大联动效应，支持吉林省科技创新。通过形成部门合作推进机制，吉林省科技主管部门及多元创新主体将能够在更大程度上共享科技创新政策和信息资源，有效提升科技创新要素资源的配置和使用效率，加快推动全省重大科技战略规划、科技改革举措、科技项目落地，从而实实在在地推进科技创新活动扎实开展。一方面，吉林省科技主管部门及相关职能部门需要进一步深化"放管服"改革，简化各自的业务流程，并将精简后的流程清晰化，扎实推进科技创新工作由研发管理向创新服务转变，提升科技创新主体办理相关业务的便利度；另一方面，吉林省科技主管部门还需要加强与其他职能部门协调配合，以形成推进科技创新治理优化的联动效应。吉林省科技主管部门还应重视在科技创新治理中发现和培养团队，加快建设一支业务精通、敢于担当的科技创新工作队伍，加快提升服务全省科技创新创业的能力和水平。

（三）完善人才管理机制，加速推进合作交流

创新驱动的本质是人才驱动，人才结构能够较为真实地反映出区域产业结构及其在产业价值链上的位置。在下一阶段的科技创新治理优化工作中，政府相关部门应注重完善人才团队引进和培育机制，一方面，立足关键领域的技术需求、产业需求，吸引省外高水平的创新人才和团队，并从资金、政策、载体等方面给予多元支持；另一方面，应发挥省内高校、科研机构的集聚优势，依托其重大科研项目和研究基地，在本地培养一批优秀科研人才；另外，还应重视建立与国际接轨的全球人才招聘和管理制度，吸引国外高水平人才来吉林省创新创业。随着吉林省科技创新工作由"管理"向"治理"

转变，推进形成科技创新治理体系，科技主管部门作为重要的参与者，在制定全省科技发展规划、构建科技创新生态系统中发挥着重要作用，企业、科研院校、中介机构等主体也是科技创新合作网络不可或缺的组成部分，因此，引导并支持其进行对外合作，也是吉林省科技创新治理的重要内容。吉林省科技主管部门应重视拓展多元创新主体的对外合作领域，加快整合科技合作链。一是利用产业技术论坛等活动，积极开展国际科技创新合作和交流，加强与欧美、日韩等经济发达地区和国家进行科技合作，大力推进国际科技合作基地建设。二是紧抓吉浙两省对口合作的机遇，定期组织开展科技对接和交流活动，积极学习经济发达省份的创新理念和成功模式，不断提高对科技创新活动的服务意识和管理能力。三是大力推动吉林省政府与中国科学院、国家自然科学基金委员会、北京大学等高水平研究机构和项目机构开展深入合作，共同促进重大项目落地、共建科技创新平台以及联合培养科技创新人才和团队，为吉林省经济高质量发展培育壮大新动能。

（四）构建科技创新生态系统，加快推动科技创新链整合

近年来，吉林省深入推进科技成果转化，一方面，积极搭建服务平台，加快优化营商环境，使得创新创业在吉林省老工业基地得到蓬勃发展。持续开展科技活动与展览会议，累计达到万余次，具有科普性质与公益性质的就业创业培训讲座超过千余场，普通民众积极参与，乐于投入并获得收获，先后有将近500万人以不同形式参与其中，真正做到了政府为百姓"搭台"，创业者创新团队"唱戏"，增强了吉林省的创新创业氛围。吉林省加快构建科技创新生态系统，提高科技创新治理效率，有必要进一步为科技创新活动提供有力的组织保障，为吉林省各界了解"双创"、参与"双创"拓宽渠道，使全省更多科技企业和创新个体敢于将前沿的研究设想付诸实践，从而为吉林省经济高质量发展贡献新思路。另一方面，应加快推动科技创新链整合，注重以产业链升级为导向，对关键技术研发、应用示范、成果产业化等作出顶层部署，为创新主体之间的有效衔接提供聚合催化服务。吉林省的科技主管部门需将创新链纳入治理范畴,通过优化整合科技创新链,加强对全省科技创新的管理与服务,提高创新资源配置效率,促进实现以科技创新服务产业发展、以产业发展满足消费市场、以消费市场引导科技创新的良性循环。

(五)完善市县区科技管理投入,优化政策与文化双链治理

针对基层地区财政投入、政策制定与人才储备均不足,影响基层科技创新治理能力提升的问题,一是加大财政投入倾斜与科技政策开放,因地制宜地针对各地区进行政策谋划,灵活掌握准入管理制度,针对基层地区具有发展潜力与优势的新技术新商业模式,要营造灵活与良好的创业氛围与科技成果转化氛围,减少行政审批事项,精简办事程序,完善清单管理、网上运行、宽进严管等措施。二是加快吉林省科技创新基地和产业园区建设,增加对科技创新创业企业的综合服务支持,并将优秀基地园区的发展经验和创新模式向全省各地复制推广。三是大力引进中青年科技创新领军人才及团队,同时还要支持全省高校、科研机构和企业培养本地的创新人才和中青年科技人才。四是营造基层地区的科技创新互动文化氛围。加快提升科技创新创业相关活动和赛事的组织水平,重视利用全国"双创"活动周、"创响中国"巡回接力、吉林省科技活动周等品牌活动,宣传推广吉林省的"双创"扶持政策。五是为基层地区提供智力扶持。举办"双创"主题的高端学术研讨和高峰论坛,聘请科技领域的专家学者来吉林省讲学,通过高水平的学术交流和观点碰撞,促使更多前沿的创新技术、理论及经济发达地区的"双创"经验落地吉林,服务吉林省的经济转型、产业升级和社会发展。吉林省通过持续优化科技创新政策供给,增强扶持政策的协同效应和联动作用,将有助于政策更好地引导基层地区提升科技创新治理效率,助推创新驱动吉林省经济社会高质量发展。吉林省政府相关部门应重视发挥科技创新治理主体的功能作用,牵头打造支持"双创"的文化链条,通过构建全省各地支持创新、鼓励创新、保护创新的社会环境,带动各界踊跃支持并参与科技创新发展。

参考文献

［1］吉林省统计局：《2018年度吉林省国民经济和社会发展统计公报》，吉林省统计信息网，2019。
［2］《2019年吉林省政府工作报告》，《吉林日报》2019年1月26日。
［3］孙福全：《国家科技创新治理体系与上海对策总体研究》，《科学发展》2016年第11期，第10~15页。
［4］刘家树等：《创新链集成的科技成果转化模式探析》，《科学管理研究》2012年第5期，第14~20页。
［5］《科技投入是创新能力的重要保障》，《太原日报》2015年8月24日。
［6］刘爽等：《吉林省科技创新政策梳理与建议》，《中国科技信息》2018年第18期，第16页。
［7］中国科学技术发展战略研究院：《中国区域科技创新评价报告2018》，科学技术文献出版社，2019。

B.15 吉林省农民工返乡创业政策效能研究

高洁[*]

摘 要: 促进农民工等人员返乡创业,是推动乡村全面振兴的战略举措。近年来吉林省出台系列返乡创业政策,积极推动各地返乡创业工作的开展。本文通过梳理国家、吉林省及各地返乡创业政策,在走访调查与问卷调查的基础上,对吉林省农民工返乡创业政策效能进行分析,提出在政策制定方面仍存在政策供给不足、投资的风险防范机制不完善、创新人才引进政策不足、政策的信度效度仍需提高等问题;在政策实施过程中仍存在门槛过高、手续复杂、执行操作度不强、培训政策细化不够等问题。并从完善返乡创业政策供给、加强返乡创业政策宣传、细化实化返乡创业培训政策、制定返乡创业人才引进措施、丰富融资渠道、完善返乡创业风险机制六个方面给出返乡创业政策效能提升建议。

关键词: 农民工 返乡创业 政策效能

自乡村振兴战略提出以来,"大众创业、万众创新"的理念不断深入人心,乡村创业工作不断向前推进。越来越多的农民工、各级院校毕业生、退役士兵和科学技术人员等返乡下乡人员加入农村创业工作中,这些创业人才的加入无疑为推进农业供给侧结构性改革、活跃农村经济发挥了重要作用。

---

[*] 高洁,吉林省社会科学院社会学研究所副教授,主要研究方向为养老、就业。

返乡创业工作的开展在当前的时代背景下具有十分重要的意义，它既是推动乡村全面振兴的战略举措，也是实现全面建成小康社会目标的基础支撑，还是实施乡村振兴战略的有效路径。

吉林省在实施乡村振兴战略过程中采取多种有效政策措施，促进省内农民工返乡创业工作得到整体提升。作为农业大省的吉林省乡村人口约有1148万人，农民工约有217万人。为了给农民工等人员返乡创业提供支持，吉林省出台了《关于支持农民工等人员返乡创业的实施意见》等多个政策文件，有力地促进了返乡创业工作的开展。截至2019年8月末，吉林省农民工返乡创业累计9.9万人，占农民工总数的4.6%，比上年增加1.66万人，直接带动就业40多万人；同时不断完善支持农民工等人员返乡创业的组织领导、政策扶持、平台支撑、培训服务等机制；积极推进农民工返乡创业基地建设，对达到标准的命名为省级返乡创业基地并给予补助，累计命名省返乡创业基地149个，累计建设市县两级基地252个，创办各类经济实体5.63万个。初步形成了实施乡村振兴以来的创业就业新局面，推动了吉林省农民工从"打工经济"到"创业经济"的快速转变。

一 吉林省农民工返乡创业政策梳理

（一）国家政策

2015年6月，国务院出台《关于支持农民工等人员返乡创业的意见》（国办发〔2015〕47号），共21条政策措施和7个专项行动计划，明确了推进返乡创业工作的指导思想、基本原则和主要任务，以及支持返乡创业的一系列扶持政策。意见的出台对于农民工这一群体的创业有着特殊的意义，激发了这一群体的返乡创业积极性。同时配套制定了《鼓励农民工等人员返乡创业三年行动计划纲要》，确定了提升创业服务能力、发挥农民工返乡创业园作用、提升农业农村资源利用、完善基础设施等行动计划，并明确了相应的工作任务、实现路径和责任单位。

2016年11月，国务院出台《关于支持返乡下乡人员创业创新促进农村一二三产业融合发展的意见》（国办发〔2016〕84号），该意见主要对返乡创业中的市场准入、财政支持、金融税费等方面进行细化和完善，为返乡创业者提供了有力的政策保障。

2018年1月，国务院常务会议确定进一步支持农民工、高校毕业生和退役士兵等各类人员返乡下乡创业的5条新措施。会后有关部门积极行动起来，国家发改委牵头组织实施了结合新型城镇化支持农民工等人员返乡创业试点工作，人社部牵头实施了返乡创业培训五年行动计划，农业部牵头实施了开发农业农村资源支持农民工等人员返乡创业行动计划，商务部会同有关部门出台了加快发展农村电子商务的意见，科技部、教育部联合实施了返乡创业与万众创新有序对接行动计划，由此基本形成全方位、多角度支持返乡下乡创业的工作格局。在资金安排方面，财政部与人社部联合印发的《就业补助资金管理办法》（财社〔2017〕164号）规定，对符合条件的创业者可给予一次性创业补贴，对创业孵化基地可给予奖补，对就业创业服务机构可给予补贴。几年来国家不断加大工作督导力度，推动各项政策细化落实，为返乡下乡人员创业创新提供有效的支持和帮助。

（二）吉林省政策

在国办发〔2015〕47号、国办发〔2016〕84号等文件指导下，全国各部门、各地结合实际，出台一系列扶持返乡创业政策措施，全面提升各地农民工返乡创业工作的服务质量和服务水平。2015年以来，吉林省下发关于农民工就业创业相关政策文件共计24个，其中包括《农村劳动力转移就业政策》《就业援助政策》《为农民工服务工作的实施意见》。直接关于农民工返乡创业的政策文件共计7个，分别是：

（1）《关于进一步做好新形势下就业创业工作推动大众创业万众创新的实施意见》（吉政发〔2015〕28号）。

（2）《吉林省人民政府关于进一步做好为农民工服务工作的实施意见》（吉政发〔2015〕29号）。

为鼓励创新,优化创业就业环境,2015年7月,吉林省政府常务会议讨论通过了以上两个"实施意见",政策文件的出台加大了创业扶持引导力度,降低了创业准入门槛。同时作为新形势下指导吉林省就业创业工作的纲领性文件,为促进吉林省经济社会发展起到了重要作用。

(3)《吉林省人民政府办公厅关于支持农民工等人员返乡创业的实施意见》(吉政办发〔2015〕70号)。文件首先明确了带动返乡创业工作的主要任务,如加快产业结构调整、鼓励本地资源嫁接外地市场、引导一二三产业融合发展等;其次提出了做好返乡创业工作的具体政策措施,例如打造农民工等人员返乡创业基层公共服务平台,加强农民工返乡创业园、创业基地建设和创业培训等;同时给出了政策在组织实施过程中的具体指导意见,如加强组织领导、推进改革试点发挥示范作用、搭建交流平台扩大宣传效应等。并附《关于鼓励农民工等人员返乡创业三年行动计划纲要》,在计划纲要中明确了三年内的工作任务、实现路径、责任单位。

(4)《吉林省2017~2020年促进农民增收行动计划》(吉政发〔2017〕18号)。文件明确了实施农村就业创业提升计划:一是要加强技能培训,实施农民工职业技能培训综合计划,将农民工纳入终身职业培训体系,探索改进培训补贴方式,降低培训补贴政策门槛。二是多渠道促进农民工就业。开展"春风行动",搭建就业对接平台,并且开展劳务经纪人培养工作,壮大劳务经纪人队伍以带动就业创业,打造吉林特色的优秀劳务品牌。三是推进返乡下乡创业。落实好农民工等人员返乡创业政策,创建省级农民工返乡创业基地,实施农民工返乡创业示范县建设。四是发展新业态带动就业创业。开展农民工返乡创业示范县、示范乡镇和示范村三级创建工作,培育返乡下乡创业带头人带动创业。五是加强服务平台建设。

(5)《吉林省人民政府办公厅关于启动农民工等人员返乡创业工程促进农民增收的实施意见》(吉政办发〔2017〕36号)。为引导农民工等人员返乡创业兴业,促进农民增收致富,发展农村经济,吉林省政府启动了农民工返乡创业工程(2017~2020年),"实施意见"明确了吉林省到2020年需要实现返乡下乡创业的具体目标;同时明确返乡人员的创业培训、创业带头人的培育、劳动力转移等方面的目标任务。围绕上述目标任务，提出了在降低创业门槛、减税降费、创业培训、金融扶持、用地用电、搭建创业平台等方面的具体举措，指出要每年制定工作计划和推进措施，分年度组织实施。

(6)《吉林省省级农民工等人员返乡创业项目补助资金管理实施细则》（吉人社联字〔2018〕80号）。为规范省级农民工等人员返乡创业基地的考评与管理、提高补助资金使用效益、促进返乡下乡创业带动就业，结合吉林省的实际情况制定了实施细则。细则明确补助资金用于支持省级返乡创业基地和初创企业补贴的专项补助。同时明确了省级创业基地的申报条件、材料要求、考核评审、补助标准及初创企业的申报材料、补贴标准等相关要求。

(7)《进一步推进农民工等人员返乡下乡创业的政策措施》（吉发改就业联〔2018〕467号）。文件指出一是充分发挥财政资金支持引导作用；二是加大融资支持力度；三是加强用地保障；四是注重人才培养培训；五是强化公共服务；六是建立健全风险防范机制；七是推进政策落实。

（三）各地区相关政策

据不完全统计，吉林省九个地级市均有围绕农民工返乡创业政策出台，其中延边州3个、白山市6个、吉林市4个、四平市6个、松原市4个。各地根据国家及吉林省有关文件，结合地方经济特点制定了行之有效的地方性文件。（见表1）

表1 延边州、白山市、吉林市、四平市、松原市关于农民工返乡创业政策

延边州	《州人民政府关于印发延边州创业促进就业工作若干政策的通知》（延州政发〔2011〕20号）
	《延边州人民政府关于做好当前和今后一段时期就业创业工作若干政策措施的实施意见》（延州政发〔2018〕13号）
	《延边州贯彻落实〈吉林省"十三五"兴边富民行动规划〉实施方案》（延州政办发〔2018〕16号）

续表

白山市	《白山市人民政府关于进一步做好新形势下就业创业工作推动大众创业万众创新的实施意见》（白山政发〔2016〕8号）
	《白山市人民政府关于进一步做好为农民工服务工作的实施意见》（白山政发〔2016〕9号）
	《白山市人民政府办公室关于支持农民工等人员返乡创业的实施意见》（白山政办发〔2017〕30号）
	《白山市人民政府办公室关于印发2018年市政府重点工作目标责任制的通知》（白山政办发〔2018〕5号）
	《白山市人民政府办公室关于做好当前和今后一段时期就业创业工作的实施意见》（白山政办发〔2018〕38号）
	《白山市人民政府办公室关于鼓励引导白商回归创业发展的实施意见》（白山政发〔2019〕10号）
吉林市	《关于进一步做好为农民工服务工作的实施意见》（吉市政发〔2015〕15号）
	《关于进一步做好新形势下就业创业工作推动大众创业万众创新的实施意见》（吉市政发〔2015〕16号）
	《吉林市人民政府办公厅关于启动农民工等人员返乡创业工程促进农民增收的实施意见》（吉市政办发〔2017〕47号）
	《关于做好当前和今后一段时期就业创业工作的实施意见》（吉市政发〔2018〕10号）
四平市	《四平市人民政府办公室关于印发支持农民工等人员返乡创业实施方案的通知》（四政办发〔2016〕30号）
	《四平市人民政府办公室关于印发四平市推进大众创业万众创新若干政策措施实施方案的通知》（四政办发〔2016〕34号）
	《四平市人民政府关于进一步促就业稳就业若干政策措施的实施意见》（四政发〔2016〕21号）
	《四平市人民政府办公室印发关于农民工等人员返乡创业促进农民增收实施方案的通知》（四政办发〔2018〕97号）
	《四平市人民政府办公室关于印发四平市就业创业工作三年规划（2018~2020）的通知》（四政办发〔2018〕99号）
	《四平市人民政府关于做好当前和今后一个时期促进就业工作的实施意见》（四政发〔2019〕12号）
松原市	《进一步做好新形势下就业创业工作推动大众创业万众创新的实施意见》（松政发〔2015〕32号）
	《松原市人民政府关于印发松原市进一步做好为农民工服务工作实施方案的通知》（松政发〔2015〕33号）
	《关于印发松原市农民工等人员返乡创业工程促进农民增收实施方案的通知》（松政办发〔2017〕34号）
	《松原市人民政府印发关于做好当前和今后一段时期就业创业工作若干政策措施的通知》（松政发〔2018〕9号）

二 吉林省返乡创业政策实施效能调查

吉林省政府为了引导和鼓励农民工等人员的返乡创业，制定了多个专项政策文件，推动了返乡创业与乡村振兴战略有机结合，为返乡创业工作的顺利开展提供了有力支撑。笔者以返乡创业的乡村人口为研究对象，随机发放了政策效能调查问卷，并对返乡创业者进行走访调查，旨在调查吉林省乡村人口对吉林省农民工返乡创业政策的了解与利用情况，通过分析相关政策及相关工作的落实情况，提出问题和建议，以期提升返乡创业政策效能。

（一）实地走访调查

笔者调查走访了具有一定代表性的延边地区的就业服务系统，并深入基层，调研采访了在基层一线的返乡创业人员。

龙井市清水果树专业合作社成立于2010年，由梁作魁带领三合村的5户青年家庭，利用地理位置、气候特点及种植经验等本地优势条件，强强联合建立了该农村合作经济组织。合作社注册资本244.15万元，主营业务为延边苹果梨的生产和销售，截至2018年，农场资产总额为318万元，固定资产净值为136万元，净资产为126万元。2012年合作社涉及人口208人，35岁以下青年户14户，有25年树龄的苹果梨树21500棵。合作社为2012年省级专业示范社、2016年国家级专业示范社、龙井市返乡创业培训基地。合作社2019年产苹果梨2000吨（其中富硒苹果梨200吨），葡萄5吨，年销售收入900万元，净利润为300万元。用工方面2019年新加入贫困户148人。访谈中企业负责人反馈合作社在享受贷款及各类补贴政策时，手续复杂且要求标准高，款项下放时间长，补贴资金使用范围较为受限，不能用在急需之处。各种招标项目书等需找专业机构代理，合作社农民几乎没有书写能力，参与费用昂贵且不一定成功。

龙井市老头沟镇奎义生态采摘园，占地面积40公顷，总投资400万元，果树面积30公顷。历经近十年整理耕作期，有7公顷的果树产果，有机生态富硒李子年产值为60万~70万元,约有30万元利润。农忙期固定每天用工7~8人,人工费用每人每天120元。主营对外参观学习、观光采摘、品尝特色美食等项目。在访谈中企业负责人反馈:在果树种植过程中低温、暴雨、冰雹等自然灾害对收益影响巨大,果树遭受病虫害时与技术专家对接不顺畅。目前需要大量人工进行疏果、剪叶,由于延边州劳动力出国打工人数较多,因此农忙时节雇用工人比较困难。因为种植业的季节性,雇用工人的形式均为临时,所以没有缴纳养老保险的记录证明,同时由于经营规模有限,因此很难达到省级创业基地要求获得资金补助。目前想继续投入资金启动餐饮娱乐项目,但果树采摘收益低、资金回笼慢,因此短期内没有实力继续投入。

延边州火星人生态农业发展有限公司,位于龙井市泗水村,占地面积1万余平方米,共建有18个大棚。老头沟泗水村2015年人才引进创始人徐芳华是一名研究生,毕业于延边大学草业科学专业,担任村支部组织宣传委员,主要负责利用秸秆作为基质种植食用菌,废弃秸秆养殖延边黄牛,牛粪作为有机肥料种植玉米,发展村集体微生态循环经济发展项目。15年该创业项目参加了吉林省青年创业项目大赛,在国家青年创业项目大赛中获得风投资金,同时该项目带动村里劳动力60人就业且收入丰厚。目前,仅食用菌种植一项年收入600万元。自经营以来不但完成了外债偿还,还取得了丰厚的利润,同时带领群众脱贫。泗水村是吉林市人民检察院包保村,访谈中驻村书记反馈:科技是第一生产力,创建一套农村循环经济模式,带动村民寻找脱贫致富道路是我们在这里留下的宝贵财富;农村急需有热情、有韧劲的人才来带动发展,创业过程中人才很重要;徐芳华进村工作两年,在2017年农民看到效益后户口才落到本村,土地分配到其个人,因此现行返乡创业政策中对人才引进的相关政策明显不足。

(二)抽样问卷分析调查

1. 样本说明

本次调查面向吉林省长春市九台区、榆树市、德惠市、辽源市东丰县、白山市抚松县返乡创业人口随机发放165张问卷，有效问卷150张。其中返乡创业者大多数为男性，占总数的65%。年龄段所占比例分别为：30岁及以下为55%，31~40岁所占比重为20%，41~50岁所占比重为24%，51岁及以上为1%。主要以40岁及以下的人员为主，占总数的75%。返乡农民工学历所占比例分别为：初中及以下为35%，高中为34%，专科为21.7%，本科为9.3%。学历多集中在高中及以下，占总数的69%。返乡创业人员的户籍有64%在本地农村。调查人员创业所属领域行业及所占比例分别为：种植业为35%，养殖业为19%，旅游业为18%，商品零售业为9%，加工制造业为3%，其他为16%。基本上从事农业领域的是种植业和养殖业。

2. 问卷分析

调查问卷结果显示（见表2），政策有效性的三个指标中：政策有效度方面，38%的受访者认为政策对自己有明显帮助且成效显著；40%的认为政策对自己有帮助，但成效不明显；5.3%的认为政策对自己没有帮助。政策可信度方面，44.7%的认为遇到问题经过积极争取可以解决；47.3%的认为遇到问题想解决而不知道怎么解决；6.7%的认为因为政策不完善而无法解决；1.3%的对政策完全不信任。政策覆盖度方面，53.3%的认为在创业过程中享受了相关政策；46.7%的认为在创业过程中没有享受相关政策。分析以上数据说明半数以上创业人员享受了创业政策，但仍有大多数人认为政策成效不明显、对政策不信任。

调查问卷结果显示（见表3），政策操作性的三个指标中：政策执行度方面，35.3%的认为政策连续适用易于执行；19.3%的认为手续复杂享受政策成本高，难于执行；16%的认为知道有创业政策，但相关部门没有执行。政策操作度方面，31.3%的认为只跑一次态度好效率高；14%的认为手续复杂门槛高；21.3%的认为政策需要协调多个部门效率不高。政策落地度方面，35.3%的认为政策全面实施落实到位；64.7%的认为政策无法落地。分析以上数据说明政策无法落地是多数人的感受，并在政策执行度、操作度方面有可继续提高的空间。

表2 政策有效性

指标	内容	样本数	百分比(%)	累计百分比(%)
政策有效度	有明显帮助成效显著	57	38	38
	有帮助,但成效不明显	60	40	78
	没有什么帮助	8	5.3	83.3
	其他	25	16.7	100
	总计	150	100	100
政策可信度	积极争取可以解决	67	44.7	44.7
	想解决而不知道怎么解决	71	47.3	92
	因政策不完善而无法解决	10	6.7	98.7
	对政策完全不信任	2	1.3	100
	总计	150	100	100
政策覆盖度	在创业过程中享受了相关政策	80	53.3	53.3
	在创业过程中没有享受相关政策	70	46.7	100
	总计	150	100	100

表3 政策操作性

指标	内容	样本数	百分比(%)	累计百分比(%)
政策执行度	政策连续适用易于执行	53	35.3	35.3
	手续复杂享受政策成本高,难于执行	29	19.3	54.6
	知道该政策,但相关部门没有执行	24	16	70.6
	其他	44	29.4	100
	总计	150	100	100
政策操作度	只跑一次态度好效率高	47	31.3	31.3
	手续复杂门槛高	21	14	45.3
	协调多个部门效率不高	32	21.3	66.6
	其他	50	33.4	100
	总计	150	100	100
政策落地度	政策全面实施落实到位	53	35.3	35.3
	政策无法落地	97	64.7	100
	总计	150	100	100

调查问卷结果显示（见表4），在政策宣传的三个指标中：政策熟悉度方面，3.3%的对政策很清楚；40%的对政策比较清楚；55.3%的不了解返

乡创业政策；1.4%的对政策不关心。政策获取度方面，19.6%的从政府机构发文获取政策；20.6%的从村委会获取政策；27.3%的从网络报刊电视等媒体获取政策；17.5%的从朋友同事处获取政策。政策关注度方面，18.7%的经常关注政策；43.3%的有时关注政策；33.3%的很少关注政策；4.7%的从来不关注政策。分析以上数据说明多数人会关注创业政策，并从网络、报刊、电视、村委会等途径获取所需政策，但很清晰了解政策的人不多，在政策宣传上仍需加强。

表4 政策宣传

指标	内容	样本数	百分比（%）	累计百分比（%）
政策熟悉度	很清楚	5	3.3	3.3
	比较清楚	60	40	43.3
	不了解	83	55.3	98.6
	不关心	2	1.4	100
	总计	150	100	100
政策获取度	政府机构发文	25	19.6	16.6
	村委会	31	20.6	37.2
	网络报刊电视等媒体	41	27.3	64.5
	朋友同事	26	17.5	82
	其他	27	15	100
	合计	150	100	100
政策关注度	经常关注	28	18.7	18.3
	有时关注	65	43.3	62
	很少关注	50	33.3	95.3
	从不关注	7	4.7	100
	总计	150	100	100

三 吉林省农民工返乡创业政策问题分析

尽管吉林省返乡创业工作已经取得了阶段性成果，但是在政策制定方面和政策实施过程中仍然存在不足。

（一）农民工返乡创业政策供给不足，可操作性需进一步提升

自2015年国家下发《关于支持农民工等人员返乡创业的意见》后，各地纷纷按照国家文件出台实施意见，吉林省返乡创业文件多数集中在2015年和2016年，吉林省9个地市、州出台各地政策也都集中在这两个年份，但是后续政策则供给不足，且地方的实施意见普遍存在"上下一般粗"现象。政策措施的可操作性不强，相关配套政策不健全，省里的政策是按照国家的政策考虑的，各地市、州政策是按照省里设计的。调查数据显示64.7%的受调查人反馈政策难以落地，反映出政策可行性、可操作性略低，能利用的个别政策还存在着政策壁垒。

（二）农民工返乡创业政策宣传不到位，政策有效性有待提高

吉林省近几年信息化发展速度较快，政策发布多使用信息平台、网络和电视广播等媒体，并启动了吉林省"春潮行动""春风行动"，在活动中对返乡创业政策进行大量宣传。这些宣传尽管形式多样，但时间短暂，内容不深，而由于多数农民文化水平较低，且长期在外地打工，对政策的熟悉度、了解度和把握度差，因此有很多创业人员缺乏对创业政策的了解。抽样调查数据显示，在政策有效度方面认为返乡创业相关政策有帮助但成效不明显或者无帮助的占比接近50%，而且有接近一半的创业者在创业过程中没有享受到相关政策。这些情况说明多数创业者还是不够了解政策，对政策的理解存在偏差，从而降低了政策的有效性。

（三）农民工返乡创业培训政策不够细化，培训服务有待加强

培训政策细化衔接不足、措施落实不到位，是制约返乡创业工作取得更大成就的重要问题之一。各地政府提供给返乡创业农民的培训服务不够个性化，通识培训项目过多，不能有效针对创业项目本身的培训需求提供个性化指导，导致多数创业者不愿意参加统一的技术培训班。由访谈调查可以了解到，在实际创业过程中，因个性化培训需要专家及专家费用支

持，多数农民与科研机构、高校的专家对接难，很多技术难题往往要靠自己摸索总结。

（四）返乡创业人才引进政策不足，需加快出台相关政策

创新创业不仅需要资金支持，更需要具备较强创新创业能力又对农村有情怀的人才。引进返乡创业人才政策不足，加之人才进村需要与村民共分土地，农民多数为既得利益者，在没有看到返乡创业者为村民带来利益的时候村民比较排斥。政府应多考虑农村返乡创业人才引进的待遇问题，给出人才安置方面切合实际的具体措施。

（五）返乡创业贷款门槛高，银行金融系统贷款保守

创业资金是否充足始终是创业者在创业过程中的最重要问题。根据有关统计，一般只有不到10%的农民工创业者能够自筹创业资金，而绝大多数农民工在返乡创业中是存在资金缺口的，这种情况显然对创业是否成功产生重要影响。吉林省现有政策中有"对个人创业者贷款额度最高为20万元，且须有房产抵押或公务人员担保"的规定。对于风险性极高的返乡创业，能够找到敢于担保的公务人员少之又少，在实际担保中难上加难，数额不小的创业前期投资使得返乡创业农民在一到两次失败后很难再投入第三次。同时在创业贷款审批难客观存在的情况下，当创业者在创业过程中出现资金短缺问题再次贷款时，金融系统往往出于自身风险考虑不会"雪中送炭"，而是"釜底抽薪"。截至目前吉林省累计为农民工返乡创业发放担保贷款13.98亿元，但相较于吉林省返乡创业的9万多农民工的创业资金需求而言，各地政府对于创业者的贷款政策还有待进一步创新和放宽。

（六）返乡创业投资的风险防范机制不完善，创业成功率需要进一步提升

任何投资创业都具有风险性，返乡创业从本质上而言是一项具有风险性、复杂性、持续性的社会经济活动。农民工返乡创业无论是养殖、种植还

是乡村旅游、农产品深加工等都存在一定的风险。俗话说"家有万贯，带毛的不算"，2018年一场边境瘟疫使得多数养猪农户饱受损失。苹果梨、李子等种植户最怕果树在坐果过程的中后期遭受冰雹灾害，奎义果园2017年一场暴雨加冰雹损失近10万元。创业者在创业项目出现风险之后，能够得到理赔和政策帮扶的较少，大多数情况是由创业者自身承担，这些情况说明当前返乡创业政策中风险防范机制不够完善，有待于进一步加强，以确保创业成功率的提升。

四 吉林省农民工返乡创业政策效能提升建议

提升农民工返乡创业政策效能，将会进一步推进返乡创业热潮，巩固返乡创业已经取得的经济成果，加快实现乡村产业振兴。

（一）完善返乡创业政策供给，提升政策可操作性

返乡创业政策体系需在各地政府充分调研的基础上进一步完善、细化，不能仅靠上行下效，要充分考虑各地区经济差异、资源优势、农民特点、乡土风俗等因素，系统梳理财政、金融、就业等各类现有政策，根据返乡创业农民之所想所需来完善现有及相关配套政策。在政策制定时要简化各类手续，降低享受政策成本，统一协调多个部门同时发文，以此来提升政策的可操作性。

（二）加强返乡创业政策宣传，提升政策有效性

继续利用好广播电视、报刊、手机微信等各类信息平台进行创业政策的广泛宣传，充分利用各级行政组织以及各种便利条件从上至下进行"点到点"式、"全覆盖"式宣传；同时将吉林省"春风行动"打造成吉林省著名就业创业活动品牌，在活动中打造返乡创业政策宣传周；加大省级返乡创业基地的评选力度，增加评选数量，通过培育和选树先进模范典型带动农民工返乡创业。让创业者真正感受并享受到返乡创业政策红利。

（三）细化实化返乡创业培训政策，满足创业者培训需求

经过问卷调查分析，当前吉林省返乡创业农民热情较高，但普遍受教育程度不高，高中及以下学历占69%，其中初中及以下学历占35%，学历低但工作经验丰富的特点在返乡创业人员中普遍存在。这种特点决定了返乡创业人员知识体系不完善，企业管理知识、专业领域技术知识、法律知识等比较匮乏。政府应进一步细化返乡创业培训政策，不仅在资金上予以扶持，更应准确把握返乡创业人员的培训需求，在培训方法、手段、师资、内容等方面制订详细的培训方案，进行有实效的、有针对性的创业培训，在增强培训人员培训意愿的同时把培训工作做实，提高返乡创业人员的培训参与度，满足创业者的培训需求。

（四）制定返乡创业人才引进措施，提高农民创新创业质量

乡村振兴与发展，最关键的是人才。长期以来的"打工潮"使得农村出现"空心化"现象。制定行之有效的人才引进措施，下大力气引进返乡创业人才，要给予优惠的政策和资金扶持，让有经验、有知识、有资金又有创业热情的人才返乡创业，可从土地使用、担保贷款等方面创新优惠政策。要与地方高校联合，引进具有农业专业知识又甘于扎根农村的大学毕业生，可在户籍落地、土地流转等方面建立绿色通道，创新人才落户政策。要大力培养新型职业农民和乡土人才，可在新技术应用方面创新培养培训政策。

（五）丰富融资渠道，破解创业资金筹措难题

创业资金筹措难题贯穿创业的整个过程，目前政府担保贷款只能解决一部分资金，政府要鼓励和引导金融机构创新开展应收账款质押、大型农机具抵押、林权抵押等信贷业务，为返乡农民工发展农业产业化提供金融服务。政府应当拓宽返乡创业的融资渠道，灵活运用各种融资手段，通过运用创业投资类基金，来吸引社会资本对返乡创业的支持力度，达到多方共赢。向经

济发达地区政府学习先进做法，采取政府立项直接参与农民工返乡创业，通过政府、社会、农民工的共同努力，让创业农民工吃上定心丸。

（六）完善返乡创业风险机制，提高返乡创业成功概率

吉林省是农业大省，农民工返乡创业多数因地制宜地选择农业领域，目前选择养殖、种植业的占54%。农业领域中自然因素风险极高，因此要加快完善农业保险制度，激发创业者的参保积极性，最大限度减小各类不可预知的经济损失。一方面，结合农业保险多年的运作实践，适度微调保险金额、责任范围以及定损标准等方面的具体规定，设计出更贴合投保人需求的新型农业保险制度安排；另一方面，尽量简化赔付手续，及时定损理赔，推动农业保险制度高效、便捷、低成本地运行起来，为返乡创业者防控自然风险构筑一道坚固的屏障。

参考文献

[1] 吉林省人民政府官网、吉林就业创业官网相关数据。
[2] 《劳动保障世界》2019年10月10日官方微信相关数据。
[3] 国家人社部官网相关资料。
[4] 刘传江、黄国华：《农民工返乡创业的理论视角、现实机遇与发展挑战》，《经济界》2016年第6期。
[5] 奚海燕、张艳：《精准扶贫视野下农民工返乡创业扶持政策体系研究——以黑龙江为例》，《经济师》2019年第9期。
[6] 曹宗平：《返乡农民工进入农业领域创业的风险类别与化解对策》，《中州学刊》2019年第4期。
[7] 邢一扬、鲍成鹏、孙菡悦、姚沁怡：《新生代农民工返乡创业的政策评价研究》，《经济研究导刊》2019年第25期。
[8] 陆墨妤：《乡村振兴视野下返乡农民工创业策略研究》，《安徽农学通报》2018年第19期。
[9] 王轶、熊文：《返乡创业：实施乡村振兴战略的重要抓手》，《中国高校社会科学》2018年第6期。

开放合作篇

Openness and Cooperation

B.16 长春公主岭同城化发展问题与对策研究

李 平*

| 摘 要： | 同城化是区域间各城市在经济、社会、文化等方面发展到一定程度的必然趋势。2018年吉林省委省政府做出加快推进长春、公主岭同城化协同发展的重大决策部署，对于提升长春市城市量级、推动公主岭市加快发展、全面实现吉林振兴具有重要意义。长春公主岭地理位置相邻，产业具有一定的互补性，社会生活联系紧密，同城化发展已形成共识，具备同城化协同发展的基础条件。本报告系统分析了长春公主岭同城化协同发展的基础与进展，长春公主岭同城化协同发展是民心所向，也是经济发展规律的要求，但目前长春公主岭同城化发展尚处于起步、融合期，依然面临着同城化协同发展 |

---

* 李平，吉林省社会科学院城市发展研究所助理研究员，理学硕士，研究方向为城市发展与产业经济。

体制机制不完善，核心城市长春的辐射带动作用不够强，产业集群发展相对滞后，规划建设尚不统一，基础设施对接不到位等一系列的问题。针对长春公主岭同城化发展进展及存在的问题提出推进长春公主岭同城化协调发展的对策建议，未来要创新沟通协调体制机制，强化各级政府对接协同，以规划统筹协调为突破口，优化空间资源配置，以产业分工协作为重点，强化长春公主岭产业集群发展，以基础设施对接为先导，鼓励市场主体参与项目建设与运营，强化公共服务互惠共享，推进城市功能同步建设。

关键词： 长春 公主岭 同城化 协同发展 产业集群

同城化是地域相邻、经济社会联系密切的城市通过相应的制度安排和协同合作，实现基础设施、产业分工合作、空间开发整合、公共服务共享、行政管理统一等融合一体和协调发展的过程，是打破行政壁垒、优化资源配置、提升城市能级、形成共赢格局的重要路径。为深入贯彻落实习近平总书记2018年9月在深入推进东北振兴座谈会提出"培育发展现代化都市圈"和2018年12月在庆祝改革开放40周年大会上"实施区域协调发展战略"的指示精神，吉林省委省政府顺应新时代发展形势、按照"三个五"发展战略推进中东西"三大板块"建设，统筹推进"一主、六双"产业空间布局，做出加快推进长春、公主岭同城化协同发展的重大决策部署，对于提升长春市城市量级、推动公主岭市加快发展、全面实现吉林振兴具有重要意义。

一 长春公主岭同城化协同发展基础与进展

长春公主岭地理位置相邻，产业互补性强，社会生活联系紧密，同城化发展已形成共识，具备同城化协同发展的基础条件。2018年长春公主岭同城化协同发展战略被列入吉林省"一主、六双"核心战略,围绕联动、集群、融合三个关键点,稳步推动城市规划、基础设施、产业布局、公共服务、生态治理"五个统一",着力打造吉林高质量发展的增长极。

(一)长春公主岭位置毗邻,空间一体化趋势显现

空间距离邻近是同城化协同发展的空间基础。长春与公主岭两地空间位置相邻,自然条件得天独厚。从区位与距离来看,公主岭距离长春市的中心城区仅40km,并且公主岭的大岭、范家屯两镇距长春外环最近处仅3km,两市接壤的边界51.2km,具有同城化协同发展的良好区域优势。同时,长春、公主岭两市相邻地区建设较快,长春向西南发展是必然选择,公主岭也积极融入长春,承接长春相关产业,两地相向拓展,融合发展的态势已初步显现。长春、公主岭两市之间交通也较为便利,目前已有京哈铁路、哈大高铁、京哈高速公路、长深高速公路、102国道、富民大街、腾飞大路等主要交通联系通道。随着高铁、高速等交通网络逐渐形成,以及客运班车、城际交通等的开通,经贸往来和人员交流日益频繁。从交通上来看,长春公主岭已基本实现互通对接,人流、物流等各项要素流动较为畅通,为两地的同城化协同发展奠定了重要的基础条件。公主岭和长春之间的新凯河为两市提供较好的生态与生活环境,未来在绿化和生态环境保护以及环境整治等方面,仍需要两市的合作营造良好的生产生活环境。

(二)长春公主岭两地产业关联度高,产业具有一定的互补性

同城化发展是经济与社会发展到特定阶段才出现的现象。近年来,长春市积极推动汽车装备制造、轨道客车、农产品深加工三大支柱产业优化升级,一系列重大项目竣工投产。长春以整车组装与大型零部件生产为主,长春的优势主导产业汽车产业位于汽车产业开发区,未来进一步优化"中国一汽"产业布局是必经之路,向西南方向拓展产业是必然趋势,公主岭作为西南方向与长春毗邻的县市,具有优越的区位和产业基础,融入长春已经成为公主岭的发展战略,公主岭围绕汽车产业发展布局,公主岭经济开发

区、大岭汽车物流经济开发区不断开发建设，与长春汽车经济技术开发区、朝阳经济开发区等园区形成对接的态势。汽车零部件产业和农产品加工产业是公主岭市的两大支柱产业，全市拥有汽车零部件企业156户，其中规模以上企业49户，安通林华翔、安宝、轴承厂、吉轻阻尼、长华、同心、长阪车灯、一汽四环、公主岭华翔等企业为一汽A级供货商。拥有农产品加工及食品企业324户，其中规模以上企业22户。可见，长春公主岭两市的汽车产业、装备制造、现代农业与农产品加工业、现代物流业等产业发展基础雄厚，产业关联度高、互补性强，目前基本形成以汽车产业为核心，装备制造、新型建材、现代服务业等产业共同发展的合作体系，未来产业分工合作潜力大，为同城化发展提供了广阔空间。

（三）核心城市长春承载能力较强，具备同城化发展的基本条件

公主岭市作为县级市，其经济发展需要依靠外部的拉动，然而四平市经济发展水平和竞争力有限，对公主岭经济发展的辐射和拉动作用不强。公主岭地理位置靠近长春是其最大的发展优势，长春作为吉林省的省会，东北亚区域中心城市，其辐射带动作用是未来公主岭经济发展的强大动力。近年来，长春市经济始终保持平稳较快的增长态势，2018年，长春市实现地区生产总值7175.7亿元，地方财政收入478亿元，分别占吉林省总量的47.60%和38.52%，规模以上工业增加值增长8%以上，可见，长春市在全省的经济发展中占有非常重要的地位。此外，有关研究显示，以城市人口规模作为衡量标准，当一个城市的人口规模低于270万人时，城市处于以中心集聚为主的发展阶段；当城市人口规模超过270万人时，城市的辐射扩散效应开始显现；长春市2018年市区人口达到441.5万人，城市的扩散作用十分明显。同时，长春市积极推动产业结构优化升级，加快培育经济发展新动能，先进装备制造业、光电信息产业、新能源汽车、大数据等六大战略性新兴产业得到了较好的发展，2018年长春市的战略性新兴产业产值增长15.9%。可见，长春市的城市综合承载能力较强，已具备为公主岭市提供发展支撑和实现同城化发展的基本条件。此外，推进长春、公主岭两地的同城

化协同发展，也有助于长春市拓展城市发展空间，提升中心城市发展规模、综合竞争力以及城市的量级。

（四）长春公主岭同城化发展势在必行，政府积极推动协同发展

公主岭市作为吉林省的省直管县级市，在扩权强县进程中具有更大自主权，在转型发展方面也具有更大自主探索能力，"融入长春"是多年来一直坚持的发展方向。2018年公主岭市深入实施"建设三带、融入长春、富民强市"发展战略，积极推进长春公主岭同城化协同发展，认真落实项目年活动，谋划包装各类产业项目200多个，投资5000万元以上的项目有81个已经成功落地，实现项目总投资407亿元，发展成效显著。长春市也将公主岭市纳入都市区规划建设框架之中，拓展城市发展空间。此外，长春公主岭同城化的社会认同感也在日益增强，两地民众对融合发展具有高度共识，为公主岭市融入长春、实现同城化协同发展夯实了民意基础。同时，长春公主岭同城化发展初步建立了省市联动的机制。拟建立由省级主要领导任组长，省直相关部门和长春市、公主岭市、相关骨干企业等为成员的工作推进组织，统筹协调共同推进长春公主岭同城化协同发展工作。吉林省发改委组织编制了《长春—公主岭同城化协同发展规划（2019~2025年）》，此规划作为指导和推进今后一个时期长春、公主岭同城化协调发展的重要依据。2019年5月由吉林省发改委牵头组织省直相关部门和长春、公主岭市政府研究制定了《关于推进长春—公主岭同城化协同发展规划实施的若干政策》，旨在加快推进长春公主岭同城化步伐。此外，2019年恒大集团与长春市和公主岭市签署战略合作协议，将在文化旅游、高科技农业和大健康产业等领域开展合作，共同推进两市经济发展。

二 长春公主岭同城化发展存在的问题

长春公主岭同城化协同发展在吉林省政府、长春市、公主岭市及相关部门的积极推动和共同努力下，取得了一定的成绩，但同时也存在一些不容忽

视的问题及挑战，目前两市协同发展的体制机制尚未建立，跨市发展的行政障碍依然存在，长春市的核心城市辐射带动作用还有待增强，两市的产业集群建设及产业分工合作还有待加强，区域规划建设尚不统一，基础设施对接不到位。

（一）协同发展体制机制尚未建立，跨市发展的行政障碍依然存在

同城化协同发展意味着参与共同发展的地方行政升级为区域行政，要求各参与城市加强彼此间的合作与协调。长春公主岭的同城化协同发展过程中，很多事情需要两市的良好互动，很多问题需要两市的共同商议，不断解决同城化发展过程中产生的新问题、新矛盾，通过协商解决，进而共同实现区域的共同发展。公主岭市原为四平市管辖，2013年升格为省直管县，与长春市在行政管理上不存在直接隶属关系，跨市发展的行政体制障碍依然存在。同时，两市同城化发展，依然存在一定的公共利益障碍，长春和公主岭跨行政区域，各类基础设施及公共服务资源按照行政管理区管理，在协同发展中不可避免地会损失某个地方的一定利益，基础设施及公共服务资源在两市之间存在较大的差距，由于利益的差异，公共服务资源与基础设施均等化配置的实现还有较大的体制障碍，还需要进一步协调区域与各市之间的利益诉求。此外，同城化协同发展涉及城市发展和建设的多个方面，为了更好更快地发展需要营造一致的政策和体制环境，完善各类协调机制，通过不断加强制度建设来稳步推进同城化发展进程。

（二）长春市城市竞争力有待提高，辐射带动作用有待增强

同城化在中心城市和邻近城市之间发生，同城化发展的前提是区域有发展水平较高的核心城市，如我国比较早提出"广佛同城化""夏漳泉同城化""西咸同城化""沈抚同城化"等同城化发展地区，从这些地区同城化发展的成功案例来看，同城化发展的模式都是以强带弱的模式，中心城市人口高度集中，经济较为发达，通过自身强大的经济辐射效应能够带动整个区域的发展。也就是说需要由一个经济高度发达的核心城市带动周边欠发达

的小城市。由以上同城化案例可以看出,核心城市与欠发达城市之间的经济发展水平差距较大。2018年长春市实现地区生产总值7175.7亿元,人均生产总值达到95663元,长春与公主岭之间存在这种差距,但长春市作为副省级城市,其核心城市竞争力与上述核心城市相比,无论是经济发展水平,还是辐射带动能力仍有待进一步增强,极核的牵引效应还不够。近年来,虽然长春市的经济发展相关指标在东北地区处于相对领先水平,但长春市依然面临着经济结构调整,产业转型升级的压力,先进制造业发展相对缓慢,战略性新兴产业和现代服务业规模较小,新产业、新业态培育不够快,新旧动能转换仍需进一步加快。长春经济发展的市场化程度依然不高,民营经济发展相对滞后,创新创业等方面的发展不够活跃,城市综合竞争力仍需提升。

(三)长春公主岭产业集群发展滞后,产业分工合作有待加强

产业的分工与协作是同城化地区实现空间与经济深度融合,进而实现同城化目标的重要环节。虽然长春公主岭的产业发展在一定程度上形成了分工协作,但由于各城市追求自我产业体系的完善,区域间产业分工不明显,产业的前后向联系不紧密,尚未形成产业集群优势,长春正在积极推动汽车、轨道客车、农产品加工三大支柱产业优化升级,加快培育先进装备制造、光电信息、生物及医药健康、新能源汽车、新材料、大数据六大战略性新兴产业,推动各产业集聚发展,公主岭以汽车零部件、农产品加工为支柱产业,以医药化工、装备制造、能源和新能源、建材和新型建材、膨润土五大优势产业为支撑,着力培育"2+5产业集群",通过充分利用园区明确分工并充分发挥出承载功能,公主岭市的产业集聚进一步得到加强,但两市产业集群发展尚不成熟,长春公主岭同城化发展地区目前功能分工体系尚不清晰,各区域的主导功能依然不明确,在一定程度上依然有功能雷同的问题。城市的各企业之间分工协作滞后,技术关联度较低,产业同构的现象在各产业内部依然存在,难以从外部规模经济效益中获利,这在一定程度上制约了区域产业的良性竞争。

（四）同城化区域规划建设不统一，基础设施对接不到位

同城化的协同发展必须有科学的、战略性的空间规划为引领，还需要有相应统一的专项规划，在空间规划与整体引导方面，如日本的首都经济圈自成立以来，先后5次制定了基本规划，规划充分考虑了社会、政治、经济及地方文化等诸多发展要素，并根据实际情况适时修改调整。长春公主岭虽然已经编制了《长春—公主岭同城化协同发展规划（2019~2025年）》，但此规划属于战略性、指导性规划，目前在经济发展、产业发展、土地利用、项目建设以及城市建设等方面规划依然不统一。土地利用、城市建设等方面不统一，基础设施对接不到位。以交通基础设施建设为例，连接长春与公主岭的东风大街、腾飞大街、硅谷大街、前进大街四条主要道路还没有打通。硅谷大街公主岭境内全长12.1公里，总投资2亿元，已基本竣工，长春境内还有4.28公里目前正在拆迁，准备修建，尚未打通。腾飞大街尚未打通，公主岭境内全长5.6公里，总投资1.46亿元，2014年已全部竣工，长春境内还有7公里道路没有修建。

三 长春公主岭同城化协同发展的对策建议

推进长春公主岭同城化协同发展是吉林省实施"一主、六双"产业空间布局的重要内容，两地的同城化协同发展有利于增强长春市中心城市的极核效应，加快长春经济圈建设步伐，对促进吉林新一轮振兴发展与开放合作意义重大，针对长春公主岭同城化发展的现状进展及依然存在的问题，本报告从以下几方面提出促进长春公主岭同城化持续快速发展的对策建议。

（一）创新沟通协调体制机制，强化同城化地区各级政府对接协同

以问题为导向破解同城化体制性障碍，创新同城化协同发展的体制机制。从国内同城化发展案例的成功经验来看，如"港深同城化""广佛同城化""长株潭地区一体化"都采取了城市领导间的联席会议制度。借鉴已有

的成功经验，在吉林省制定的建立省级推进机制和市级落实机制的基础上，探索建立联席会议制度，推动长春公主岭签署合作框架协议。在合作框架指导下，推进两市行业主管部门召开各专题的合作发展会议，研究行业情况，制定分行业的专项发展规划。谋划共同建立重大项目库，联合推进重大项目实施，共同解决重点难点问题。在吉林省委省政府的政策框架下，协调长春公主岭两地的利益关系，处理好政府、市场、社会的关系，推动同城化协同发展的进程。积极利用PPP等方式，引入社会资本参与长春公主岭同城化的项目建设。建立项目建设资金分担机制。充分利用省级现有各类专项资金，对两市符合条件的同城化基础设施建设项目、公共设施建设项目、重点产业发展、生态环境保护等项目给予适当支持。建议长春市和公主岭市将推进同城化协同发展纳入相关部门的年度考核，年初任务分解，年终考核，推进各项工作落到实处，建立责任制。建立多样的非政府沟通组织，智库和学术层面可依托两市科研院所与高校成立"长春公主岭同城化发展智库"，产业层面可依托行业商会等组织成立"长春公主岭同城化发展促进会"，企业层面可分行业分领域依托重点龙头企业成立"长春公主岭同城化发展企业家联合会"等社会组织，为长春公主岭同城化发展提供政策、技术、市场等方面的咨询建议，促进人才流动和知识外溢。

（二）以规划统筹协调为突破口，优化长春公主岭空间资源配置

坚持规划引导，全力推进同城化发展。我国发展较好的同城化地区或一体化地区都坚持规划的引领，注重规划的全局性、系统性、基础性，注重规划、建设与管理的统一。参与同城化的两市需要优势互补，充分发挥自身的优势，在更大的空间和范围内实现分工与均衡。为更好地推动长春公主岭同城化协同发展，需推进公主岭市纳入长春市国土空间规划研究范围，做好区域的顶层设计，共同研究区域未来发展战略、发展方向及重点，优化空间资源配置，构建区域空间格局。在空间规划的框架和引领下，统一规划好各种基础设施、公共服务设施，统一编制产业发展规划以及各专项规划，做好各类规划的衔接，监督规划实施。公主岭要积极协同参与推进《长春都市圈

国土空间规划》的编制工作，加强空间布局衔接和政策协调。在吉林省土地利用规划指标中，合理安排长春公主岭同城化协同发展的建设用地指标，支持促进同城化协同发展的基础设施建设、产业集群发展平台、公共服务设施建设以及生态环境保护等重大项目，优先安排新增建设用地指标，并实施一定的优惠地价政策。集中力量重点推动长春公主岭经济合作区建设，将其打造成为协同发展的先行示范区。

（三）以产业分工协作为重点，强化长春公主岭产业集群发展

产业是同城化发展的牵引。以产业分工协作为重点，长春公主岭通过联合发展、互补发展、转移发展等多种发展模式，推进长春公主岭产业互动发展，提升公主岭产业竞争力，为长春经济圈建设提供产业支撑。依托长春汽车产业开发区、高新技术产业开发区、公主岭经开区等重点平台及长春一汽集团等重点企业，整合公主岭零部件配套优势，以汽车智能化、网联化、电动化等为发展方向，优化整车产品结构，积极发展自主品牌汽车，深化长春、公主岭两市以及与国内外相关企业在研发设计、整车生产、零部件配套、汽车物流、汽车后市场以及新能源汽车等领域的协同合作，打造世界级汽车产业集群。在招商引资方面，针对鼓励发展的产业统一制定产业招商引资优惠政策，同时，省、市对重点产业类项目给予补助和相应支持。依托长春公主岭丰富的优质农产品资源以及众多的科研院所的技术支撑，以长春市经济技术开发区、公主岭国家农业科技园区等平台为依托，重点发展玉米深加工、绿色食品加工以及畜禽产品加工等重点产业，整合两市资源，加快建设绿色农产品生产加工基地，提高规模效益和集聚效益。打造"智能制造产业园"，引进一批高端智能制造企业，发展与装备制造业配套的高新技术产业，打造高端装备制造合作研发和生产平台。依托长客集团等龙头企业，加强各园区产业协作，发展轨道客车配套产业，推动有条件的汽车零部件企业和铸造件企业向轨道交通等装备制造业转轨，建设轨道客车装备产业园、农机装备产业园等平台，推动智能装备制造业发展提升。充分利用产业基础优势，以推动产业规模化、高端化、国际化为目标，培育新材料、医药健康、大数据等战略性新兴产业。此外，围绕长春、公主岭两市汽车、现代农业与农产品加工、装备制造、战略性新兴产业等领域开展科技攻关和科技创新。推动建设长春公主岭经济合作区，搭建便捷有效的创新创业服务平台，通过创新创业服务平台聚集全社会各类创新资源，加强创新资源共享合作，支撑产业协作升级。

（四）以基础设施对接为先导，鼓励市场主体参与项目建设与运营

交通基础设施作为城市发展之脉，通行时间、便捷程度、经济成本作为大都市圈内时间和空间的特殊转换关系，成为土地价格、通勤人口、就业市场等大都市圈加快发展的基础条件，影响城市的空间格局。长春公主岭同城化发展交通基础设施是先导，加快推进长春公主岭之间的道路网络建设，尽快打通连接长春和公主岭的四条通道，包括东风大街、腾飞大街、硅谷大街、前进大街，未来逐步打通开运街、卓越大街、飞跃路等连接通道，构建畅通快捷的公路运输网络，实现两市交通互联互通。将城际公交向公主岭、范家屯推进。增强长春公主岭之间的铁路联系，增加经停长春、公主岭铁路客运车辆的发车频率。促进长春公主岭之间的轨道交通互联互通，谋划建设长春至公主岭轨道交通线路，将长春市轨道交通线路延伸至范家屯镇、大岭镇，并逐步延伸至公主岭市区。依托长春龙嘉国际机场，开发国际、国内航线，共同推进航空枢纽建设，同时不断推进航空服务共享，推进开通公主岭市至长春龙嘉国际机场的客运专线。在交通基础设施的建设模式上，可以借鉴"广佛同城化"建设的经验，探索采用"政府合资+合同管理+市场采购"的建设模式，充分发挥市场资源配置作用，逐步实现两市公共交通的无缝对接。统筹建设信息基础设施，优化信息资源配置，推进互联网、移动通信网和数字广播网"三网融合"。统筹规划布局建设电力、能源、水利等基础设施，实现两市基础设施无缝对接和共享。

（五）强化公共服务设施互惠共享，推进长春公主岭城市功能同步建设

公共服务设施的共建共享是同城化协调发展的重要组成部分。推动长春

公主岭同城化协调发展，在公共服务领域推进互惠共享，共同推进城市功能完善，从而共建宜居宜业的长春经济圈。加快推进长春、公主岭两市在教育、医疗、社保等领域的公共服务实现均等化。在教育方面，整合优质教育资源，积极推进长春市教育资源向公主岭市延伸，启动长春、公主岭两地户籍、学籍等同城化对接，促进优质基础教育资源共建共享。在医疗卫生保障方面，统筹优化医疗设施布局，促进医疗卫生服务资源共享，鼓励长春市高水平医院与公主岭市相关医疗机构开展合作互助，促进优质医疗资源通过设立分院、合作办院等形式实现共享，研究推进长春公主岭城乡居民医疗保险异地就医实时结算平台建设。在生态环境保护和治理方面，推进区域环境监测网络一体化建设，探索建立长春公主岭生态环境部门之间的联动机制，开展跨区域突发环境事件应急机制对接，共同推进污水、废气、固体废弃物等多污染物综合防治和统一监管，长春与公主岭共同推进兴凯河等水系的生态治理，建设环境优良的生态空间。

参考文献

［1］柯敏、周世锋：《借鉴广佛同城化经验　完善浙江区域一体化工作机制》，《浙江经济》2019年第13期。

［2］马学广、窦鹏：《中国城市群同城化发展进程及其比较研究》，《区域经济评论》2018年第5期。

［3］马凤鸣：《广西北部湾经济区同城化研究》，广西师范学院硕士学位论文，2018。

［4］祖国、李诚固、张婧：《公主岭-长春同城化：都市区中心-边缘型同城化研究》，《东北师大学报》（哲学社会科学版）2013年第1期。

［5］王海燕、许培源：《夏漳泉同城化中的产业分工与合作模式研究》，《福建论坛》（人文社会科学版）2015年第3期。

［6］刘辰：《同城化发展条件研究——以沈阳抚顺同城化为例》，延边大学硕士学位论文，2014。

［7］周知民：《加快推进"长春-公主岭同城化"建设的思考》，《新长征》2019年第4期。

[8] 腾骥:《公主岭－长春区域发展一体化问题研究》,吉林大学硕士学位论文,2015。
[9] 黄博:《宁镇扬同城化发展中的政府间合作研究》,《改革与开放》2016年第23期。
[10]《吉林省人民政府办公厅关于印发"一主、六双"产业空间布局规划配套政策的通知》,吉林省人民政府公报,2019。

B.17
长吉一体化协同发展问题与推进对策研究[*]

王天新[**]

摘　要：近年来，区域经济发展越来越依赖于城市间的协同互动，使得长吉一体化协同发展对于提振吉林经济的重要性也与日俱增。当前长吉地区经济发展稳中有进，高端要素资源不断汇聚，宜居宜业建设成效明显，但一体化协同发展仍面临区域合作不充分和市场分割的问题，有必要从促进产业分工协作、打造创新共同体、完善协同治理机制等方面着手，创新城际合作模式，推动长吉一体化发展为东北经济的重要增长极和区域协同发展的示范区。

关键词：　产业协作　协同创新　公共对接　制度创新

2018年以来，吉林省深入落实"三个五"发展战略，大力实施"一主、六双"产业空间布局规划，其中，长吉一体化协同发展作为"一主、六双"布局中的"双协同"之一，成为带动全省中部创新发展的主引擎。目前，在全省城市中，长吉两市的经济发展最为活跃，科技创新成果丰硕，城镇体系完善，一体化协同发展具备一定的基础和优势，但也面临问题和不足。有

---

[*] 本文是吉林省社会科学院分院项目"消费升级推动吉林市老工业基地产业升级路径研究"、城市发展研究所专项调研项目"吉林市冰雪产业发展态势及推进对策研究"的阶段性成果。
[**] 王天新，吉林省社会科学院城市发展研究所助理研究员，博士，研究方向为城市发展。

鉴于此，本文以长吉一体化协同发展为研究主题，分析长吉一体化协同发展具备的优势及面临的问题，在此基础上提出对策建议，以期为推进长吉一体化协同发展提供智力支持。

一 长吉一体化协同发展的基础和优势

长春市和吉林市是吉林省乃至东北地区的重要中心城市，综合竞争实力始终保持全省领先，在经济社会多领域的建设中均取得了积极进展，为一体化协同发展打下了重要基础。

（一）经济保持平稳较快增长

长春市和吉林市地缘相近，行政区域土地面积约占全省面积的1/4，2018年，两市共集聚了超过千万的人口和近万亿元的地区生产总值，约占全省人口和地区生产总值的43.1%和63.2%，是吉林省综合实力最强、经济发展最活跃的地区。从区域产业发展情况来看，2018年，长吉三次产业比例为5.9∶45.6∶48.5，二、三产业比重稳步提升，这主要得益于长吉两市大力推动产业转型升级，培育壮大产业新动能。其中，长春市投入建设了超过1200个亿元以上的产业项目，战略性新兴产业产值较上年增长了15.9%，一汽大众Q工厂一期、华为大数据中心、长春航天信息产业园等重点项目的新增产值更是突破了400亿元；吉林市的智能制造、碳纤维、医药健康、通航等新动能产业规模也进一步扩大，筑石城市会展中心及一些商业综合体基本投入运营。可以说，长吉地区的综合经济实力不断增强，大批新业态、新产业相继进入发展新阶段，一体化协同发展的产业基础愈加坚实，区域经济联系日趋活跃。

（二）要素集聚能力日益增强

近年来，长吉持续发力推动创新创业发展，区域要素集聚能力日益增强。具体而言，一是长吉着力加强创新主体培育，创新主体规模不断壮大。

2018年,长吉积极投入中部创新转型核心区建设,区域高新技术企业新增超过300户,科技"小巨人"企业等骨干力量实现新增长,技术合同成交额共计突破300亿元,长春市的专利申请量和授权量分别比上年增长32.7%和25.4%,吉林市高新技术和经济技术开发区的地区生产总值分别较上年增长2.1%和6.4%。二是长吉创新创业平台增多,"双创"服务能力增强。2018年,长吉着力强化全链孵化能力,创业苗圃、孵化器、众创空间、加速器等"双创平台"的数量增多,长春市的在孵企业已经达到1.65万户,吉林市的众创空间和孵化器达到14个、各级星创天地发展到6户,科技成果转移转化共同体、北湖创新基地、公共资源交易中心、科技金融创新中心等载体的服务功能日趋完善。三是各类人才和团队向长吉汇聚的态势明显。2018年以来,长吉进一步创新人才激励措施,在创新创业、待遇保障、安家落户等方面加大扶持力度,引进高端人才和创新团队的数量有所增多,引才聚才的氛围日益浓郁。

(三)中小城镇建设取得成效

当前长吉地区的城镇空间体系初具规模,中小城镇建设较以往有所加快。第一,长吉地区的新型城镇化建设水平提升,一些节点城镇的建设经验已经发展为全国示范。长春市双阳区奢岭镇、九台区卡伦镇、农安县合隆镇率先推行合署办公模式,吉林市昌邑区孤店子镇则着重引入工商资本,加速了就地就近城镇化进程,相关建设经验已经纳入国家典型经验并向各地推广。第二,示范镇建设成效明显,产业结构及配套设施由"乡"向"城"转变。比如,岔路河镇基于吉林(中新)食品区建设,因地制宜发展高技术农业、食品加工业、观光农业等,较快地提升了当地的产业水平和层次;奢岭镇积极引入国信集团等战略投资者,科学规划镇域发展空间,强化产业配套设施建设,有力地拉动了镇域经济增长。第三,全省启动特色产业小镇建设,涉及长吉地区的小镇有25个,几近全省半数,这些小镇围绕先进制造、农业田园、文化旅游、商贸物流等领域推进特色产业发展。其中,长春市红旗绿色智能小镇在推进传统产业转型升级方面全国领先,其建设经验被收录进"第一轮全国特色小镇典型经验"当中，其他特色产业小镇也在加快向"产城人文"融合的新载体方向发展，有望为长吉一体化协同发展提供助力。

（四）生态宜居建设持续加快

长吉努力补齐民生领域短板，高度重视生态宜居建设，民生满意度不断提升。在生态建设方面，长吉统筹推进高能耗产业升级和绿色产业培育，2018年，两市的单位工业增加值能耗和单位GDP能耗均有所下降，农村人居环境整治也取得了显著成效，建设省级"美丽乡村"26个。在基础设施建设方面，2018年，长吉加大力度完成重点城建工程建设，进一步增强了地区综合承载能力，启动了长春经济圈交通网络建设。在改善公共服务方面，长吉继续增加民生领域投入，持续提升城乡居民收入水平，并为建设智慧城市编制完成规划。可以说，长吉地区在城乡宜居建设方面着力强化优势、弥补不足，在很大程度上提升了群众获得感和幸福感，同时也有助于吸引社会各界前来长吉投资和创业。

（五）区域营商环境大幅提升

近年来，长吉积极落实吉林省关于优化营商环境的各项要求，进一步深化体制机制改革，"四新经济"活力不断释放。具体而言，一是长吉地区深入开展"只跑一次"改革，长春市90%的事项实现"最多跑一次"或"一次不用跑"，吉林市创新投资项目审批管理办法，并在全省率先开展政务大厅"周六轮休、中午不休"延时服务，两地均在加快实现"审批不见面、办事不求人"的政务服务目标。二是长吉地区聚力商事制度改革，采取了"市场主体简易注销""证照分离""照后减证"等多种创新措施，较为妥善地解决了区域营商环境"最后一公里"问题；截至2018年底，长春市民营经济占GDP的比重增长到51%，吉林市的民营经济同比增长7%，长春市民营企业总量已经接近20万户，吉林市民营企业总量则实现了17%的增长。三是长吉地区持续推进"互联网+政务服务"工作，长春市投入运行了市场主体准入e窗通系统,让数据多跑路、群众少跑腿,吉林市启动建设了电子政府外网,努力实现更多业务跨部门联办。通过上述系列举措,长吉地区的营商环境得到优化,全流程服务质量和效率均实现提升,吸引新业态、新模式有所增多,为长吉一体化协同发展提供了有力保障和良好环境。

二 长吉一体化协同发展面临的主要问题

近年长吉地区综合经济实力稳步增长,具备支撑一体化协同发展的基础和优势,但随着区域内外经济发展形势不断呈现新变化,对一体化协同发展也提出了新要求新挑战,目前凸显出长吉一体化协同发展在产业协作、对外开放、制度协调等方面仍面临一些问题和挑战。

(一)产业分工协作水平不高

近年来,长吉地区持续推动产业转型升级,目前已经形成了装备制造业、重化工业、加工业以及医药健康、新材料等多条产业链。然而,从产业链的区域合作来看,长吉地区仍存在主导产业趋同、优势产业较为重合的问题,并且还存在一定程度的城际产业竞争,导致一体化区域的整体产业优势发挥不充分。不仅如此,长吉产业发展还面临着产业链短、上下游企业不完整的问题,区域产业分工协作不密切,产业配套服务水平有限,导致长吉产业链互补性较差、产业梯度格局不完善,因而所发挥的辐射和扩散效应未达到预期目标。另外,长吉产业领域的大多数企业生产经营分散,企业协作缺少载体服务支撑,一些产业园区之间的互动合作也不够深入,造成长吉产业一体化协同发展的产业联动效应不强。

(二)协同创新能力仍需增强

长吉地区科技创新资源丰富,市场主体创新活力突出,但两地协同创新意识不强,"双创"领域的相关合作仍不够深入。首先,两地科技创新成果丰硕,但与长吉产业升级需求、实体经济发展融合度不高,知识溢出和技术转移也相对较慢，深层次的产学研合作较少，对一体化协同发展的驱动作用不强。其次，长吉地区的创新创业服务水平有所提升，但两地创新载体和服务平台的定位多有重叠，并且平台之间的交流合作相对较少，致使服务支撑效应在一体化协同发展区域的溢出不明显。最后，近年东北创新人才流失严重，特别是年轻人的流出比例较高，这也是长吉要素供给面临的主要问题，但从两地出台的科技发展和人才引进政策来看，当前长吉仍存在较为明显的高端人才及优惠政策竞争问题，有必要在人才引进和培育方面着眼一体化协同发展利益，增强区域合作意识。

（三）区域功能联系不够紧密

在政府力量和市场作用的交织推动下，长吉地区经过多年的发展，正在迈向一体化协同发展的新阶段，然而在强调城市竞争和追求GDP的发展惯性下，都市圈内长吉的资源吸附效应愈加明显，要素向心流动的趋势加剧，而与周边城镇的功能联系则在一定程度上被弱化。具体地讲，第一，长吉一体化协同发展的红利尚未充分释放，长吉对周边城镇的辐射带动作用不强。虽然长吉作为中心城市的要素资源集聚能力不断增强，但由于长吉一体化空间网络格局不完善，区域交通、信息、金融等联系不够紧密，长吉对周边城镇产业扩散、功能辐射的溢出效应不明显。第二，长吉周边城镇大多发展程度不高，同质化竞争明显，承接长吉产业转移的能力较弱。一些小镇的产业化水平低，创新能力弱，宜居和宜业建设较为滞后，即使是示范镇或重点镇也存在缺乏发展特色的问题，加上欠缺创新平台、基础设施不完善等现实制约，导致长吉周边城镇发展提升较慢。总体而言，长吉地区的城镇空间体系初具规模，但长吉与周边城镇的功能联系仍不够紧密，要素资源在一体化区域的流动性较差，对长吉一体化协同发展产生制约作用。

（四）经济外向化程度不高

作为东北对外开放发展的重要区域，长吉重视培育外贸竞争优势，积极建设开放合作高地，但从总体情况来看，虽然长吉的开放型经济水平有所提升,但协同合作仍不够充分,区域经济外向化程度依然偏低。从外贸出口来看,2018年,长春市的出口额为152.6亿元,仅占GDP的2.1%,吉林市的出口额为58.6亿元,仅占GDP的2.5%,两市的出口规模均较小,对区域经济增长的拉动作用较为有限。从利用外资来看,2018年,长春市直接利用外资3.3亿美元,吉林市实际利用外资0.6亿美元,两市利用外资的基数小、增速慢,吸引高端企业和项目不多,较难满足长吉地区的产业升级需要,亟待在开放经济领域共拓合作空间。从平台支撑情况来看,长春市的跨境电子商务综合试验区启动建设,还获批设立了汽车整车进口口岸,吉林市加快建设吉林(中新)食品区、京东智慧物流园、东北亚农产品仓储中心等,但这些开放平台大多处在发展初期,支撑作用还不够强,平台之间也欠缺合作,因而对加速长吉全方位开放进程的助力有限。从引资引智来看,长吉对境外人才、技术等要素资源的利用能力相对较弱,并且还存在一定程度的同质化竞争,这对开放经济领域协同合作带来了不利影响。

(五)公共领域一体化联系较弱

一直以来,城市的公共供给模式都带有明显的属地化特征,长吉两市也是如此,分别是在各自的行政区划之内增加和改进公共供给和相关服务,导致长吉公共领域的一体化联系相对较弱。然而,随着长吉一体化协同发展加快推进,这种属地化的公共治理和分割式的公共服务越来越不利于区域协同发展,特别是与区域交通共连、服务互认、环境共治的协同发展需求形成了矛盾,因而迫切需要进行改进和创新。另外,公共领域的服务供给多具有选择性,长吉两市首要重视的是交通基础设施等投资型公共供给,偏重于改善那些能够优先为经济发展提供助力的公共服务,而在社会保障、环境保护等对经济短期拉动不明显的领域供给相对滞后,并且在一定程度上缺乏政策创新动力。未来随着长吉一体化协同发展加快向多领域延伸,长吉公共领域的行政区划限制将进一步凸显,因此,非常有必要在公共领域创新合作,增强长吉公共服务一体化联系。

(六）制度协调机制有待完善

构建双赢的制度协调机制是促进区域一体化协调发展的根本保证。就长吉一体化协同发展现状而言，长吉经济社会建设存在差异化的目标定位，政绩考核主要关注的是单市的经济发展指标，导致一体化协同发展处于相对从属和被动的位置，无助于形成区域经济发展合力。与此同时，长吉两市为了推动本地经济快速发展，都积极与其他地方展开经济合作，在一定程度上将一体化协同发展目标置后实现。另外，长吉还在扩大本地产品市场规模、增强本地产业优势、争取项目投资等方面展开竞争，这也不利于最大化区域发展利益。也就是说，由于一体化协同发展机制不完善，长吉的共同利益缺少制度性的刚性约束，严重影响到长吉资源共享和合作发展，因而急需强有力的统筹机构及制度创新，推动长吉一体化协同发展的整体利益实现。

三 长吉一体化协同发展的推进对策

近年长吉经济社会建设加快，但一体化协同发展仍面临问题和挑战，未来应借势"一主、六双"战略部署，围绕一体化协同发展这一目标导向，从促进产业协作、打造创新共同体、加强节点城镇建设等方面着力，创新城际合作模式，加快长吉经济、社会、空间联动发展。

（一）促进产业集聚和链条延伸，完善一体化产业体系

实现产业一体化是当前长吉协同发展的首要任务，也是强化长吉经济联系、实现互利合作的重要基础。首先，长吉应加快主导产业优化升级，进一步增强新动能产业的区域带动作用。重点发展智能制造、生物医药、新材料、大数据、通用航空等战略性新兴产业，优化升级一些能耗高且附加值低的传统产业，促进形成以优势产业为支撑、自主创新能力强、集聚效应明显的长吉产业集群；着力打造结构高级、内容多样的现代服务业体系，支持文

化旅游、健康养老等生活性服务业发展，加快培育长吉地区消费经济的新增长点，大力发展科技管理、信息服务、现代金融等生产性服务业，进一步增强对实体经济的支撑作用；加强农副产品深加工基地建设，支持农村电商、高科技农业、都市生态农业等新产业发展，推动现代农业成为长吉产业一体化的重要组成部分。其次，依托核心龙头企业的重大项目，构建完善产业协作网络，大幅提升长吉产业链的发展规模和竞争力。充分利用吉林省智能网联及新能源汽车供应链产业园的建设契机，推动一汽、长客与长吉地区的汽车零配件企业开展合作；以欧亚等大型商贸企业为引领，完善长吉零售网络体系和农村商业流通体系；以精品旅游项目为串联，推进长吉旅游一体化发展。最后，通过建立承接产业转移园区、飞地产业园区等方式，推进长吉产业协作和功能互补，减少产业转移障碍，加快形成各类产业载体协同互动的新局面，共同为长吉产业一体化发展提供有力支撑。

（二）打造区域创新共同体，实现优质要素整合共享

长吉应进一步打破创新主体之间的合作壁垒，打造区域创新共同体，有效整合并充分共享区域要素资源，加快知识溢出和创新成果产业化，从而激发出长吉地区的内生发展动力。第一，针对长吉部分产业重叠、面临技术问题较为相似的情况，支持长吉企业、高校、科研机构、院士团队等建立创新联盟，围绕共性技术问题开展跨区域联合攻关，获取原创技术成果，增强协同创新与区域经济融合发展的能力。第二，可考虑创建长吉"双创"服务联盟，增强两市众创空间、孵化器、研发中心等平台之间的互动交流，支持"双创"平台异地开展服务活动，使创新创业主体在长吉享受到均等服务和优惠政策，促进长吉"双创"的动力更强、成长更快。第三，探索建立创新硬件和科技资源共享平台，如共享大型仪器、科技信息、专家库、专利数据库等，支持高水平的科研院所在长吉两地开设分支机构，促进科技创新资源在一体化协同发展区域开放和共享。第四，长吉应加快协调人才政策，构建区域性的人才信息交流平台，用以发布长吉人才需求、联合引进高端技术和管理人才，从而避免对人才资源的恶性竞争，最大限度地发挥人才功效，

加快为长吉一体化协同发展积蓄优质人力资源。总体而言，上述系列措施将有助于长吉打造区域创新共同体，形成广泛集聚高端要素的"强磁场"，还有望激活和带动周边城镇开展创新创业活动，从而持续稳定地提升长吉地区的协同创新能力，引领长吉一体化高质量发展。

（三）加强节点城镇建设，促进城乡动能双向衔接

推进长吉一体化协同发展，应进一步加强节点城镇建设，加速城乡劳动力、资金、技术等要素流动，缩小城乡经济差距，促进城乡协调发展。作为区域中心城市，长吉应在集聚高端要素、推动产业升级的同时，加快培育与自身经济联系紧密的核心圈层，使之承担起长吉产业转移及城市部分功能，从而增强周边城镇在长吉产业网络中的地位和作用，加快发展为长吉一体化协同发展区域的次增长极。对于节点城镇而言，则应根据自身的经济基础、产业特色及与长吉经济联系的强度，充分利用土地和劳动力优势，增强产业绿色化承接能力；探索与长吉的重点实验室、科研机构等建立合作，共同破解承接长吉产业转移的技术难题，或将相关技术成果引入小镇转化；围绕小镇主导产业成立众创空间，还可在长吉成立异地孵化中心，用以对接有益小镇发展的创新人才和团队；用好吉浙两省对口合作的契机，学习借鉴浙江省特色小镇的建设经验，并与长吉节点城镇的优势相结合，塑造城镇发展特色，积聚经济发展新动能。

（四）着力引入外部动能，形成内外联动的开放新格局

长吉应充分利用地处东北亚几何中心的区域优势，提升门户枢纽功能，加强开放经济合作，形成内外联动的区域发展新局面。第一，应加快进出口贸易发展，进一步扩大长吉自主品牌产品的出口比重，提高区域加工贸易和服务贸易的发展水平。第二，应加强招商引资、招才引智工作，一是在智能制造、智慧物流、大数据、高端文旅等领域，深化与国内外知名企业开展合作，共同建设具有区域辐射效应的重大项目，并把配套产业和企业引入长吉；二是围绕长吉全产业链建设，引入国内外先进技术和人才，并借助国际

产学研用合作会议这一开放平台，与国内外高水平院校共建创新机构，带动更多创新成果在长吉落地转化；三是吸引国内外知名管理咨询、金融投资等服务机构入驻长吉，鼓励其带领合作伙伴来长吉投资合作，拓宽长吉开放合作领域。第三，着力增强航空、铁路枢纽建设，大力发展临空经济，打通国际航空货运大通道，提升欧洲班列影响力，加快建设综合性跨境合作平台，完善长吉开放平台支撑体系。第四，培育一批总部根植长吉地区的资本输出型跨国公司，支持优势企业拓展海外市场或到海外投资建厂，促进提升长吉开放型经济发展的层次和水平。

（五）强化公共领域对接，共同谋划建设区域普惠项目

长吉一体化协同发展应更加重视改善民生面貌，突破行政边界，实现区域联动，共享普惠便利的公共供给。在基建一体化方面，长吉地区应进一步强化交通联系，提升重大交通枢纽的服务和辐射能力，加快构建铁路运输干线与航空线路网络，提高跨区域出行的便利化水平；借力智慧城市建设，强化长吉公共领域的信息化对接，如推行长吉公共交通一卡通，共享空气质量、流域污染数据等等，逐步形成以长吉为中心、联通一体化区域的信息基础设施网络。在公共服务一体化方面，长吉应加强在养老、医疗、就业保障等领域创新合作，重点破除公共领域联动障碍，推进社保卡在各个领域的应用，还可通过合作办理机构、设立分院等方式，推进优质医疗和养老资源共建共享，另外，还应加快推进公积金异地互认和转移接续，促进劳动力资源在长吉一体化区域自由流动，从而逐步实现长吉民生保障标准一致、全域接轨。

（六）完善协同治理机制，促进一体化发展利益共享

长吉应加快推动制度创新，构建更高层次的协同管理架构和利益分配机制，整体弱化和部分消除行政边界效应，为长吉一体化协同发展提供体制机制动力。第一，可组建长吉一体化协同发展委员会，作为统筹长吉空间规划和产业布局的管理协调机构，对长吉一体化规划的实施情况进行定期考核，

加快将一体化协同发展上升为长吉经济社会建设的重要目标。第二，可实行长吉行政领导联席会议制度，便于两地政府有关部门联合商议和处理重大合作事项，同时也有助于提升一体化协同管理的质量和效率。第三，设立长吉一体化协同发展基金，用以支持长吉的产业转型升级、基础设施建设、生态环境治理等重大项目，以及对一体化协同发展目标实现与否进行奖惩，促进长吉经济社会多元主体积极参与一体化协同发展。第四，完善长吉一体化利益分配机制，可尝试以利益分享、股份化运作等多种方式分配合作项目收益，并根据受益程度确定成本分摊比例，促进长吉共享协同发展红利，并进一步拓展一体化合作领域。第五，尝试引入第三方评估机制，实时掌握长吉一体化的进展情况，及时听取利益相关方的意见和建议，所获取的数据和评估资料还能够为政府决策提供参考，同时也有助于深化长吉一体化协同发展问题的相关研究。

参考文献

[1]《2018年长春市国民经济和社会发展统计公报》，吉林省人民政府门户网站，http：//www.jl.gov.cn/sj/sjcx/nbcx/gdzs/201906/t20190606_5910479.html。

[2]《2018年吉林市国民经济和社会发展统计公报》，吉林市人民政府门户网站，http：//www.jlcity.gov.cn/sj/tjgb/201907/t20190715_586479.html。

[3]《长春市人民政府2018年工作报告》，长春市人民政府门户网站，http：//www.changchun.gov.cn/szf/gzbg/201903/t20190304_465437.html。

[4]《关于吉林省2018年国民经济和社会发展计划执行情况与2019年国民经济和社会发展计划草案的报告》，吉林省人民政府门户网站，http：//www.jl.gov.cn/zw/xxgk/ghjh/gzjh/201905/t20190520_5883217.html。

[5] 黄群慧、石颖：《东北三省工业经济下行的原因分析及对策建议》，《学习与探索》2016年第7期。

[6]《吉林省人民政府关于印发"一主、六双"产业空间布局规划的通知》，吉林省人民政府门户网站，http：//xxgk.jl.gov.cn/gbcs/szf/gkml/201903/t20190305_5652921.html。

[7]《吉林市人民政府2018年工作报告》，吉林市人民政府门户网站，http：//

www.jlcity.gov.cn/zw/zfgzbg/gzbg2018/201901/t20190114_536844.html。

［8］刘璟：《论都市圈经济协同联动发展的机理与路径——以深莞惠都市圈经济一体化为例》，《岭南学刊》2018年第5期。

［9］于迎、唐亚林：《长三角区域公共服务一体化的实践探索与创新模式建构》，《改革》2018年第12期。

［10］张鹏、杨青山、马延吉、刘勇：《长吉一体化区域产业空间结构的重组动力和优化》，《经济地理》2013年第4期。

B.18 "一带一路"倡议背景下吉林省对韩经贸合作现状及对策研究

石美生[*]

摘　要： 吉林省与韩国始终保持稳定的经贸合作关系，"一带一路"倡议为双方创建了新的合作平台，夯实了合作基础，拓展了合作思路。本文收集并整理了2013年至2019年3月吉林省对韩贸易以及韩国对吉林省直接投资统计数据，分析并总结"一带一路"倡议实施近五年以来，双方贸易往来和直接投资方面的现状和特征。其后，本文着重分析了在"一带一路"倡议和中韩两国积极向好的对外经济政策下，吉林省和韩国在未来经贸合作中存在的利弊之处。本文认为，在国家政策的有力保障和地方政府之间的积极的良性互动下，吉林省和韩国双方经贸合作领域将得以拓宽，经贸合作层次将得以深化。但现存不利因素也很明显，主要在于吉林省总体竞争力仍偏弱，双方贸易规模偏小，且贸易层次较低，经贸合作可持续性不强，在一定程度上限制了双方经贸合作的深度和广度。最后，本文针对吉林省和韩国双方经贸合作在"一带一路"倡议背景下存在的有利条件和不利因素提出对策建议。

关键词： "一带一路"　经贸合作　贸易　投资

---

[*] 石美生，吉林省社会科学院朝鲜·韩国研究所助理研究员，博士，研究方向为朝鲜半岛经济。

我国自2013年提出"一带一路"倡议以来，不断深入探索与沿线国家的利益交汇点，2015年倡议付诸实践，我国与周边国家之间的经济联系亦与日俱增。东北亚国家和地区之间的经贸合作历久弥新，是"一带一路"倡议向北延伸的重要基础，而"一带一路"倡议亦为东北亚区域经济合作注入新的活力。吉林省地处东北亚区域的几何中心，与包括日本、韩国、俄罗斯、蒙古国和朝鲜在内的东北亚各国之间，始终保持较为密切的经贸往来。作为"一带一路"倡议圈定的18个重点省份之一，吉林省对外经贸环境日益优化，地理位置优势愈加凸显。近年来，吉林省与韩国之间在经贸方面不断拓宽合作领域，加强合作深度，尝试更多种合作方式，为吉林省的经济发展做出重要贡献，是东北亚区域经济一体化进程中不可或缺的组成。伴随经济全球化进程的不断调整，发展中国家在全球价值链中的作用不断加深，地位日益提升，区域经济一体化愈加成为地区之间深化和扩大经贸合作的重要选择。在"一带一路"倡议的助推和全球价值链的需求下，吉林省与韩国之间的经贸合作也将展开新的局面。

一　吉林省对韩经贸合作现状

（一）吉林省对韩贸易无明显起色

2013年至2019年4月数据显示，吉林省对韩贸易整体较为稳定，进出口总额小幅波动。从年度数据来看，2013~2018年，吉林省对外贸易总体呈下降趋势，回暖态势较弱。2013年和2014年吉林省进出口总额均超过250亿美元，超出2009年的2倍，达到近十年最高点，2014年对韩出口和进口占对韩贸易比重分别约为62.3%和37.7%，呈现较大贸易顺差。此后，2015~2017年吉林省对外贸易经历了较长时间的下滑，但对韩进出口额占全省进出口总额的比重仍保持平稳，对韩贸易并未明显受到全省对外贸易下滑的影响，并在随后保持缓慢增长，该时段吉林省对韩贸易仍保持顺差，但对韩进口额逐年上升。2018年吉林省进出口总额为206.4亿美元，比上年增长11.4%。其中，进口额为157.1亿美元，增长11.4%；出口额为49亿美元，增长11.3%。同年，吉林省对韩出口和进口分别为45400万美元和31087万美元，占吉林省对外贸易出口和进口金额的比重分别约为9.2%和2%，占吉林省对韩贸易总额比重分别为59.4%和40.6%，对韩进口和出口之间的差距相比此前大幅减小（见表1）。

表1 2013~2018年吉林省对外贸易总额及对韩贸易情况

单位：万美元，%

年份	全省进出口总额	吉林省对韩贸易金额					
		进出口	占全省进出口比重	出口	占全省出口比重	进口	占全省进口比重
2013	2585254	66425	2.57	35735	5.29	30690	1.61
2014	2637817	71948	2.73	44812	7.76	27136	1.32
2015	1893841	68253	3.60	44940	9.66	23313	1.63
2016	1844246	71138	3.86	45249	10.76	25889	1.82
2017	1852995	77044	4.16	49765	11.24	27278	1.93
2018	2063675	76487	3.71	45400	9.22	31087	1.98

资料来源：根据《吉林统计年鉴》（2014~2017年）及长春海关《吉林省进出口统计报表》（2018年1月~2018年12月）统计数据整理而得。①

（二）吉林省对韩贸易由顺差向逆差转变趋势明显

从对外贸易总额来看，吉林省长期以来处于贸易逆差，但对韩贸易始终保持出口大于进口（见图1），而2018年至2019年4月的月度数据显示，吉林省对韩贸易显现出从较大贸易顺差向贸易逆差转变的趋势。2018年各月吉林省对韩贸易波动较小，在9月短暂上升后小幅下降，2019年1~3月增幅明显。2018年前，吉林省对韩贸易始终保持出口大于进口，但从月度数据观察，从2018年3月开始，吉林省对韩出口累计比上年同期连续下降，而对

---

① 2018年至2019年4月数据由长春海关吉林省进出口统计报表整理而得，为便于分析数据，根据中国外汇交易中心（http://www.chinamoney.com.cn/chinese/bkccpr/）所公布的年平均汇率和月平均汇率，将单位统一为万美元。

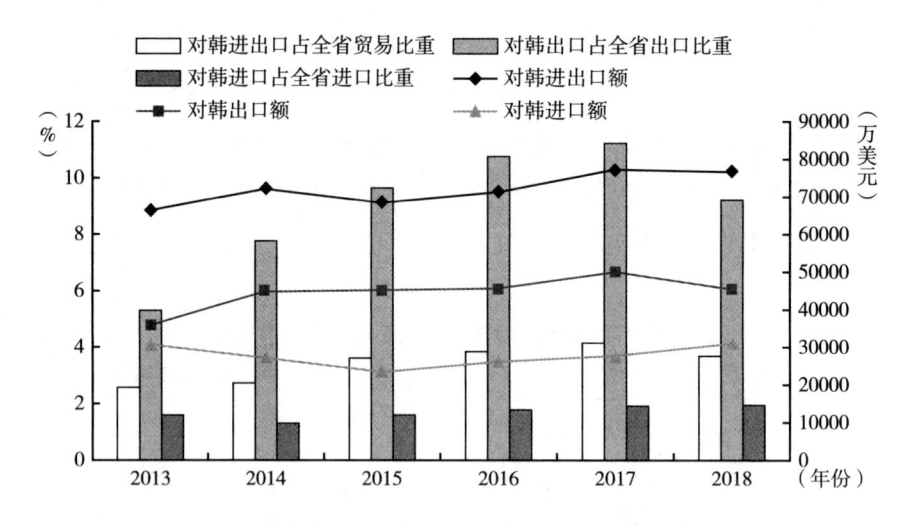

图1 2013～2018年吉林省对韩贸易情况

资料来源：根据《吉林统计年鉴》（2014～2017年）及长春海关《吉林省进出口统计报表》（2018年1月～2018年12月）统计数据整理而得。

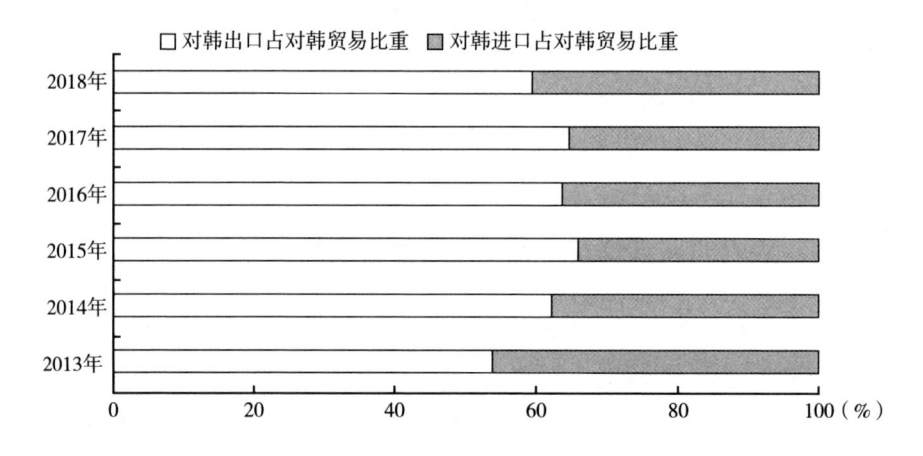

图2 2013～2018年吉林省对韩进出口占对韩贸易比重情况

资料来源：根据《吉林统计年鉴》（2014～2017年）及长春海关《吉林省进出口统计报表》（2018年1月～2018年12月）统计数据整理而得。

韩进口累计比上年同期持续缓慢增长。从2019年2月开始，吉林省对韩进口大幅增加，2019年1~4月累计出口和进口金额比上年同期分别增长7.8%和86.6%。其中2、3、4三个月对韩出口和进口金额分别为3037.1万美元和

4115.0万美元、4255.0万美元和5642.3万美元、4291.8万美元和4829.0万美元；占对韩贸易比重分别约为42.5%和57.5%、43.0%和57.0%、47.1%和52.9%，出口增长小于进口增长，连续呈现较小贸易逆差（见表2）。

表2 2018年至2019年4月吉林省对韩进出口贸易情况

单位：万美元，%

年份	月份	吉林省进出口总额	对韩贸易金额 进出口	对韩贸易金额 出口	对韩贸易金额 进口	对韩贸易累计比上年同期±% 进出口	对韩贸易累计比上年同期±% 出口	对韩贸易累计比上年同期±% 进口
2018	1	211724	7417	4377	3040	10.2	23.2	-4.4
	2	137719	4503	2401	2102	-8.2	-14.3	1.3
	3	163259	6766	4163	2603	-15.3	-23.6	0.0
	4	192262	6539	4376	2163	-16.6	-24.2	-1.5
	5	187871	6624	3776	2849	-12.6	-20.2	2.1
	6	133648	5928	3764	2164	-14.6	-21.2	-2.0
	7	227305	5865	3485	2380	-12.8	-19.7	0.3
	8	168174	5911	3137	2774	-10.0	-18.2	5.4
	9	182855	7930	4359	3571	-5.6	-15.0	12.0
	10	159891	6632	3692	2940	-4.1	-13.4	13.2
	11	153683	6903	4200	2703	-3.8	-12.9	12.9
	12	145285	5474	3699	1775	-7.2	-14.7	6.5
2019	1	155243	7147	4051	3096	1.6	-2.4	7.4
	2	133589	7152	3037	4115	26.9	10.7	48.4
	3	154899	9897	4255	5642	36.9	9.8	75.2
	4	175662	9121	4292	4829	38.7	7.8	86.6

资料来源：根据长春海关《吉林省进出口统计报表》（2018年1月~2019年4月）统计数据整理而得。

（三）吉林省对韩贸易规模偏小，发展速度缓慢

吉林省对韩贸易虽然总体持续增长，但与全国水平特别是沿海省份相比规模偏小，而且发展速度缓慢。2019年第一季度，全国对韩贸易总额约6251亿元，其中出口和进口分别约为2409亿元和3842亿元。其中，江苏省、山东省和辽宁省进出口总值分别占全国总额的3.5%、10.3%和24.8%，吉林省仅占0.4%；江苏省、山东省和辽宁省出口总值分别占全国

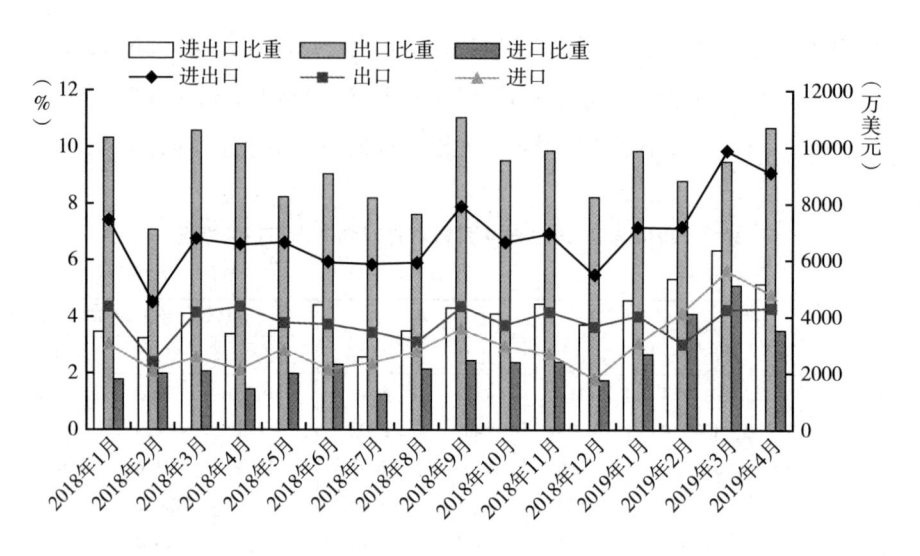

图3 2018年1月至2019年4月吉林省对韩进出口贸易金额及占全省进出口额比重情况

资料来源：根据长春海关《吉林省进出口统计报表》（2018年1月~2019年4月）统计数据整理而得。

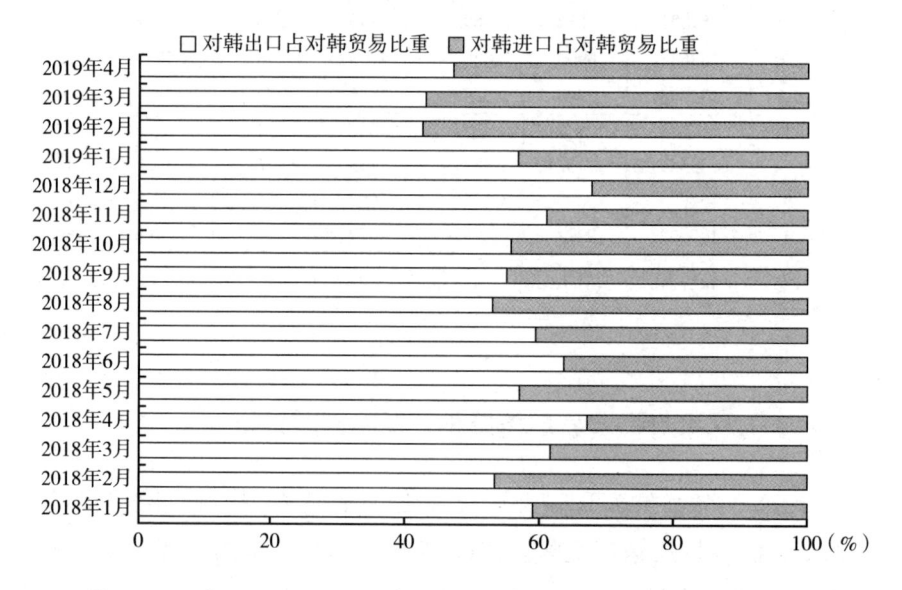

图4 2018年1月至2019年4月吉林省对韩进出口占对韩贸易比重情况

资料来源：根据长春海关《吉林省进出口统计报表》（2018年1月~2019年4月）整理而得。

总额的22.9%、15.1%和4.6%，吉林省仅占0.4%；江苏省、山东省和辽宁省进口总值分别占全国总额的26.0%、7.3%、2.7%，吉林省仅占0.3%。年度数据显示，2014~2018年吉林省历年对韩进出口总额同比增长幅度均不足1%，而同时期全国对韩进出口虽在2015年和2016年出现下滑，但2017年和2018年增幅均超过10%（见表3）。

表3　2013~2018年全国和吉林省对韩进出口同比增幅

单位：%

年份	全国			吉林省		
	进出口	出口	进口	进出口	出口	进口
2013	6.95	3.98	8.50	9.08	-4.17	30.02
2014	5.91	10.06	3.84	8.31	25.40	-11.58
2015	-5.04	0.95	-8.21	-5.14	0.29	-14.09
2016	-8.37	-7.46	-8.90	4.23	0.69	11.05
2017	10.90	9.58	11.69	8.30	9.98	5.37
2018	11.84	5.93	15.26	-0.72	-8.77	13.96

资料来源：根据《中国统计年鉴》（2014~2018）、中国海关《2018年12月进出口商品主要国别（地区）总值表（美元值）》及长春海关《吉林省进出口统计报表》（2018年1月~2019年4月）统计数据整理而得。

（四）韩国对吉林省直接投资以大企业为主，中小企业为辅，整体呈下降趋势

外商直接投资对吉林省经济增长、产业结构、就业以及贸易均产生了积极的推动作用，但近年来，韩国对吉林省直接投资呈下降趋势。2013~2018年数据显示，韩国对吉林省直接投资累计总额在2013年达到峰值9660.6万美元，但整体呈下降趋势。2017年投资金额为2117.8万美元，仅约为2013年的1/5。从数量上看，韩国对吉林省投资累计新增法人持续下滑，2018年仅为7项，2019年1~3月累计仅2项（见图5）。

在韩国对吉林省直接投资初期，中小企业和大企业对吉林省直接投资规模均偏小，而中小企业胜在数量，投资总额高于大企业，韩国对吉林省直接投资以中小企业为主。此后，大企业投资规模迅速扩大并远超小企业，成为

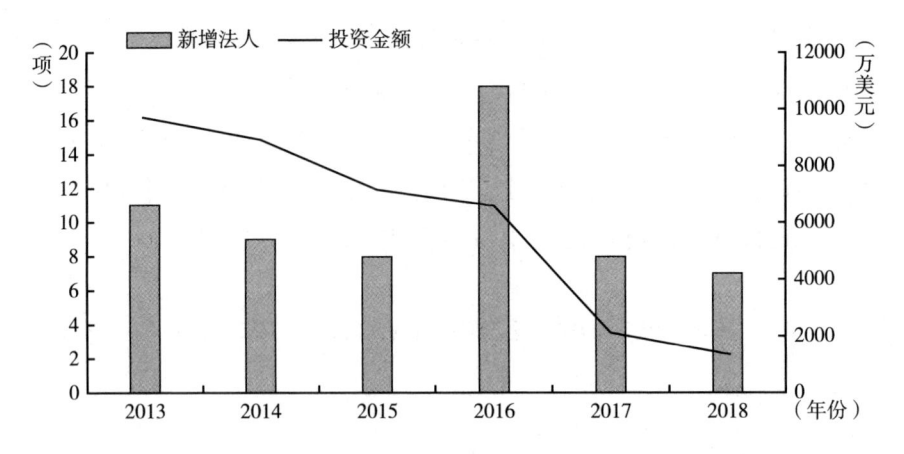

图 5　2013～2018 年韩国对吉林省直接投资历年金额与新增法人情况

资料来源：根据韩国进出口银行统计数据整理而得。

韩国对吉林省直接投资的主力军。目前，对吉林省进行直接投资的韩国大企业数量远少于中小企业，但往往一家大企业的投资金额即与数家中小企业投资总和相差无几，大企业对总体投资趋势起主导作用。但是，近年来大企业和中小企业对吉林省直接投资金额和数量均呈下降趋势。2017 年，韩国大企业对吉林省直接投资 1951.9 万美元，仅为 2015 年的 1/4，新增法人数 2 项；同年，中小企业对吉林省直接投资 148.7 万美元，仅为 2016 年的 1/4，新增法人数 4 项。目前，这种下降趋势略有缓解，但仍未明显好转。2018 年至 2019 年 3 月，韩国大企业对吉林省累计直接投资金额 1511.0 万美元，占该时段总额的 66%，不足 2013 年全年的 1/5，新增法人仅 1 项；中小企业累计直接投资金额占总额比重约为 33%，不足 2013 年全年的 1/2，新增法人 7 项（见表4）。

表 4　2013 年至 2019 年 3 月韩国对吉林省直接投资规模情况*

单位：万美元，项

年份	投资金额				新增法人			
	大企业	中小企业	个人	个人企业	大企业	中小企业	个人	个人企业
2013	7894.8	1556.9	23.9	185	2	3	5	1
2014	8514.6	296.0	112.8	10	0	5	4	0
2015	6599.1	464.8	68.0	0	1	3	4	0

续表

年份	投资金额				新增法人			
	大企业	中小企业	个人	个人企业	大企业	中小企业	个人	个人企业
2016	5791.1	625.4	150.8	0	1	9	8	0
2017	1951.9	148.7	17.2	0	2	4	2	0
2018	596.8	719.8	16.7	0	1	5	1	0
2019	914.2	41.7	0	0	0	2	0	0

注：＊2019年数据为2019年1~3月累计值。
资料来源：根据韩国进出口银行统计数据整理而得。

（五）在吉林省的韩国直接投资以第二产业为主，第三产业有所上升，第一产业持续低位

在吉林省的韩国直接投资中，第二产业始终保持高位，近年来韩国对吉林省第三产业的关注度有所提升，而对第一产业始终兴味索然。韩国对吉林省直接投资以第二产业占比最大，但近年来投资金额每况愈下。2013~2018年数据显示，该时段韩国对吉林省第二产业的直接投资在2013年达到峰值9115.39万美元后持续下降。受政治因素影响，2017年韩国对吉林省第二产业投资金额持续下降至1871.82万美元，仅为2013年的1/5。但2019年1~3月的数据显示，这种态势有望得到缓解，此阶段韩国对吉林省第二产业投资金额为766.17万美元，已超过2018年全年的一半。韩国对吉林省第三产业的投资金额呈阶段式增长，但过程跌宕起伏。2013年韩国对吉林省第三产业直接投资金额仅为2011年的1/7；2014年微升后持续下滑；2017年，韩国对吉林省第三产业直接投资不足2016年的1/2。伴随中韩关系转暖和半岛局势的稳定，2019年韩国对吉林省第三产业直接投资形势好转，1~3月累计直接投资金额189.77万美元，已超过2018年全年总额。吉林省第一产业对韩资吸引力始终偏弱，仅2012年、2015年和2016年有韩资进入，平均金额约10万美元，所涉及行业为畜产和菜牛饲育业。从2017年到2019年3月，韩国对吉林省第一产业均无任何投资行为（见表5）。

表5　2013年至2019年3月韩国对吉林省三次产业直接投资情况*

单位：万美元，%

年份	第一产业 投资金额	比重	第二产业 投资金额	比重	第三产业 投资金额	比重
2013	0.00	0.00	9115.39	94.36	545.17	5.64
2014	0.00	0.00	6842.34	76.59	2090.96	23.41
2015	10.00	0.14	5419.85	75.99	1702.05	23.87
2016	10.00	0.15	4822.85	73.44	1734.49	26.41
2017	0.00	0.00	1871.82	88.38	245.99	11.62
2018	0.00	0.00	694.35	80.13	172.21	19.87
2019	0.00	0.00	766.17	80.15	189.77	19.85

注：* 2019年数据为2019年1~3月累计值。
资料来源：根据韩国进出口银行统计数据整理而得。

（六）在吉林省的韩国直接投资产业之间差距大

2013年至2019年3月，韩国对吉林省直接投资累计金额约为36700.1万美元，前三位为制造业、房地产业和批发及零售业，占累计金额比重分别为81.5%、11.3%和5.5%，其他行业中仅信息通信业占比约0.7%，剩余行业占比不足0.3%。其中，制造业涉及行业60余种[1]，以矿泉水生产业、人参食品制造业和汽车配件制造业占比最大，分别占制造业累计金额的52.6%、23.4%和12.4%，其他行业均不足5%，其中大部分占比不足1%。韩企对房地产业直接投资金额从2008年以后开始逐渐增多，涉及行业主要是房地产开发及供应业，占累计投资金额约11%，所涉及行业范围开始减小，住宅建筑开发及供应和房地产中介及代理行业近年来并未增加投资。批发及零售业涉及行业多而散，投资规模均偏小，占累计直接投资金额比重仅为5.5%，主要为酒类批发业，占批发及零售业的比重约为73.1%（见表6）。

---

① 根据韩国进出口银行小行业分类统计得出。

表6 2013年至2019年3月韩国对吉林省各行业累计直接投资情况*

行业	新增法人(项)	投资金额(万美元)	比重(%)
制造业	20	29918.67	81.52
矿泉水生产业	0	15749.94	
人参食品制造业	0	7014.99	
除此之外汽车用新品配件制造业	5	3719.689	
厨房电器制造业	1	1094.3	
汽车引擎用新品配件制造业	1	648.7	
房地产业	1	4145.993	11.30
其他房地产开发及供应业	1	4145.993	
批发及零售业	14	2023.551	5.51
酒类批发业	0	1480	
其他化学物质及化学制品批发业	1	290.67	
家电产品及零部件批发业	1	80	
商品综合批发业	2	48.4865	
除此之外其他商品专门批发业	1	25	
汽车及零件销售业	1	23.8045	
信息通信业	7	238.4715	0.65
艺术、体育及业余服务业	1	95.6661	0.26
协会及团体、维修及其他个人服务业	3	94.643	0.26
水、污水及废弃物处理、原料再生业	3	70.863	0.19
住宿及餐饮业	4	59.1355	0.16
农业、林业及渔业	2	20	0.05
教育服务业	3	13.5188	0.04
专业、科学及技术服务业	2	10	0.03
事业设施管理、事业支援及租赁服务业	2	5.3257	0.01
电气、气体、蒸气及空气调节供应业	1	4.3	0.01

注：* 制造业、房地产业和批发及零售业投资金额和下级行业分类较多，根据韩国进出口银行的行业分类标准，表格中列出了上述三个行业中排名位于前5~6位的三级行业直接投资情况。

资料来源：根据韩国进出口银行统计数据整理而得。

（七）韩国对吉林省直接投资目以进军当地市场和资源开发为主

2013年至2019年3月，韩国对吉林省直接投资的目的可分为六类，即打破保护贸易、促进出口、资源开发、利用低工资、第三国进军和进军当地市场，累计直接投资金额分别为 27 万美元、183 万美元、1739 万美元、255.1 万美元、5.5 万美元和 5142.7 万美元。在韩国对吉林省直接投资初期，主要驱动力为当地廉价的劳动力成本，2006 年我国颁布新劳动法后，以利用低工资为目的的投资金额数量开始显著下降。2013 年至 2019 年 3 月，以利用低工资为目的的投资金额持续下降，进军当地市场和资源开发型投资所占比重逐步上升，三者累计直接投资金额占比分别为 3.5%、69.9% 和 23.7%（见图 6）。其中，进军当地市场型韩资所涉及的行业中，以房地产业、批发及零售业和制造业占比最大，分别占该类型韩资的 39.9%、28.2% 和 26.5%，新增法人分别为 1 项、2 项和 2 项；此外，信息通信业占比 3.7%，新增法人 4 项。在制造业中，对人参制造业进行投资的企业仅一家（韩国人参公社），其投资相对持续和稳定。同时，近年来韩国大企业向吉林省持续且稳定地投入大量资金用于矿泉水生产，而对其他类型资源的投资和开发几乎为零。

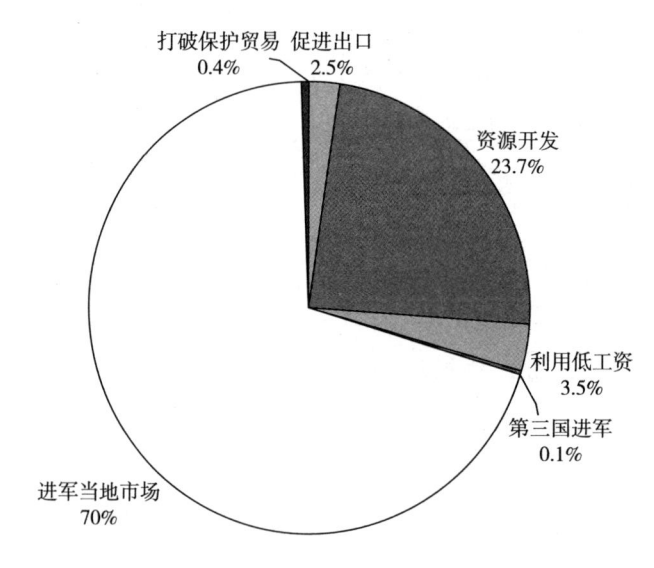

图 6　2013 年至 2019 年 3 月韩国对吉林省直接投资的目的所占比重情况

资料来源：根据韩国进出口银行整理而得。

（八）吉林省与韩国之间的合作保持稳定并持续深化

目前，吉林省与韩国之间的大规模合作以保持和深化原有项目为主，近三年来双方在较大规模合作方面略显薄弱。例如，在企业间合作方面，2011年吉林省与韩国烟草人参公社签署合作协议，成立全韩资子公司吉林省韩正人参有限公司，引进韩国红参的技术和产品，多年以来投资稳定，并于2014年创建中国产品牌"恩珍源"，现已出口至日本。2011年韩国浦项制铁集团与通化钢铁集团合资成立浦项通钢（吉林）钢材加工有限公司；2018年韩国浦项和现代集团在珲春国际合作示范区合作国际物流园区项目，目前园区建设顺利。2018年一汽吉林与韩国大昌签署战略合作协议，并在八个领域展开深入交流与合作[1]。在金融方面，自2010年韩国韩亚银行以21.6亿元人民币收购吉林银行18%股份[2]后，为吉林省多家企业提供了金融保障，2019年韩亚银行长春分行先后与长发担保公司[3]和中新吉林食品区[4]签署战略合作协议。在地方合作方面，2019年京畿道株式会社与吉林隆玛特集团有限公司签署了合作协议[5]。此外，2019年韩国经营革新中小企业协会在中韩产业园长春净月双创基地设立首个海外办事处，净月高新区的中韩创新综合孵化基地引入韩资创建了更坚实的平台。[6] 综上所述，虽然吉林省与韩国之间的大规模合作项目较少，但大规模项目的持续性较强，深化合作空间较大，巩固了双方的合作基础并为释放合作潜力创造了条件。

---

[1]《一汽吉林与韩国大昌签署战略协议将在八个领域合作》，行车视线，2018年12月24日，https://baijiahao.baidu.com/s?id=1620729649632702824&wfr=spider&for=pc。

[2]《韩亚银行入股吉林银行接近收官，东方资产协助处理坏账》，证券日报，2010年9月7日，http://finance.ifeng.com/bank/zzyh/20100907/2594096.shtml。

[3]《长发担保公司与韩亚银行长春分行正式达成合作》，人民网-吉林频道，2019年3月8日，http://jl.people.com.cn/n2/2019/0308/c349771-32720268.html。

[4]《中新吉林食品区与韩亚银行长春分行签署战略合作协议》，中国新闻网，2019年8月19日，http://www.jl.chinanews.com/tbgz/2019-08-19/86369.html。

[5]《韩国京畿道中小企业商品馆入驻延吉》，新浪吉林，2019年11月4日，http://jl.sina.com.cn/yanbian/yjs/2019-11-04/detail-iicezzrr7143920.shtml。

[6]《中韩产业园长春净月双创基地韩国经营革新中小企业协会办事处在长春揭牌》，凤凰网，http://jl.ifeng.com/a/20190824/7614852_0.shtml。

二 吉林省对韩经贸合作形势展望

(一)有利因素

1. 国家政策提供有力保障,拓宽双方经贸合作领域

吉林省与韩国之间已有深厚的经贸合作基础,但面对瞬息万变的全球经济形势和环境,中韩两国均根据日益变化的经济发展需求,不断调整本国经济发展政策。"一带一路"倡议旨在推动全球经济共同发展,在倡议实施近五年时间中,吉林省积极参与并深入共建,逐步形成国际化开放格局,使吉林省和韩国双方经贸合作基础得以夯实,合作环境得以优化,在基础设施建设、道路联通、金融支持、科技创新和扩大开放等诸多方面落实互联互通并取得丰硕成果。例如,在陆海通道建设方面,吉林省已开通两条国际联运通道,即"长满欧"(长春—满洲里—欧洲)和"长珲欧"(长春—珲春—欧洲)。前者自2015年至今已运行约4年时间,货运量增长迅猛,后者也已于2019年开始运行测试。作为内陆省,珲春—俄罗斯扎鲁比诺—韩国釜山的陆海联运航线和珲春—俄罗斯扎鲁比诺—韩国束草航线的开通进一步拓宽了吉林省的国际交通网络,助推吉林省对外开放的步伐,为吉林省对韩经贸合作提供了新的思路。在金融支持方面,进出口银行吉林分行成立四年以来,不断创新金融服务模式,对参与共建"一带一路"国家项目建设的企业提供持续有力的金融支持,为企业提供"一带一路"相关贷款累计19.38亿元[①],为吉林省企业"走出去"减少了后顾之忧。同时,吉林省通过科技创新积极融入"一带一路"建设,例如,2019年吉林省发布了基于北斗卫星技术的集装箱全球智能监控系统,推动了吉林省智慧物流的发展,增加了与韩国在电商物流业中的合作空间。同年初,吉林省提出扩大开放100项政策

[①] 《进出口银行吉林省分行积极支持"一带一路"建设》,人民网,2019年5月8日,http://jl.people.com.cn/n2/2019/0508/c349771-32916485.html。

措施,旨在推进吉林省开放进程,凝聚内外合力深入共建"一带一路",助推吉林省振兴发展,为内资和外资企业均提供了新的机遇和选择。[①] 此外,韩国提出对外经济合作三大政策构想,其中"新北方政策"所涉及的区域正包括我国东北三省,韩国亦明确表达愿通过"新北方政策"和"一带一路"倡议的对接,与中国形成东北亚经济共同体,为吉林省和韩国之间经贸合作在第三方合作、物流基础设施建设和旅游业等行业开辟了新的思路和平台,进一步延伸了双方的合作脉络。

2. 地方政府之间良性互动,深化双方经贸合作层次

吉林省与韩国地方政府之间始终保持积极互动,为地方间合作搭建平台,在"一带一路"倡议背景下,这种互动更为频繁和深入,不断深化双方经贸合作深度。在韩国北方经济合作委员对吉林省进行考察时,双方均表示应加快推进中韩国际合作示范区建设,以及立足双方现有合作基础扩大并深入合作的愿望。[②] 吉林省与韩国江原道互为友好省道,双方在汽车、医疗和旅游等产业中存在可展开互补性合作的巨大潜力,[③] 在未来将会进一步加强互联互通、坚持产业协同和开拓生态旅游。[④] 为深入共建"一带一路",吉林省积极打破内陆省的局限,"珲春—俄罗斯扎鲁比诺—釜山"航线的开通为吉林省和韩国双方创造了更多经贸合作机会,长春市与釜山市双方积极推动企业间深入了解,吉林省和韩国双方在化妆品、医疗器械、运动服装、环保锅炉、有机食品、锂电池、水处理设备等近百个韩国项目中存在可开拓的合作空间。[⑤] 吉林省与韩国已经成为彼此重要的旅游目的地,近年来,吉林省进一步加大了对冰雪资源开发的力度,并在韩国首尔举行文化旅游推介

---

① 《吉林省扩大开放100项政策措施》,吉林省政府网,http://www.jl.gov.cn/szfzt/100zccs/。
② 《积极谋划加快推动中韩国际合作示范区建设》,吉林日报,http://jlrbszb.cnjiwang.com/pc/paper/c/201905/21/content_80882.html。
③ 《吉林省多家参展企业及产品获好评》,中国吉林网,2018年9月20日,http://news.cnjiwang.com/jwyc/201809/2732333.html#20898。
④ 《继往开来建立更加紧密合作关系 携手同行走出共建共享共赢新路》,吉林省政府网,2019年5月20日,http://www.jl.gov.cn/zw/yw/jlyw/201906/t20190627_5959438.html。
⑤ 《韩国釜山企业组团赴长春寻合作 与中方百家企业对接》,中国新闻网,2018年10月31日,http://jl.ifeng.com/a/20181101/6989742_0.shtml。

会，表示愿以更为开放的姿态活跃双方在旅游方面的交流和合作。① 为加快中韩国际合作示范区建设进程，吉林省与韩国北方经济合作委员会积极互动，双方表达了充分发挥各自优势，夯实现有合作基础，并在新兴产业中深化合作的愿望。② 2019年9月，大韩贸易投资振兴公社成立了长春代表处（贸易馆），③ 体现了吉林省和韩国双方对彼此间深入合作的重视，加深了双方原本就较为深厚的合作基础，为吉林省和韩国经贸未来的合作打开新的局面，为韩资企业在吉林省扩大投资规模、拓展合作领域及深化合作层次建立了新的平台。

（二）不利因素

1. 贸易规模偏小，贸易层次较低

吉林省对韩贸易虽然始终保持稳定，受外界影响较小，但与我国沿海发达省份对韩贸易的飞跃式增长相比，吉林省对韩贸易规模十分有限而且增长缓慢，同时，出口韩国的产品附加值相对较低，而对韩进口则以高技术产品为主。贸易主体有限是贸易规模偏小的重要原因之一。虽然吉林省和韩国双方为推动经贸合作积极为企业创建交流平台，但吉林省对韩贸易主体中大企业数量少，中小企业能力不足，整体对外宣传与获取信息能力较弱，所涉及的产品领域有限，拓展合作渠道成本较大，对本省和韩方未能形成示范效应，造成吉林省和韩国贸易总体规模小且发展缓慢。另外，吉林省对韩出口产品附加值普遍较低，在双方贸易中处于较低层次。低附加值产品的可替代性较高，因此吉林省对韩出口贸易以短期居多，长期贸易偏少，对双方的贸易可持续性十分不利。

---

① 《中国吉林欲与韩国加强冰雪合作等》，中国新闻网，2019年6月24日，http：//www.chinanews.com/gj/2019/06－24/8873648.shtml。
② 《积极谋划加快推动中韩国际合作示范区建设》，吉林省政府网，2019年5月21日，http：//www.jl.gov.cn/zw/yw/jlyw/201905/t20190521_5884558.html。
③ 《引进战略投资扩大开放合作》，吉林省政府网，2019年9月25日，http：//www.jl.gov.cn/sz/wdgz/201909/t20190925_6100618.html。

2.总体竞争力较弱,可持续性不强

在对韩经贸合作中,吉林省的出口竞争力较弱,且引资能力有限。吉林省对韩出口的产品缺乏品牌效应,很多基础较好的农产品也因技术水平有限,难以规模化生产,无法达到对方标准而被韩方拒之门外。同时,在吉林省的韩资中小企业数量较多,而大企业对吉林省的经济贡献远高于中小企业。但由于吉林省韩资大企业数量少,行业分布单一,形成矿泉水和人参"独大"格局,其正面示范效应十分有限,而且易形成饱和态势,可持续性较差;同时,对在吉林省的韩资总体数量乃至地方经济受少数大企业影响明显,吉林省部分地方经济对韩资大企业依赖程度相对较高,而自身创新能力不足,未能充分利用韩企的技术溢出,同类产品竞争力较差,不利于地方经济和吉林省与韩国之间经贸合作的可持续发展。加之吉林省正处于现代化产业体系转型期,虽然在各产业均取得一定成就,在现代化农业中也取得了一定成就,但出口产品创新能力、对市场需求的精准供给能力、高附加值农产品的规模化生产能力均较薄弱,极大影响了吉林省的出口竞争力。

三 对策建议

(一)充分利用政策对接,推动双方多层次合作

吉林省在深度融入共建"一带一路"过程中加速开放步伐,韩国实施"新北方政策"正在积极与"一带一路"倡议对接,为吉林省和韩国双方多层次发展创造了优越条件。在投资方面,吉林省应吸引韩资进入本省特色产业,使吉林省的投资行业对韩资而言具有唯一和不可替代性,提高韩资在吉林省的黏性。同时,树立引入韩资的主导产业,以大企业韩资的投资行为对中小企业韩资形成正面示范效应,提高韩国中小企业和个人对吉林省的投资信心和投资决策能力,吸引韩资在吉林省多层次发展,从而减少由信息不对称造成的外资流失,提高吉林省对韩资的利用率,增强韩国大企业和中小企

业及个人投资者对吉林省的投资信心，强化韩资在吉林省的根植性。并且，吉林省应充分利用"一带一路"倡议与"新北方政策"实施范围的共通之处，积极推动双方在基础设施建设等方面开拓第三方市场展开多层次合作，将吉林省坚实的工业基础与韩国的先进技术充分融合，并推动双方技术人才的交流合作。此外，由于吉林省与韩国地理位置相近，双方在大气、水和土壤污染治理等方面也蕴含较大的合作潜力。

（二）提高吉林省第一产业专业化程度，推动吉林省和韩国双方三次产业融合发展

作为农业大省，农业始终是吉林省经济发展的重中之重，而吉林省农业现代化程度不高，第一产业引资能力较差。而韩国土地资源匮乏，耕种面积随城市扩张愈加紧张，吉林省可以合作形式，吸引以开发内需为主的韩资进入吉林省第一产业，同时加强与韩国在高科技农业技术方面的合作，例如智慧农业、植物新品种保护、作物种质库等方面，细化吉林省农产品分工，提高农产品产量和质量，将农产品做专做精，提升农产品商品率，所得的初级农产品可销回韩国，并且允许这部分韩资以独资方式在吉林省进行相关食品加工，满足韩资企业开发内需的投资需求。同时，利用吉林省丰富的农业资源发展农村旅游、农村观光等服务行业，吸引韩国个人企业和个人在住宿和餐饮业方面的投资。

（三）增强吉林省产品竞争力，深化吉林省和韩国双方贸易层次

吉林省自然资源丰富，但缺乏对初级产品的高端加工技术。矿泉水生产和人参制造业不仅是吉林省近年来吸引韩资最多的产业，也是吉林省受限于生产技术而未能创出名牌的产业。对于矿泉水生产，虽然水是可再生资源，但开采量有限，吉林省应用资源换取技术，并完善营销策略，推动吉林省矿泉水品牌在国内打开市场。对于人参产业，吉林省应加强政府主导作用，建立相关组织或机构统一人参品牌，充分利用韩资企业在吉林省的技术溢出，改善并统一种植和加工方式，提升吉林省人参种植可持续性，提升产品质量和人参深加工程度,提高吉林省人参品牌竞争力。在此基础之上,推动吉林省跨境电商的发展,扩大对韩贸易渠道。同理,对于出口韩国的产品,需在深入了解市场需求的前提下,进一步推动规模化和标准化生产,满足对方市场需求,增强产品出口竞争力,由出口低附加值产品向出口高附加值产品转变,从而提高吉林省对韩贸易层次,逐步扩大贸易规模和领域,推动吉林省和韩国经贸合作稳步发展。

B.19
"一带一路"框架下吉林省加强与日本产业合作对策研究

邵 冰*

摘 要： 在当前中日关系出现的积极态势中，"一带一路"建设成为中日两国提升关系的新平台。中日经济关系回暖，以及日本对华直接投资的新变化为吉林省加强与日本产业合作提供了机遇也带来了挑战。吉林省与日本产业合作的潜力巨大，但也存在着合作规模较小，地区和行业分布不均衡，产业合作层次有待提升等问题。在"一带一路"框架下，吉林省应针对在华日资企业经营的特点与变化，巩固和扩大吉林省传统主导产业与日本的合作；在电子零部件等行业上寻求与日本企业合作的更大突破；加强与日本在环境产业方面的合作；合作对象除日本大企业外，还应重视中小企业和在华日资企业；吸引日本企业在非制造业领域增加对吉林省的投资；进一步完善吉林省的投资环境，制定有针对性的招商政策；提高吉林省产业的内生优势，鼓励优势企业"走出去"；合作开拓"一带一路"沿线第三方市场，寻求吉林省深化与日本经贸合作新的增长点。

关键词： "一带一路" 吉林省 日本 产业合作

---

* 邵冰，吉林省社会科学院东北亚研究中心研究员，主要研究方向为区域经济。

"一带一路"框架下吉林省加强与日本产业合作对策研究

作为中国的农业和工业大省,吉林省正站在转型升级的前沿,在转变经济发展方式和调整经济结构的过程中,除了依靠吉林省自身的努力,借助外省和外资的力量必不可少。作为吉林省的周边国家之一,日本与吉林省在历史、地理、经济、文化等方面都有着深厚的渊源,尤其在汽车产业、农产品加工等领域有良好的合作基础,在吉林省对外经济中占据着重要的地位,吉林省与日本产业合作具有很大的潜力空间。在新一轮科技和产业革命浪潮中,在"一带一路"背景下,抓住机遇推动吉林省与日本的产业合作,有利于促进吉林省产业转型升级和对外开放发展。

一 吉林省加强与日本产业合作的背景

(一)中日经贸关系回暖

准确地判断中日经济关系的变化是做好与日本产业合作的基础。2017年是中日邦交正常化45周年,2018年又恰逢中日和平友好条约缔结40周年,这是两国关系改善发展的重要契机。在日本经济对华需要的内因和特朗普上台后国际局势演变的外因共同作用下,目前改善对华关系已经成为日本政府和社会各界的共识,2017年下半年以来,日本首相安倍晋三在不同场合多次表达了推动日中关系发展的意愿,表示要"将日中关系提升至一个新高度"。自2018年4月16日第四次中日经济高层对话在日本东京重启以来,两国民间交流日渐趋热。5月李克强总理访问日本,结束了两国首脑互访中断的局面,10月日本首相安倍晋三时隔7年后再次正式访华。

在投资领域,2017年日本对华投资32.7亿美元,同比增长5.1%,扭转了连续4年的下降趋势,进而在2018年实现了16.5%的增长,达到了38.1亿美元。2017年日本国际协力银行的一份调查报告中显示,在日本企业未来有投资计划的国家中,中国居第一位。① 从日本对华投资的增长态势看,大多数的日资企业仍将中国视为世界上屈指可数的巨大市场,具有进一步扩大在华投资的意愿,尤其是以内销型为主的企业和行业,看好消费升级形势下的内需市场,而且随着日本企业对"一带一路"相关项目关注和投资热度的上升,可以预计,未来日本企业在华直接投资仍将继续增长。在贸易方面,2017年中日贸易在经过连续五年的负增长后,转为正增长,双边贸易总额达到3029.9亿美元,2018年中日双边贸易额为3277亿美元,增长8.2%。在人文领域,日本旅游局发表的统计公告显示,2018年日本接待外国游客数量超过3000万人次,其中接待游客数量最多的是来自中国的游客,人数超过800万,再创历史新高,中国继续蝉联赴日旅游第一大客源国。随着日本签证条件的进一步放宽,2019年赴日本旅游进一步升温。以2020年日本东京奥运会和2022年中国北京冬奥会为契机,中日两国旅游合作与旅游产业发展将迎来重大机遇。随着中日在高端制造、金融、养老及创新等领域合作的深入推进,以及"一带一路"框架下第三方市场合作逐步落地,中日经贸关系将再上新台阶。

(二)第三方市场合作成为中日经贸关系深化升级的新动力

中日两国高层互动和各领域的交流合作日益增多,双方积极拓展在贸易投资、财政金融及高新技术等领域的合作,在共同开拓第三方市场合作方面取得重要共识。中日双方于2018年5月签署了《关于中日第三方市场合作的备忘录》,10月在"一带一路"框架下开展第三方市场合作达成重要共识。10月26日,第一届中日第三方市场合作论坛在北京举办,达成了52项协议,并签署了《关于建立中日创新合作机制的备忘录》。目前中日企业之间在共同研发、技术转让、联合竞标、分包项目及相互持股等方面已经具备开展第三方市场合作的基础。在"一带一路"沿线,已有部分日本企业

---

① 国際協力銀行:《わが国製造業企業の海外事業展開に関する調査報告》,https://www.jbic.go.jp/wp-content/uploads/press_ja/2017/11/58812/shiryo00.pdf。

与中国企业在装备制造、金融、物流等领域成功开展合作，积累了相关经验。充分发挥中国的产能优势、日本的技术优势，与发展中国家的需求有效对接，共同开拓"一带一路"上第三方市场，正在成为中日经贸关系发展新的增长点。

（三）东北亚区域经济合作迎来新的机遇

随着"一带一路"建设的不断深化，东北亚地区迎来重大发展机遇。当前，地区形势稳定向好，东北亚地区和平与发展所需要的安全环境得到了大幅改善，东北亚地区多边和次区域合作也迎来新局面，中蒙俄经济走廊建设扎实推进，中日韩三国合作得到拓展和深化，俄韩朝就推动落实三方经济开发项目展开研究。俄罗斯多次明确表示愿意大力开发远东和西伯利亚地区，并设立东方论坛，邀请中国、韩国、日本、蒙古国等国参加，共同探讨开发远东和西伯利亚地区的可能性和具体措施。中国正在制订加快图们江流域开发步伐的具体方案，希望将图们江出海口打造成为国际港口，吸引包括日本在内的所有感兴趣国家企业的投资，把图们江出海口变成具有一定规模、面向北冰洋的重要交通枢纽。日本在一些领域具有独特优势，可以成为与中国共建"冰上丝绸之路"的合作伙伴。如果中国和日本能够达成共识，充分发挥两个国家的比较优势，共同推进图们江地区国际开发，合作开发北冰洋航线，共同推进东北亚区域经济合作，那么东北亚将变成热土，成为世界经济的增长点。

二 吉林省与日本产业合作状况

（一）吉林省与日本产业合作的发展历程

日本在吉林省的投资起步较早，是吉林省招商引资的重点国家，从1985年日本在吉林省成立第一家日资企业以来，已经历了30多年的发展历程。从20世纪80年代中期到90年代，日本对吉林省的投资基本处于投石问路阶段，截至1990年，共有30户日本企业在吉林省投资，合同金额为1003万美元，占全省合同外资金额的13.9%，居第2位。从项目规模看，这一时期在吉林省的日资企业大都规模较小，平均单项外资额仅为33万美元，最大项目不足400万美元。从项目内容看，主要集中在农副产品加工、木材加工，以及服装制作等具有较低附加值的简单加工项目。从投资主体看，大多是日本中小企业和个人。

20世纪90年代以后，日本对吉林省的投资得到迅速发展，项目投资规模不断扩大，一些日本大型跨国公司也开始对吉林省进行投资。如1994年日本不二制油株式会社、伊藤忠商事与吉林省合资在松原市成立了吉林不二蛋白有限公司，投资总额为1897万美元，2003年11月公司增加投资，投资总额达到4917万美元。截至2011年底，日本在吉林省投资企业243户，累计吸收外资7.54亿美元，外资企业个数和累计实际利用外资金额分别排在来吉林省投资的63个国家和地区中的第3位和第6位。

近年来，随着一些日资企业合同到期和项目中/终止，加上新设立日资企业方面发展不是很快，吉林省现存的日本投资企业在数量上有所减少。截至2019年9月，吉林省现存外商投资企业1582户，累计直接利用外资额为249.54亿美元。其中，日资企业现存户数为144户，占全省外商投资企业的9.10%，排名第3位；现存企业合同外资金额为44580万美元，占全省合同外资金额的2.29%，排名第10位（见表1）；累计实际利用外资132218万美元，占全省累计实际利用外资金额的5.3%，排名第6位。其中，2019年新设立日资企业7户，同比上升133.33%；合同外资7098万美元，同比提高51.25%；实际利用外资4970万美元，同比提高35.62%。

（二）吉林省与日本产业合作的现状

经过30多年的发展，吉林省与日本的产业合作已经深入经济和社会生活的主要领域。从投资领域看，日本企业在吉林省的投资主要集中在制造业、批发和零售业、农业和采矿业，也有一定份额的投资分布于娱乐业、住宿和餐饮业，以及软件和信息技术服务业、科学研究和技术服务业等领域。

其中，制造业成为日本企业对吉林省投资的重中之重，投资额度占总额度的89.88%，投资企业数量占50.69%（见表2）。

表1 日本企业在吉林省地区分布情况（2019年）

单位：万美元，户

所属地区	企业个数	总投资	合同外资
长春	86	122010.91	30852.42
吉林	12	7299.83	1726.83
通化	1	12.50	8.75
白山	3	1833.12	387.75
松原	2	12404.85	3833.00
白城	3	913.19	570.63
延边州	33	10547.95	5396.35
长白山	1	10.00	10.00
公主岭	2	3723.69	1791.02
梅河口	1	3.65	2.98
合计	144	158759.69	44579.73

表2 日本企业在吉林省投资的产业分布情况

单位：万美元，%

	行业名称	投资总额	占比	合同外资	占比	户数	占比
	合计	158761	100	44580	100	144	100
第一产业	农业	2338	1.47	890	2.00	5	3.47
	渔业	280	0.18	200	0.45	1	0.69
	农林牧渔专业及辅助性活动	43	0.03	43	0.10	3	2.08
第二产业	采矿业	1863	1.17	354	0.79	2	1.39
	制造业	142695	89.88	39451	88.50	73	50.69
	燃气生产和供应业	243	0.15	195	0.44	1	0.69
	建筑业	189	0.12	132	0.30	1	0.69
第三产业	批发和零售业	7560	4.76	1858	4.17	19	13.19
	道路运输业	947	0.60	237	0.53	1	0.69
	住宿和餐饮业	303	0.19	286	0.64	9	6.25
	软件和信息技术服务业	237	0.15	205	0.46	15	10.42
	商务服务业	65	0.04	50	0.11	4	2.78
	科学研究和技术服务业	608	0.38	502	1.13	4	2.78
	居民服务业	38	0.02	15	0.03	2	1.39
	娱乐业	1352	0.85	162	0.36	4	2.78

（三）吉林省与日本产业合作中存在的问题

第一，日本对吉林省的投资潜力尚未充分发挥。总的来说，日本对吉林省的直接投资规模较小，考虑到吉林省良好的区位和丰富的资源，以及日本雄厚的经济实力，吉林省在获得日本投资份额方面还有较大的上升空间。从发展速度看，吉林省的日资企业虽然起步较早，自身发展比较稳定，但是与其他国家和地区比较，发展相对缓慢，如前所述，1990年日资企业合同外资金额占全省的13.9%，1995年下降到4.5%，现在只为2.29%，位次也从1985年的第2位降到现在的第10位。

第二，地区和行业分布不均匀。从地区看，日本对吉林省的投资主要集中在长春市、吉林市和延边州，而四平市、辽源市目前还没有日本投资企业。从产业和行业分布来看，日本对吉林省的投资主要集中在第二产业，为144990万美元，占投资总额的91.3%。其中，对制造业的投资占比最大，达89.88%。相比之下，日本对吉林省第一产业的投资金额为2661万美元，占投资总额的1.7%，对第三产业的投资金额为11110万美元，占投资总额的7.0%。目前日本对吉林省第一产业和第三产业的投资比重较小且地区和行业分布不均，但是这也恰恰表明吉林省与日本产业合作未来具有较大的发展潜力和空间。

第三，产业合作层次有待提升。日本对吉林省投资中，劳动密集型行业的制造业和农副食品等相关行业占据了较大份额，而高新技术产业、现代服务业以及资本密集型产业所占的比例较小，总体上看，产业合作层次偏低。

三 吉林省加强与日本产业合作面临的机遇与挑战

（一）吉林省与日本产业合作面临的机遇

1. 吉林省主导产业与日本合作的潜力巨大

日本经济产业省把其重点推进海外合作的产业分为制造业、IT产业和能源产业三大类，其中，制造业又细分为机械产业、飞机产业、宇宙产业、汽车产业、材料产业、钢铁产业、铝业和电线业、化学产业、水泥和玻璃产业、纸和纸浆产业、纤维产业。日本经济产业省明确提出在这些产业上要尽可能获得急速增长的新兴国家的需求，积极开展海外合作。根据吉林省的现有基础和发展潜力，目前汽车、石化、农产品加工、医药、光电子信息等产业已经和正在成为主导产业。把吉林省的主导产业与日本重点推进海外合作的产业相比较就可以发现，二者之间具有很强的对接性，吉林省主导产业与日本的产业合作具有很大的潜力空间。

2. 中国内陆自然灾害少、劳动力成本相对低的地区对日资的吸引力在增强

东日本大地震之后，日本企业大规模停产、减产，汽车、电子等产品的生产和流通遭受巨大影响，促使许多日本企业加快了向海外转移生产的步伐，以泰国为首的东盟地区被寄予厚望。然而时隔半年之后的洪水，让远在千里之外的日本再次承受伤害，使得日本制造业又一次陷入困境：是否离开中国很难找到安全的"世界工厂"？受东日本大地震和泰国大洪水的影响，日本企业在全球选择投资地点的标准也发生一些变化，除了以往的国家风险、成长性、基础设施完备性等选定标准，还要考虑特有的自然灾害发生风险、与日本不同的风险管理运营体制、风险发生时切换到替代手段的可能性和业务能否持续等标准。中国正处于经济高速增长时期，拥有庞大而广阔的消费市场，且投资的回报率较高，对于市场开拓型的对华投资的吸引力在不断扩大。与印度、东盟等国家相比，中国的社会基础设施状况良好，综合投资环境优越，更有条件成为日本企业建立灾备中心和灾备生产基地的目的地。

由于工资上涨和劳动力短缺等问题，中国沿海地区投资环境已发生变化，所以日本企业和在华日资企业以制造业为代表开始把投资地点转向中国内陆或东南亚其他新兴国家。在日本对华直接投资向内陆发展的趋势下，如果考虑到前述日本企业选址标准的变化，那么，自然灾害较少、工资水平相对低的中国内陆地区就会逐渐成为日本企业理性的投资场所，吉林省恰恰符合这种条件。

3.吉林省具有成为日资企业生产地点和市场的可能性

从生产地点来看，中国东北地区较早实现了工业化，重工业产业基础雄厚，如吉林省的汽车、轨道客车等。在强化中国企业"自主创新"的政策基础上，通过从有实力的海外制造商引进零部件和关联设备，能够实现企业自身生产产品的附加价值化、高级化。受此影响，受到当地政府的强烈邀请，在与当地有实力企业合作和销售的目的下，在辽宁省设立生产地点的日本企业不断增加。东北地区与华南、华东地区相比具有较高的工作稳定率和较低的人工费，能够聘用东北三省的优秀人才，能够使用日语进行沟通的人才也比较多，这对日本企业来说具有一定的吸引力。

从产品市场来看，随着日资企业扩张面向中国市场销售的生产地点之际，把辽宁省为代表的东北地区作为新生产地点来选择的日本企业逐渐增加。以往，把生产地点集中在上海等华东地区，从上海的销售地点向中国内陆销售，现在出现了与营业地点合在一起把生产地点设在辽宁省的动向。与较早成为市场的华南、华东地区相比较，现在才开始真正营业的东北地区的市场的发展潜力巨大，日资企业的市场正在从华南、华东、环渤海地区北上。虽然，更多的日本企业期待着辽宁省成为东北地区的产品生产地点，然后在销售上覆盖整个东北市场，但是，这也恰恰为与辽宁省毗邻的吉林省进一步深化与日资企业的合作提供了机遇。

（二）吉林省与日本产业合作面临的挑战

1.营商环境有待进一步完善

营商环境问题是制约吉林省引进外资的瓶颈。近年来中国各部门各地区不断出台各种创新措施，实施了包括减税降费、简化行政审批、加强知识产权保护等一系列深化改革和扩大开放的政策举措，中国的营商环境不断得到优化。吉林省也把营商环境建设摆在首位，出台了《吉林省优化营商环境条例》，在市场环境、政务环境、法制环境等方面提出了许多优化和保障措施，取得了一些成效。但是，与其他先进省市相比，吉林省的营商环境仍需进一步完善。据普华永道中国联合数联铭品、财新智库和新经济发展研究院发布的《2018中国城市营商环境质量报告》，长春市在2018年城市营商环境质量指数排名中居第24位，与上年相比提升了5位。尽管取得了很大进步，但是与先进省市相比还存在一定差距，即使在东北三省中，长春市也排在哈尔滨（第22位）和沈阳（第23位）之后。长春市在人才发展、工作环境和产业环境等方面还存在较大的改善空间，应成为今后吉林省进一步优化营商环境的重点。

2. 成本与资源优势逐渐减弱

近年来，日本企业对中国"人工费上升"的担心越来越明显，这种担心不仅针对沿海发达地区劳动力成本已经大大提高的现实，而且还包括内陆地区劳动力成本将来逐渐提高的预期。随着中国的劳动力成本整体上升，原本对日本企业具有吸引力的中国内陆地区的传统优势正在减弱，在吸引日资方面，吉林省既面对与湖北省、陕西省、四川省、重庆市等内陆其他地区的激烈竞争，同时，也面临着日资向东盟国家转移的挑战。

四 吉林省加强与日本产业合作的对策

（一）巩固和扩大吉林省传统主导产业与日本的合作

日本的家电、汽车、化工、钢铁、环保等产业在世界上占据重要地位，这些既是日本中小企业最为密集的行业，也是日资向外转移的重点行业。吉林省在汽车及零部件制造、化工、农产品加工等产业上具有一定优势，这些产业也是对外出口的重点行业，在日本也有一定的影响力。因此，应根据吉林省实际，认真分析日本产业特点与发展方向，搞好与日本相关企业的对接与合作，有重点地包装推介吉林省的优势产业和项目。一是要提高汽车、石油化工、农产品加工等产业的集聚程度，增强当地交易伙伴的能力。在华日资企业越来越以"开拓当地市场"为主要目标，并且以汽车产业为代表的企业更多地选择"与当地企业合作"，为此，当地市场规模、产业集聚程度、交易伙伴的能力就成为吸引日本企业的主要因素。汽车制造业是日本企业在吉林投资最多的产业，吉林省最能够吸引日本企业加大投资力度的领域就是汽车及零部件，产业链基本成熟，但省内配套及采购率只占40%左右，这对越来越重视"当地采购率"的日资企业来说，与吉林省合作的空间巨大，尤其要紧密跟踪日本汽车产业在中国建立高自立性完整供给链的动向，紧紧围绕一汽丰田和一汽轿车的配套体系，加大对丰田和马自达汽车零部件供应商的招商引资力度。此外，吉林省还应充分利用在汽车产业上与日本企业合作取得的基础和经验，在石油化工、农产品加工等其他传统主导产业方面扩大与日本企业的合作。二是在"人工费"逐渐上涨的大环境下，应该在削减与"材料费"相关的成本上多做文章。尽管吉林省的工资水平在全国是比较低的，但是，在其不断提高的预期下，低工资对日资企业的吸引力逐渐减弱。因此，要想通过打"成本牌"来吸引日资企业，重点不是在如何降低"人工费"方面，而是在增加原材料和零部件的当地采购便利性、降低采购成本、完善物流体系等方面。

（二）在电子零部件等行业上寻求与日本企业合作的更大突破

随着欧美主要发达国家实施"再工业化"，已经出现了其海外制造业资本加速向母国回归的现象，日本也不例外。所以，结合日本部分行业战略调整以及在华日资企业的事业调整状况，吉林省在与日本企业产业合作上要有所侧重和变化。例如，在电气机械产业方面，由于在最终产品上日本企业的国内外事业萎缩，因此与日本合作的重点也就不能放在这里。但这并不是说与日本在电气机械产业上就没有合作空间，恰恰相反，日本电气机械产业中的零部件部门还在扩大海外的事业，并且日本电气机械产业最终产品竞争力下降造成的损失一定要通过具有竞争力的零部件部门海外扩张弥补回来。只不过，日本电气机械业的零部件部门对投资区位的选择会更加谨慎。因此，吉林省应抓住日本调整产业战略的机遇，在电子零部件等领域寻求与日本合作的更大突破。

(三)加强与日本在环境产业方面的合作

日本是环境保护领域的先行者,在环保领域拥有世界领先的技术和成熟的管理经验,尤其是在垃圾焚烧发电领域和垃圾处置领域拥有世界一流技术,值得中国借鉴和学习。目前中国的生态环保事业正进入全新阶段,在环境产业和节能环保方面有巨大的发展空间,每年有高达数万亿元人民币的市场需求。日本一直非常重视在环保领域与我国的合作,我国也与日本签署了在环保领域方面的合作框架协议。吉林省应该根据实际情况,组织专门机构、专家谋划一批具有可操作性的环保招商项目。例如:吉林省是畜禽养殖大省,但畜禽粪便处理一直处于原始阶段,严重污染环境。应该针对具体地区、具体项目进行重点包装,并开展畜禽粪便处理的试点工作。另外,在日本各种"增长战略"版本中都包含"一揽子基础设施建设海外合作"的内容,在日本国内"产生出在未来技术、制度、服务、城镇建设方面世界高水平的成功事例,创建能够向国内外普及开展的'环境未来城市'","在城市全体一揽子出口的形式上开展与亚洲各国的政府间合作"。[①] 吉林省正在推进城镇化建设,在这方面与日本的合作空间巨大。

(四)合作对象除日本大企业外,还应重视中小企业和在华日资企业

像丰田、马自达、伊藤忠等大型日本跨国公司资金和技术实力雄厚,投资规模大且相对稳定,所以一直是招商引资的重点对象。但是,最近日本中小企业对外投资的动向值得关注。根据日本国际协力银行的调查结果,决定在3年左右"强化或扩大"海外事业的日本中小企业比例在上升,另一方面"强化或扩大"日本国内事业的中小企业比例在下降。这说明以往更加依赖于日本国内市场的中小企业,由于不能预见日本国内市场的增长,不得不通过开展海外事业来得到发展的机会。因此,我们在做好对大企业招商引资工作的同时,要抓住时机在中小企业上多下功夫,由于很多日本中小企业

---

① 崔健:《日韩"环境城市"出口模式比较》,《环境保护》2012年第15期。

对外投资要跟随大企业，形成"护卫舰队"模式，所以，大企业和中小企业的招商引资往往是相辅相成的。另外，吉林省对日招商引资不要局限于日本国内，目前分布于中国沿海发达地区的日资制造企业出现了向内陆地区和其他东南亚国家转移的倾向。为此，吉林省要关注这些日资企业的动向，在日资企业放缓向东南亚转移步伐，审视中国内陆最佳投资场所之际，率先行动，取得先机。

（五）吸引日本企业在非制造业领域的投资

尽管目前来华投资的日本企业多集中于制造业，但是随着中国经济的发展，第三产业将迎来新一轮增长空间，有能力提供高质量服务的日本企业，将有机会在中国开拓新的市场。日本企业在非制造业领域增加对华投资的前提下，呈现向金融保险、通信、物流、房地产、软件服务等领域分散的趋势。随着吉林省产业结构的不断调整优化，在这些拥有增长空间的第三产业上，吉林省可以未雨绸缪，提前布局与日本的合作。吉林省拥有优质的空气、水、森林等资源，具备发展医疗旅游、生态旅游和老年人养老保健的优势，而日本在医疗养老等服务领域积累了丰富经验，且坐拥一大批有能力提供高质量服务的企业，这些企业有开拓市场的需求，双方开展合作具有很大的潜力。吉林省要紧跟时代变化的潮流，在服务业领域开辟对外合作、产业提质发展的新空间。

（六）进一步完善投资环境，制定有针对性的招商政策

吉林省为加大投资吸引力，改善投资环境，应以优化营商环境为基础，全面深化改革。及时了解日资企业对软环境建设的意见，切实地帮助其解决生产经营中遇到的困难和问题。进一步采取优惠的政策，增强吉林省对外商投资的吸引力。注意质量与数量相结合，突出重点产业、重点园区，实现利用外资结构的优化，鼓励和引导外商投资向第一产业及第三产业倾斜，以促进吉林省经济稳步增长，加快产业结构优化和升级。抓住日、韩以及京津冀、环渤海、长三角、珠三角、港澳台等地区产业转移的契机，开展定位招

商、精准招商，吸引更多优质要素向吉林省集聚，推动建设一批带动力强、辐射范围广、集约度高的重大项目。通过前面分析可以看出，日本企业对中国的投资更加看重我们的市场、社会和自然环境的稳定与安全，购买力逐渐增强的市场、稳定的环境和有利的政策是吉林省在这些领域对日招商引资寻求突破的有力保证。

（七）提高吉林省产业的内生比较优势，鼓励优势企业"走出去"

吉林省在产业转型升级过程中，应依托自身的比较优势，培养优势企业。抓住新一轮科技和产业革命带来的机会，着重在提高企业研发能力、开发新产品上面下功夫，掌握核心部件加工技术，不断挖掘、创造吉林省产业的内生比较优势，从而提升产品的市场竞争力和吉林省企业在国内和国际上的影响力。一方面，可以依托有外资背景和有与国外合作经验的企业，通过技术转让和联合研发，将国外先进的技术和产品嫁接起来。另一方面，鼓励具备条件的优势企业"走出去"，通过与日本企业采取多种形式的合作，包括相互持股、企业并购等模式，尽可能地延伸产业价值链，积极拓展国际市场网络。近年来，中国企业通过并购日本企业的形式对日本的直接投资在增加。在这方面，浙江、江苏、广东、山东等发达省份的企业走在前面，受多种因素制约，吉林省的企业还鲜有动作。事实证明，对外直接投资与引进外资是相互促进的。

（八）与日本企业合作开拓"一带一路"沿线第三方市场

中日企业在开拓国际市场方面各具优势，在"一带一路"倡议的合作框架下，中日两国企业合作在时间和空间上都有极大的拓展可能性。吉林省作为"一带一路"向北开放的重要窗口，正在积极打通陆海新通道，面向全球寻找发展新坐标，老工业基地吉林正在形成全方位对外开放新格局，并将推进国际产能和装备制造合作作为吉林省对外经济工作的重中之重。吉林省将汽车、轨道交通、钢铁、有色、电力、化工、水泥、农林牧等产业作为重点领域，开展和亚洲周边国家、非洲及中东欧国家等重点区域的合作，积极引导企业参与国际产能合作，带动吉林省装备制造产品和设备"走出去"。将日本的技术资金优势与吉林省资源优势和产业基础结合起来，双方可在制造业、医药产业、农业及农产品加工、现代服务业、特色园区项目等方面加强合作。在深度融入"一带一路"建设的背景下，吉林省企业可以和日本企业通过共同投资、联合竞标等方式，携手开拓"一带一路"沿线市场，寻求吉林省深化与日本经贸关系的新增长点。

民生保障篇

People's Livelihood Security

B.20 吉林省农村留守老人养老的社会支持研究

韩佳均[*]

摘 要： 吉林省人口老龄化具有老年人口数量大，农村老龄化程度高、空巢老年人和困难老年人数量多等特点。近年来，吉林省积极探索养老服务社会支持多元化模式，完善养老服务的政策支持，加大政府的政策引导社会支持的作用。但养老服务社会支持体系建设的总体水平不高，政策的针对性有待提高，特殊融合性养老机构匮乏，政策"真空"问题显现，农村养老机构社会支持渠道单一，发展后劲不足。为提升农村留守老人养老的社会支持，要进一步发挥政府的引领作用，建立更加精细化的需方补贴制度，采取政府和市场两条腿走路，

---

[*] 韩佳均，吉林省社会科学院社会学研究所助理研究员，主要研究方向为社会政策、社会保障。

提升对高龄和失能等困难老人的服务能力，制定老年家庭扶持政策，引导社会力量促进家庭养老服务的供给。

关键词： 农村留守老人　养老服务　社会支持

推进农村留守老人的养老服务社会支持体系的建设，是吉林省积极应对中度老龄化社会的必然选择。养老服务社会支持体系是一个由多元化主体参与，服务于公众老年人，涉及政府、非政府组织、社会力量、社区以及老年人自己和老年人本身社会关系的养老服务系统。[①] 吉林省农村留守老人在社会支持上以个人网络提供的社会支持为主，以政府和非政府组织的正式支持以及以社区、村委的"准正式支持"为辅，以社工人士等提供的专业技术性支持为补充。

一　吉林省农村留守老人养老的社会支持情况

在农村留守老人的正式社会支持层面，吉林省政府高度重视养老服务事业的发展，积极探索多元化养老服务社会支持模式，出台一系列政策、措施，进行了体制的梳理和机制改革，加大了投资力度，基本形成政府引导、社会参与、市场加盟的养老服务社会支持体系。

（一）积极探索养老服务社会支持模式多元化

1. "守望邻里"居家养老服务社会支持模式

2017年初以来，吉林省在长春市创新开展农村邻里互助居家养老服务项目，并在全省范围内逐步推广。在生活上努力改善农村失能失智老人、孤寡老人、失独老人、高龄及特困等困境老人的生活质量和生存质量，极大地

[①] 徐宏：《老龄化背景下养老服务社会支持体系研究》，《社会福利》2013年第6期。

改善了老年人的精神生活。农村邻里互助项目主要为困难老人提供就餐、保洁、就医等居家服务,政府按照每人每月 200 元的标准,通过政府购买服务的形式实现居家养老,服务人员由符合条件的贫困老人自主选择,主要是熟悉并有服务能力的邻里左右,双方自愿建立邻里互助关系。

"守望邻里"的互助式养老服务社会支持模式,主要由村委和村老年协会联合管理,村委负责监督,老年协会负责实施。资金由市区两级财政均摊配比,按照严格的申请公示程序实施。并依照"两访、三查、四助"的服务内容和标准,满足农村贫困老人的生活需求。"两访",即每天早晚两次走访受助老人家庭。"三查",即结对服务人员要查看老人在吃、穿、住三个方面的情况。"四助",即提供助餐、助洁、助医、助难等四个方面的服务。

2. 农村养老服务大院社会支持模式

"十三五"时期吉林省建设 2000 多个农村养老服务大院,为农村留守老人提供养老服务。农村养老服务大院社会支持模式是通过对闲置的村部、校舍进行改建或者政府出资新建、租赁等方式,在农村地区建立起养老服务大院,通过村里的党员干部、老年协会、义工志愿者三支队伍为养老服务大院提供服务。

一是让老人走出门。例如,延边州资助全州 30 个农村居家养老服务大院建设改造项目,能够为村里的老人提供取暖、洗澡、上网活动,村委或老年协会指派 2~3 名服务员专人保障。老人们相互帮扶,相互照护,白天集中居住活动,晚上回家各自休息,村里统一组织指导,服务辐射周边的老年人,提供休闲聊天、互助养老、棋牌文化等活动。[①]

二是服务送上门,比如洗衣做饭、打扫卫生、照料日常生活等。例如,白城市洮南市福顺乡幸福村为村里生活困难的孤寡老人在村部提供集中供养住处,由村集体承担费用,让村里的每一位老人老无所忧,安享晚年。松原

---

① 《吉林省民政厅对省政协十二届二次会议第 251 号委员提案的答复》(吉民议字〔2019〕10 号)。

市打造"大院+协会+志愿者服务"模式，建设地点位于村内，满足不愿离开故土的老人心理需求；居住形式类似集体宿舍，为老人提供基础的餐饮、居住、取暖、洗浴等服务；不限制老人行动，来去自由；一般位于村卫生所附近，可以满足老人基本的医疗需求；主要面向本村老人，收费一般在每月300~500元，满足农村老人"离家不离村"的需求。

3. 公建民营养老服务社会化支持模式

吉林省加大引导社会力量对农村养老服务的支持，采取服务外包等方式实施养老机构的公建民营。通过民办养老机构同镇福利中心签订协议，采取租赁经营的方式，把镇敬老院打造成医养结合的区域性养老服务中心，在土地租赁、政府资金投入、政策管理等方面给予支持，对规划建设、运营模式、服务标准、规章制度等内容进行规范。优先保障五保供养对象入住，履行政府在养老服务中"保基本、兜底线"的职能。

从运营的效果来看，例如，珲春市的某公办民营养老机构，民间运营方每年向政府支付7万元保证金，政府对院内老人的所有补贴直接打到运营方账上，由运营方统一管理支出，院内老人的所有生活成本和用人支出均由运营方负责，医疗费用按低保、新农合等有关报销标准执行。由于是公办，政府要求运营方优先接纳符合低保、特困等标准的老人，在此基础上允许用市场标准接纳社会老人。图们某农村福利院也采取公办民营模式，每年向政府支付10万元保证金。目前该福利院共有92张床位，为特困人员保留30张床位，目前实际使用10张，其余床位在无特困人员入住时可用于市场化运营，全院共入住53人。这两家养老院能够每年向政府支付数万元保证金，并且愿意继续运营，足以证明民间资本在养老市场中可以正常运作。由于收费明显低于商业性的养老机构，加上又引进了专业的运营团队，不仅满足了本区的养老需求，而且还吸引了周边区（市、县）老人入住。

（二）完善养老服务社会支持的政策体系

自2013年起吉林省不断加大对养老服务的政策支持，连续3年的政府民生实事中推进省、市、县、乡、村五级养老服务网络工程建设。[①] 2014 年《关于加快养老服务业发展的实施意见》，持续推进养老服务业的快速发展，重点引入市场机制发挥社会力量的作用。2019 年《关于制定和实施老年人照顾服务项目的实施意见》，推进老年人照顾服务项目的推进和落实。《关于加强农村留守老年人关爱服务工作的实施意见》《关于加强农村养老服务大院建设的指导意见》《吉林省省级养老服务业发展引导专项资金管理暂行办法》等系列文件，制定 5 年养老服务业引导专项资金使用期，明确养老服务事业发展目标、工作任务和保障措施，从资金补助、人才培养、税费减免等方面给予扶持，在政策体系、基础设施改造升级、机构养老发展和为老服务提升等方面都取得了可喜成绩，扶持养老服务业重点产业，扶持政策日趋完善。

（三）理顺政府在农村养服务中的引导支持作用

为推动养老服务社会化发展，吉林省不断加大政府补贴投入力度，补贴费用由省、市、区三级财政承担，民办养老机构发展出现的资金矛盾初步缓解。对于新建照料中心、托老中心、农村养老大院，也按照建筑面积给予了财政补贴，建设资金有了基本保障。

在基础设施建设上，连续三年实施农村社会福利服务中心整合改造提升计划，加强农村养老服务设施建设，优化农村社会福利服务中心布局。实施"助浴""助行"和安全防范等改造项目，以县为单位制订改造方案，确定统一的建设标准，缩小福利中心的设施差距，为老年人提供更加便捷舒适的居住环境。

在体制改革上，通过体制的重新梳理，回归民政责任。例如，德惠市采取"多镇合一""城乡一体"等多种方式跨乡镇整合福利中心，打造农村区域性养老服务中心。初步保障了乡镇一级养老服务机构的运营，为民政系统

[①] 刘鹏程：《学习贯彻十九大精神 吉林"养老孝老爱老"在行动》，《中国社会报》2017 年 11 月 9 日。

优化养老服务机构布局创造了有利条件。在管理体制上，由民政部门直接管理，采取委托管理、合作经营等方式，在满足农村特困人员集中供养需求的前提下，将闲置床位向社会开放，实施社会化改革，市场化运作。

二 农村养老服务社会支持体系建设存在的问题

吉林省在建设机构解决农村养老问题方面，做出了一定的努力，取得了一些经验，但仍然在重重困难中前行。

（一）养老服务社会支持的体系化建设有待提高

从目前的养老服务政策体系来看，基本形成了综合性和多样性的政策体系。但是从发展的角度来看，这些政策仍停留在"创立"的初级阶段，针对性不足，主要为面向全体老年人的"大一统"政策，在农村养老服务建设上，有针对性的政策意见较少。有些扶持政策散见于各部门的文件中，缺少系统性、连续性、衔接性，一定程度上影响了政策的实施效果；有些政策与原有政策、部门政策相悖，亟待梳理调整、重新修订。政策的指导性意见较多，实施细则较少，可操作性不强，由于对政策理解存在不同的认知，一些政策在具体落实时会偏离原有的设计初衷，造成执行的偏差。老年人的个体异质性决定了老年人需求的个性化特点，而只有市场能够根据需求的变化迅速做出相应和调整。政策制定的专业性、综合性、适应性受到挑战，农村养老服务如何在满足短期需求的基础上可持续发展，政策需要更加精准、标准和细化。

从养老服务体系来看，吉林省农村已经初步形成了"县—乡"两级核心体系，包括乡镇敬老院、（村）养老服务照料中心，以及各类民营养老机构，目前的养老服务体系并不完善，处于在探索中不断推进的进程中。在少数地区已经出现三级养老服务体系，村一级养老服务逐步发展起来，正在不断的磨合和拓展中发展。各层级在服务老年人层面具体分工存在交叉和重复。县、乡镇一级养老机构面向全体农村老年居民，但目前处境较为尴尬，很少有农村老年人自愿到其中居住养老。养老机构更多的是在为谋生存作努力，在挣扎中谋求发展，机构开展服务的基本业务经费得不到保障和落实，同时承受着来自市场的冲击和压力。而村一级养老机构主要服务对象为五保户，其他普遍、广泛的老人尚无着落。这两级体系在政府财政支持下依旧继续发挥着积极作用，通过几轮的改造之后，在硬件条件上基本完善，但就其管理和服务而言，仍旧不尽如人意。在调研中，我们发现大部分村一层级的养老服务机构，初级护理员仅2~3人，服务比例高达1∶7，即1位护理员要同时服务7位老人，甚至更多，目前的养老机构仅仅是维持运营状态。在个别地区，例如长春、松原、白城等地在村一级出现一些探索，建立起农村养老服务大院，但在运营中体现的不是养老服务机构功能，而是更倾向于文体娱乐功能和老年人社会参与功能，而非养老机构需要提供的衣食住行等方面的服务。

（二）农村养老服务的有效需求不足，供给侧调整乏力

与农村养老服务快速发展相对应的是出现较高的机构空置率，目前农村养老机构的平均入住率不足50%，民办养老机构的空置率更高。一是养老机构的建设存在一定程度的盲目性，没有充分重视老人的实际支付能力。服务项目单一，主要围绕住宿、饮食、沐浴等项目，长期护理缺乏，合作式、村庄式的养老服务体系探索不足；二是社会化养老氛围不足，老年人确实十分关注养老机构发展，但真正主动到养老机构的并不多，养老服务的规模效应难以实现。养老潜在需求大，但有效需求不足。受到老年人消费意愿和购买能力的影响，事实上潜在雪球与有效需求之间差距巨大。在政府政策的鼓励下，以行政区划而非市场和老年人需求为基础对养老机构建设大力投入，养老床位数量在这一时期大幅上升，养老床位空置率也随之增长。

受传统文化的影响，农村健康老人更倾向于居家养老，对于政府给予的养老补贴理解片面，甚至出现花补贴愿意，自己掏腰包不情愿的问题。而高龄老人因家庭照料困难，更倾向于寻找离家近，质高、价低、充满人文关怀的护理机构，但真正符合百姓要求的护理机构要么发育不足，要么条件太差，缺乏足够的吸引力。

(三)养老服务社会支持体系衔接性差,政策"真空"问题显现

原有享受补助的农村老人包括五保户和低保户,在体制改革之后,部分低保户不再符合特困标准,因而不享受国家补贴。但在改革之前,这部分人群已经入住养老机构,并不能因为不再享受补助而离开养老机构,这部分成本需要养老机构自行消化承担。同时,一些不符合特困标准或五保标准的老年人,其本身处于低保状态,且无人供养,接近半失能状态,但由于不符合入住养老福利机构的标准,不能纳入补贴群体,同时又无法承担自费入住的费用,是养老服务边缘群体,生活困顿,养老艰难。

养老机构在转型过程中,已经逐渐由特惠性养老服务机构向普惠性养老服务机构转型,服务人群由重点保障对象逐渐扩展到全体老年人,面向更广泛的老年人群体。在新旧制度转换,由原来的"补砖头""补床头"政策向"补人头"转变的过程中,存在一段政策空档期,2014年之后新建、改建、扩建的公办和民办养老机构等才能享受一次性建设补贴。在享受补贴人群上,人员分类复杂、详细,有具体的证件要求和证明要求,在具体经办过程中,人员情况往往存在交叉、重叠和特殊情况,资金拨付周期较长,处理较为复杂。例如申请贫困老人入住机构补贴,需要提供县级以上地方人民政府民政部门核发的《养老机构设立许可证》(《社会福利机构设置批准证书》或《事业单位法人证书》);入住的贫困老人需要持有《城市(农村)居民低保证》、《吉林省抚恤补助金领取证》、《吉林省农村五保供养证》、城市"三无"人员居住地县级民政局出具的相关证明,且需要入住养老机构6个月以上;资金于当年4月底拨付到省级民政部门,每年9月底前按程序报批下达。

(四)养老服务社会支持体系建设总体水平不高,特殊融合性养老机构匮乏

由于农村老人入住养老机构时,自身缴纳的费用较少,参加到机构养老中的老人数量又不足以产生规模效应。即使在农村基层养老的亮点地区,养

老需求也主要体现在低价养老机构上,一旦机构提高价格,机构养老需求就会迅速减少。在更多意义上,这种现象产生的主要原因不是由于农村人口收入较低、无法缴纳更多费用,而是因为这些低价机构主要面对的是自理老人,无法护理失能与半失能老人。对能够自理的老人而言,居家生活的成本要低于机构养老收取的费用,因此即使老人能够承担更多费用,也缺少前往基层养老机构的动力;而等到老人失去自理能力、愿意付出更多费用时,基层养老机构又没有了照顾他们的能力。在村一级养老机构服务对象主要是能够自理的老年人,受到护理成本和医疗成本的限制,一旦老年人患病或不能自理,需要重新回归到家庭或转移到其他养老机构,并不能实现最终的在家养老。而农村老人最需要的就是在失能或半失能后,能够享受到养老服务,减轻子女负担。

同时,现有养老机构同质化明显,能够提供的基本服务大致相同,没有形成特色分工,面对的老年人群体局限性大。在调研中发现,有一位特殊情况的五保老人,属于精神残疾类残疾人,但同时患有肺结核传染病。因有精神残疾,无法入住普通养老机构;因有传染病,无法入住残疾人托养中心;如果入住传染病医院,并不能满足养老需求。该老人属于五保老人,且失去自理能力,养老需求显著,但很难有能够收养其的养老机构。

(五)农村养老机构支持渠道单一,发展后劲不足

农村养老发展起步晚、底子弱,养老服务市场尚未形成,服务缺少设施、缺少多方供给,护理人员极其短缺,养老人才队伍整体素质不高,加强农村社会养老服务保障体系建设势在必行。村一级养老服务照料中心多数为刚刚成立,尚未投入运营,入住定价偏低,后期可持续运营面临挑战。

在收入方面,资金来源渠道单一,可支配资金有限。目前吉林省农村养老机构的主要来源为国家财政转移支付资金,该打包资金包括养老机构人员工资、特困人员补助和冬季取暖费用。该标准制定于2002年,并一直沿用至今,在统一推进养老机构改革后,并没有同时调整转移支付资金,原有的转移支付资金已经不能满足养老机构日常需求。养老机构其余的资金来源是

福利彩票基金以及入住养老机构老年人的养老补贴和护理补贴收入，还有少数自费入住老人缴纳的费用。能够实现收支平衡的养老机构较少，多数需要各级政府给予补贴。

在资金支出方面，刚性支出较多，运营成本控制有限。养老机构的刚性支出包括：养老机构工作人员的工资支出（包括养老机构管理员、护理员、厨师、锅炉工等）、冬季取暖支出（用电或用煤，出于安全考虑，部分养老机构采用电取暖，提高安全性，但同时用电成本也比用煤高）、老年人餐饮支出，水电燃气费用、老年人医疗费用（虽有新农合报销，但仍存在不在报销范围内药品、临时垫付医疗费用、聘请医疗机构护理人员等其他不可报销支出）等。在日常维护方面，养老机构房屋维护、修缮、改造、水电改造、设备更换、维修等方面没有专项资金支持，需要单独申请、专款专用，行政效率较低。

三 推进养老服务事业发展的政策建议

（一）建立更加精细化的需方补贴制度

在调研中我们发现，所有基层机构均提到了经费困难的问题，但主要问题不是没有经费，而是没有使用经费的自由。在上一轮财政改革中，乡镇级政府的财权被收归到县里，使得乡镇级政府的经费使用需要经过上报审批的程序，而更下边的最基层又要向乡镇打报告，再层层上报审批。冗长的行政步骤，不仅严重拖慢了经费拨付和机构建设的时间，也将很多虽非基础刚性需求，但有较大改善意义的需求压在下边，没有得到重视。另外，现在各级政府对养老的补贴从机构建设"补砖头"转为补贴老人"补床头"，但很多基层相应的标准还没有制定，也就没有稳定的拨款渠道，基层的困难也因此产生。实际上，财政改革后，原本由乡镇政府管理的经费被县政府接管，那么原本由乡镇政府承担的责任也应当由县政府承担。

地方政府应强化政策衔接，将基层民生机构托底所需的经费列入财政预算,及时合理制定经费标准,为基层民众办实事、为基层民生机构解燃眉之急。通过财政转移支付的途径,增加民营养老机构建设、运营的补贴。由于目前对民营养老机构的财政补贴和资助主要依赖市县两级,这对于部分经济欠发达地区的民营养老机构来说,往往难以获得足够的财政补贴。需要强化省级政府在民营养老机构建设、运营中的财政责任,可以建立专项财政转移支付机制,引导农村地区民营养老机构的发展。处理好"集中供养"和"分散供养"的关系,将失能半失能特困供养人员分散式养老与现代医疗有机地结合起来,对农村失能半失能的特困供养人员实行集中供养,集中力量帮助和照料失能老人,解决农村失能半失能的特困供养人员的养老医疗等问题,又解决了基层敬老院存在的管护力量严重不足等诸多困难。

(二)处理好"守住底线"和"有效扩大"的关系,充分激活社会力量

鼓励和引导社会资本进入农村养老服务市场发展,政府引导社会力量加强农村养老服务设施建设,提高公共服务保障水平,创新农村养老服务供给方式。可探索由个人缴费,村集体和政府支持、与社会组织合作,社会企业运营、政府购买服务等模式,因地制宜,调动村集体的力量。可探索小范围内的小饭桌经营,开办老年"小饭桌"能解决高龄、独居老人吃饭难问题,为行动不便老人提供送餐到家的服务。

一方面,政府要守住养老服务的底线,明确政府的责任底线,认清政府作用存在失灵和无效。从农村地区实际出发,通过养老服务体系建设规划,合理引导农村养老机构的资源配置和功能定位。鉴于身体较差的农村老年人更倾向于入住养老院,在提供基本生活照顾的基础上,针对老年人在医疗护理和卫生保健方面的需求,重视医疗护理和保健项目的建设。由于农村老年群体内部存在较大的差异性,应该对农村地区不同规模、不同层次养老机构的发展给予适当引导和政策优惠,扶持不同规模、不同层次养老机构的发展,满足不同经济收入水平老年人的社会养老服务需求。

另一方面,用政府的筹资作为杠杆,以"政府购买服务"和"服务补

贴"为主要形式,撬动市场资源,激活社会力量参与养老服务体系的建设,形成服务的良性循环。推进公办民营、公建民营等服务模式,解决"市场—社会"的良性互动问题。推进多级政府合作,支持村庄发展养老服务机构,养老服务新体制的核心要处理好政府与市场的关系,政府要从养老服务的微观层面退出来,加大购买服务和监管服务,从养老服务直接供应方变成养老服务购买方和监管方,调整政府核心职能。尝试公私合营、政府购买服务等途径扶持养老服务市场和民营养老机构的发展。由政府专门设立公办养老机构容易导致效率低、服务差等问题,在科学预测农村老年人对养老机构需求总量的基础上,尝试运用政府购买服务、公私合营等多种新途径,给予民营养老机构平等的市场地位和发展空间,发挥市场的资源配置功能,解决当前农村地区养老服务市场中存在的"惨淡经营"困局。

(三)大力提升对高龄和失能等困难老人的服务能力

养老问题主要集中在已经超过健康年龄阶段的老人身上,如果这一阶段的老人无法拿出机构养老或护理的费用,才是确实有刚性需求而无力满足;如果照顾失能半失能老人的机构面临经费不足,才是真的需要帮助。这些老人和机构才应当是政府重点关注和补贴的对象,政府在补贴上体现出一定差异性,注重雪中送炭而非锦上添花。具体补贴标准方面,基层的民营养老机构收费标准是市场自然形成的,太低无法维持运营,太高又会导致入住老人进一步减少,当前收费标准应属于合理区间。国家和地方对低保、特困等老人的经济补助,可以将民营养老机构的收费标准作为一个参考,随不同的经济发展形势适度调整。

大力倡导失能老年人长期照护是基本养老服务的理念,将失能老年人长期照护摆在解决老有所养问题的首要位置,纳入养老服务兜底线、保基本范围,推动各方形成共识,明确思路,加强对失能老年人长期照护的支持。大力发展医养结合的老年护理机构,结合村部医疗卫生所,优先发展具有医护功能,以收养失能、半失能老年人为主的护理机构。通过公建民营、评估轮候等体制机制改革,通过改扩建、完善管理服务制度、提升服务能力等针对性措施,将大部分公办养老机构床位改造成护理型养老床位。通过差异化的建设补贴、运营补贴,引导民办养老机构发展护理型养老床位。同时,要推进经济困难老年人补贴制度提标扩面,争取到2020年前实现全覆盖。落实经济困难老年人补贴制度,既可以在长期护理保险制度建立前发挥兜底作用,也可以在长期护理保险制度建立后发挥补充作用。

(四)制定老年家庭扶持政策,促进家庭养老服务的供给

与社会化养老相比较,家庭养老有其不可替代的特殊优势。家庭是老年人生活的最主要场所,是其情感和精神的重要依托,赡养老人是子女和家庭成员应尽的义务,家庭成员给予老年人全方位悉心照顾是任何其他个人或者机构难以替代的。在农村人口老龄化和高龄化程度日益加深、居住方式和代际支持变化的背景下,尽管家庭照料模式已经表现出种种不适应,但家人照顾依然是农村老年人的主流意愿。虽然最新出台的《老年法》把"老年人养老主要依靠家庭"修改为"老年人养老以居家养老为基础",其中依然强调家庭养老的基础性地位。但目前还缺乏对提供照料和养老服务的家庭成员给予支持和保障的专门性政策。现行法律和政策仅仅强调赡养父母是子女的义务,过于强调道德的宣传和自律。把家庭问题由道德提升为政策层面,积极构建家庭服务政策,实际去支持和援助家庭成员更好地承担家庭责任,而非一味地停留在道德的教育和舆论的宣传上。因此,应当实施积极的老年家庭扶持政策,努力实现老年家庭扶持政策由"含蓄型"向"发展型"的转变。在倡导孝道文化、强化家庭成员照料老人责任的同时,可以通过对家庭中从事老人照顾的成员给予补贴、技术培训等,减轻家庭成员负担,提高家庭的养老服务水平。也就是说要从单纯地强调家庭责任转向重视帮助家庭成员去行使照料老人责任。

参考文献

[1] 张彩华:《村庄互助养老幸福院模式研究:支持性社会结构的视角》,中国农业

大学博士学位论文，2017。

［2］陈立新、姚远：《社会支持对老年人心理健康影响的研究》，《人口研究》2005年第4期，第73~78页。

［3］姜向群：《城市老年人的养老需求及其社会支持研究——基于辽宁省营口市的抽样调查》，《社会科学战线》2014年第5期。

［4］黄俊辉、李放：《生活满意度与养老院需求意愿的影响研究——江苏农村老年人的调查》，《南方人口》2013年2月15日。

［5］徐宏：《老龄化背景下养老服务社会支持体系研究——以山东省为例》，《社会福利（理论）》2013年第6期，第35~39页。

［6］乔恒：《吉林省：因地制宜全面提升农村养老服务能力》，《中国民政》2018年1月15日。

B.21 吉林省托育行业发展现状及对策建议

周含*

摘　要： 吉林省向来注重发展托育服务与学前教育，经过多年建设，初步构建起覆盖城乡、布局合理的学前教育公共服务体系，学前三年毛入园率显著超过全国平均水平。但随着人口老龄化的发展，"全面两孩"的放开和国家对幼儿园相关政策的调整，也面临新的人口发展趋势，存在生源结构性不足、民办幼儿园发展艰辛、0~3岁托育服务存在短板等困难。要进一步推进托育服务全面发展，需要政府大力推动普惠性幼儿园发展，用政策和补助等综合手段激励民营资本进入托育服务领域，强化幼儿园监督管理，间接促进幼儿入园，着重发展0~3岁托幼服务，解放城市妇女劳动力，以灵活形式开展学前教育，提高乡村托育服务覆盖。

关键词： 托育服务　学前教育　全面两孩

2016年，全国范围的计划生育放开为"全面两孩"政策，之后的几年中，吉林省的新生儿数量从年均16万人左右提升到年均18万人左右，幼儿照料与托育服务的发展成为随之而来的重要问题。学前教育是中国国民教育体系的重要组成部分，是基础教育的基础，托育则是学前教育领域的进一步

---

* 周含，吉林省社会科学院社会学研究所助理研究员，主要研究方向为人口社会学、妇女与儿童福利。

拓展。优质的学前教育和托育服务，对巩固义务教育的成果、提高义务教育的质量和提高国民素质具有重要意义。

一 吉林省托育行业发展现状

（一）吉林省托育行业政策环境良好

本文所说的托育服务，指的是学龄前婴幼儿在家庭外获得的托养、照护和教育服务，提供者主要包括托儿所、幼儿园、学前班等机构。截至2018年底，吉林省托育服务的主流机构是为3~5岁幼儿服务的幼儿园，因此本文发展现状部分主要以幼儿园的状况讨论为主。随着"全面两孩"的放开，0~3岁的婴儿照护服务也将成为托育服务的重要组成部分，将主要在对策建议部分进行讨论。

吉林省为包括幼儿园、学前教育在内的托育服务行业发展提供了良好的政策环境。2011年，《吉林省学前教育三年行动计划（2011~2013）》开始实施，2014年又实施《吉林省第二期学前教育三年行动计划》，同年《吉林省学前教育条例》颁布实施；2017年实施《吉林省第三期学前教育行动计划（2017~2020年）》等。其间，先后制定印发了《吉林省幼儿园设置管理办法（试行）》《吉林省幼儿园设置标准（试行）》《吉林省普惠性民办幼儿园认定及管理办法（试行）》《关于加强城镇新建居住区和旧区改造配套幼儿园建设及管理的指导意见》《城镇小区配套幼儿园专项治理工作方案》《关于建立我省公办学前教育生均公用经费拨款制度的指导意见》《关于建立全省普惠性民办幼儿园经费补助制度的实施意见》等一系列相关法律和文件，促进了吉林省托育服务和学前教育管理的规范化、标准化、法制化，有效解决了吉林省学前教育事业发展中已经出现的许多现实问题，也为可能出现的问题提前预备了解决方案。2018年，吉林省又发布《关于进一步提升全省学前教育保教质量的通知》（吉教办〔2018〕54号），进一步提高了托育服务的行业标准，提升保育教育质量，促进全省幼儿拥有公平而有质量的教育，支撑和保障了吉林省托育行业的大幅发展。

在若干政策文件的指导下，各级政府统筹规划，大力支持托育行业发展。吉林省在学前教育方面的投入逐年增加，促使幼儿园布局和结构更加合理，教育质量逐步提升，"入园难、入园贵"问题得到初步缓解，学前教育公共服务体系基本形成。其中，财政保障是最基础和重要的保障，在对机构的支持方面，2014~2015年，吉林省财政下达用于新建、改扩建公办幼儿园的专项资金1.9亿元，2016年下达用于改建公办幼儿园、重点解决农村公办幼儿园资源短缺问题等的资金5655万元。此后，吉林省省级财政一般公共预算中，用于学前教育的支出为2017年4915万元、2018年4961万元，均达到了年初预算的目标。对幼儿的支持方面，吉林省按照每生每年2000元的标准对城镇低保家庭幼儿和孤儿实施学前资助。师资建设方面，评估批准55所中等职业学校开办学前教育专业的教学，每年共培养毕业生约6000人次。

经过数年的建设，吉林省为学前教育提供的资源不断扩大，初步构建起覆盖城乡、布局合理的学前教育公共服务体系。截至2018年底，全省学前三年毛入园率为87.4%，比上年提高了4.4个百分点，比全国平均水平高出6个百分点，长期处在较高水平。2018年，全省共有幼儿园3617所，其中民办幼儿园2863所，占幼儿园总数的79.2%，新入园（班）幼儿18.67万人，在园（班）幼儿41.92万人，其中民办幼儿园在园（班）25.95万人，占全部在园幼儿数的61.9%；另独立设置少数民族幼儿园66所，少数民族在园幼儿3.06万人；幼儿园教职工共54973人，其中专任教师28503人。

（二）吉林省托育行业结构调整优化

在良好的政策环境下，吉林省托育行业总体上处于平稳发展状态。但从2016年起，一方面由于经济发展进入新常态，另一方面由于"全面两孩"给人口出生带来了一系列变动，国家的许多政策因此有所调整，与新生人口密切相关的托育行业首先面临这种变化，吉林省的托育行业近年来也发生了一些新的变化。根据教育部与吉林省统计年鉴提供的数据，从2010~2018

年，吉林省历年的幼儿园基本情况如表1所示（其中2010～2012年没有在园幼儿数详细统计，以约数代替）：

表1 吉林省幼儿园近年基本情况数据

单位：所，人

年份	园数	在园幼儿数	教职工数	其中专任教师数
2010	2876	397000	26619	16980
2011	3432	460000	36776	22397
2012	3491	430000	39451	23487
2013	3808	441934	43080	24904
2014	4039	462002	47445	27381
2015	4174	463647	50183	28399
2016	4133	463445	53141	29631
2017	4053	455305	55084	30026
2018	3617	419246	54973	28503

从表中可以看出，从2010年到2014年，在《吉林省学前教育三年行动计划（2011～2013）》等一系列政策文件的促进下，托育行业发展迅速，幼儿园数和在园幼儿数显著增加，教职工数迅速上升，幼儿园业发展欣欣向荣。但到2015～2018年，幼儿园数和在园幼儿数都逐渐下降，教职工数的增加还持续了几年，但到2018年也有所下降。总体来看，无论是教职工数、幼儿园数还是在园幼儿数，都经历了一个从迅速增加到逐渐减少的过程。在"两孩"逐渐放开的过程中，全体幼儿数将从平缓到逐渐增加，吉林省幼儿园的发展情况却呈现不同的状态，这是一个值得关注的情况。因为毛入园率是在不断提高的，因此在园幼儿数的减少可以解释为出生率变动导致幼儿总数减少的结果，但在全国范围内幼儿园普遍供不应求、吉林省也存在"入园难"问题的情况下，幼儿园总数却在大幅减少，说明出现的主要是结构性调整。

2018年，吉林省幼儿园每班平均人数为20.16人，为全国最低，与辽宁省（20.46）和黑龙江省（20.36）数据相近，属于东北地区普遍存在的现象。从办学质量而言，每班平均人数较少，能使每个幼儿得到教职工的关注和照料，是学前教育能够确保较高质量的基础条件。但与此同时，每班20人远低于2015年制定的《吉林省公办幼儿园设置标准》所规定的"小班不超过25人，中班不超过30人，大班不超过35人"的标准。尽管该标准针对的是公办幼儿园、而吉林省大部分幼儿园为民营幼儿园，但一方面，幼儿成长是有科学规律可循的，不同类别的幼儿园在编班上也有相似之处；另一方面，规定为"不超过"，说明在设想中，幼儿园会拥有充足的生源、使得每班能够超过规定数字，而现实却明显不同。这种差异一方面反映出相比幼儿园数量而言，吉林省幼儿的入园需求相对不足；另一方面，平均每班人数只有20人，不代表所有幼儿园都是这个状态，通常是城市园、公办园、普惠园班数多，每班人数也多，而乡村园、民办园、营利园班数少，每班人数也少。近几年减少的，主要是乡村园和小型民办园，从行业发展的角度来看，可以算作一种结构性的调整优化。

（三）吉林省托育服务需求将逐步扩大和提升

高质量、高覆盖率的托育服务既有助于幼儿的成长，又能减轻家长的照料压力、提高青年家长的劳动生产效率，并有助于出生率的进一步提高。当前，吉林省的托育服务主要面向3~5岁的幼儿。将2010年以来每年吉林省出生人口数，整理为表2：

表2 吉林省近年出生人口数

单位：人

2010年	2011年	2012年	2013年	2014年	2015年	2016年	2017年	2018年
177304	179500	157600	147500	182200	161600	152800	184800	179900

从表中可以看出，2010~2013年，吉林省新生儿数量基本平缓下降，但随着"单独两孩"和"全面两孩"的放开，2014年与2017年出现了两个小的出生率高峰，之后虽然有所回落，但总体上仍然多于放开两孩之前的数目。更重要的特征是，吉林省的人口出生变化趋势是平缓增加，而非像其他

一些地区，在极短时间内大起大落，或在政策实施前后几乎没有变化。这说明吉林省多出生的人口主体并非来自年纪较大夫妻的补偿性生育，而是主要来自育龄高峰人口有计划的生育，属于真实的、可持续的增加。

出生数的变化会在一段时间后转为托育需求的变化。补偿性生育较多的地区，会在补偿高峰的两三年后面对一波巨大的入园潮，适龄幼儿数猛然增加到难以靠紧急建设幼儿园来应对的程度；即使靠临时建设成功应对了这一波入园潮，等这一批人到入学年龄离开幼儿园之后，多建设出来的机构和服务又会面临需求不足，存在浪费和需要转业等困境。同一批人也会在数年后的入学、升学和十数年后的就业时面临类似的状况，这在那些以补偿性生育为主的地区，对相关建设是严峻的挑战。但在吉林省，由于计划生育观念的接受程度较高，年龄较大的夫妻再生育意愿低，出生人口的增加主要来自育龄高峰人口的观念逐渐转变，这样需求迅猛变化的情况基本不会出现。在可预期的范围内，吉林省出生人口可能会继续平缓增加，但基本不会有突然的大波动，因此托育行业的建设步调是稳定可期的。

吉林省2016年出生的人口，到2019年已经达到进入幼儿园的适龄期，2017年与2018年出生的人口也将在未来两年拥有托育的需求。仅从已出生的人口来看，2019~2021年，达到入园适龄年龄的幼儿就会从64万人增长到68万人，托育行业应当在机构数量、机构分布、硬件和师资力量等方面做好准备。而对于那些尚待出生的人口，当"两孩"成为家庭普遍认可的常态后，本文预测在未来的数年中，吉林省新生儿的数目比起"一孩"与"一孩半"时期，以及"两孩"的最初几年，又会有比较明显的增加，届时学前教育的需求会进一步上升。若将0~3岁婴儿的托育服务也考虑在内，需求还会更大，当前正是依靠托育行业的建设来挖掘这一市场的大好时机。

结合近年的托育行业调整优化来看，这一轮新增的市场需求不仅仅是对托育机构数量的需求增加，更重要的是对托育服务质量的需求提升。尤其在城市地区，随着优生优育观念深入人心，家长对托育服务机构的需求不再仅仅是一个帮忙照顾孩子以便自己能够专心工作的地方，更是能够对学龄前的子女提供科学教育和辅助子女健康成长的专业性机构。无论是硬件设施、办园氛围、活动设置、后勤保障还是保育员和幼儿教师的专业素质，都是家长关心的方面。托育服务在接下来的发展中，也应当注重数量与质量的齐头并进。

二 吉林省托育服务发展存在的主要不足

近年来吉林省托育事业的发展取得了很大进步，但相比较义务教育和高等教育而言，学前教育仍是整个吉林省教育体系中的薄弱环节，事业发展不足、社会需求扩大、城乡发展不均衡等矛盾依然突出。

（一）县镇乡村民办幼儿园发展面临困境

由于托育行业的结构调整，2015～2018年，吉林省民办幼儿园的数量一直在减少，其中仅2017～2018一年间，就减少了385所，占减少总园数的88.3%，为幼儿园减少的主体，又主要分布在县镇乡村地区。但与此同时，在2018年入园人数与毕业离园人数总体持平的情况下，2018年的在园幼儿数仅减少了2.13万人，即减少的民办幼儿园平均每所接纳了幼儿55.3人；而仍然在办学的那些民办幼儿园，平均每所也只有幼儿90.64人，两者均远低于全国民办幼儿园每所160人左右的平均水平。

实际上，吉林省县镇乡村民办幼儿园的普遍特征是办学规模小、专业教师少，效益差，重"托"轻"育"，很多只具备基本的托养功能，而难以提供合适的学前教育。在面临政府对托育机构的标准变严或生源等方面的环境变化时，更容易遭到冲击，获益减少甚至无法维持，导致被淘汰的结果。

从市场经济的视角来看，这种现象可以算作一种需求不足导致质量较低的供给方的衰败，既符合市场规律，也能提高托育机构的平均水平。然而，学前教育实际上并不是用于产生短期效益的，而是一项利国利民的公益性事业，对民办幼儿园不能用对待企业的标准来要求，国家近年对"普惠性幼儿园"的强调也证明了这一点。在幼儿总量一定的情况下，留守儿童的问题通过随父母进城上幼儿园解决了，乡村幼儿园和一些民办幼儿园却门庭冷落。当招生规模缩小，收取的费用和领取的补助不足以维持日常开销，或者政府新规提出的整改要求成本过高时，这些幼儿园就有可能选择关门。本质上，这种现象是与青壮年劳动力带子女进城务工，导致乡村小学招生难甚至没落的现象是一致的，但因为学前教育不属于法定义务教育，幼儿园面临的局面会更加严峻。

在当前的处理方式下，低标准园只是被直接淘汰，并不能保证有相应的高标准园被及时建立，导致出现青黄不接的真空阶段。如果放任或强制要求办学困难的幼儿园关门，将导致原本在园的幼儿也被迫退园。资本的本质是逐利的，在没有公办园完全覆盖的地方，如果低标准园都难以生存，高标准园必然也难以建立，因此这些幼儿有很高概率缺少其他在距离、费用与入园手续上均可接受的幼儿园作为替代性选择，最终会变得无园可上，只能回到家里，错过接受学前教育的机会，等待上小学的年龄再做打算。这无疑不利于吉林省学前教育事业的发展，也不利于促进城乡教育平等。

（二）城市优质托育服务供给不足

同时，吉林省的各个大中城市作为乡村人口迁入地，面临的则是优质托育服务供给不足的问题。吉林省幼儿园"入园难"的问题是结构性的，当前主要是指城市人口密集地区入园难、优质公办幼儿园入园难。一方面，由于地区发展不均衡的现象比较明显，吉林省的人口向城市集中、出生数显著上升，人口聚居地区的托育机构却无法以相应的速度增加数量和扩大规模，在幼儿园可容纳人数上出现入园难是必然的结果；另一方面，城市中的劳动特点使得父母与子女分开的时间较长，收入水平也较高，家长对子女接受的托育服务既有更多的需求，又有更高的要求。

城市大多数父母需要的不仅是一个在自己工作时寄养子女的托养机构，更是一个能够为子女提供优良教育的教育机构。加上近几年新闻报道民办幼儿园虐童事件频发，其中不乏品牌园和高价园，使得家长对幼儿园平均质量产生担忧。幼儿身体能力、认知水平和表达能力均受限，教职工对幼儿权利的侵害往往更隐蔽,损害也更严重,让众多家长格外担惊受怕。涉案幼儿园中,不乏价格高昂的民办营利性幼儿园,传统的"花钱买安心"也失去作用。极端的家长因此放弃幼儿园,改请长辈或雇用保姆在家照料,其他家长也要小心翼翼挑选幼儿园,很多时候不得不去争取数量有限的公办园名额。最终,优质幼儿园不得不增加班数、增加每班幼儿数,使办学质量有所降低,但即使扩招,城市公办园和优质园的容量仍然无法满足所有家长和幼儿的入园需求。

(三)3岁以下婴儿托育服务短板明显

有调查显示,吉林省0~3岁婴幼儿托育服务短缺非常严重,0~3岁婴幼儿在我国各类托幼机构的入托率远低于一些发达国家的比例。当前在吉林省,所有公办幼儿园均要求幼儿达到3周岁以上才可入园,而女性产假一般不超过半年,中间有两年半的时间差。卫计委报告指出,中国80%的婴幼儿都是由祖辈参与看护。但根据2018年中国统计年鉴,吉林省2017年的平均家庭户规模为2.66人,核心家庭已成为吉林省家庭户的主流。家庭小型化的发展弱化了家庭的抚育与支持功能,特别是祖辈带养和邻里互助功能的减少使家庭需要承担更多的照护责任。尽管"两孩"的放开会使家庭规模有所扩大,但增加的主要是子女部分,仅仅为了在数年中照护幼儿,又不足以将核心家庭的生活习惯改回主干家庭,"两孩"时代家庭的抚育压力只会更大。即使祖辈能够帮助抚育,由于社会高速发展,老人看护孩子势必会在科学喂养、智力开发等方面有所不足,而且祖辈看护一孩尚且可行,看护二孩时,祖辈也面临更加年老体衰、难以胜任的问题。因此,专业的托育机构仍然是辅助父母养育幼儿的最好选择。

吉林省20世纪50~80年代曾经有过0~3岁托幼服务普遍存在的时期。为了促进妇女参加工作,同时减轻新生儿护理的压力,各级政府、事业单位和社区组织在中央的鼓励下,纷纷兴办公益性托幼机构,稳定托育服务体系。出生满56天的婴儿即可送入单位兴办的托儿所,3岁以下婴幼儿的入托率达到了30%,这证明低龄幼儿的托育是可行的。但到后来,这种公益事业机构在压力下逐渐难以维持。吉林省大多数企业迫于利润压力也停止提供托儿所服务，3岁以下的托幼机构几乎绝迹。从20世纪90年代起，吉林省公立托幼机构的3岁以下婴幼儿入托比率呈逐年下降趋势。直至现在，吉林省公立托幼机构名义上不再接纳3岁以下的婴幼儿，唯有极少量民办托儿所可以接受0~3岁托幼服务。

从1996年开始，中国女性劳动参与率持续下降，而吉林省作为东北地区省份，"下岗"对女性劳动参与率的影响也更为明显。当然，影响女性劳动参与率的因素非常复杂，托幼服务的缺失只是其中的一个方面，但当托幼困难切身存在时，确实会影响女性重返工作岗位，女性为了照顾孩子主动辞职等现象非常普遍。从女性劳动参与和婴幼儿科学早教照料的角度讲，0~3岁公共托育服务仍然大有必要。

三 推进吉林省托育服务全面发展的对策建议

（一）推动普惠性幼儿园发展，激励民营资本进入

2018年11月，国务院发布《关于学前教育深化改革规范发展的若干意见》，提出要规范发展民办园，到2020年，普惠性幼儿园覆盖率（公办园和普惠性民办园在园幼儿占比）达到80%。目前，吉林省的幼儿园发展距离这一标准还有较大的差距，普惠性幼儿园覆盖率仅为66.1%，入公办园难、入民办园贵的矛盾仍然存在。吉林省应当尽快采取举措，落实城镇新建小区严格依标配套建设幼儿园，确保小区配套幼儿园如期移交，规范小区配套幼儿园使用的方案，并确保配套幼儿园不办成营利性幼儿园。进一步完善吉林省公办学前教育生均公用经费拨款制度、全省普惠性民办幼儿园经费补助制度。

无论是否属于普惠性，吉林省民办幼儿园已在机构总数和在园幼儿数上都占大多数，成为吉林省托育服务的主要提供者。截至2018年底，吉林省普惠性民办幼儿园为1201所，占所有民办幼儿园的41.95%，还有很大的

发展空间。但应当意识到，国务院提出 2020 年普惠幼儿园覆盖率达到 80% 的要求，实际上对民营资本进入托幼领域有一定阻碍作用。该要求的目的是降低家庭负担，鼓励幼儿入园，但民营资本具有逐利性，如果缺少利益的驱动，民营资本就会缺少进驻托幼领域的动力，甚至主动退出托幼领域，若新建的公办幼儿园不能及时填补这部分空缺，幼儿入园又会面临困难。因此，在公立幼儿园建成和投入使用的数量足够之前，还应当做好对民营普惠性幼儿园的扶持工作。目前对普惠性民办幼儿园每生每年补助 200 元的标准较低，以民办幼儿园平均接纳 90 名幼儿计算，平均每园每年补助仅有 18000 元，可以说是杯水车薪，既不足以弥补民办普惠性幼儿园与民办营利性幼儿园的收益差距，也不足以弥补民办普惠性幼儿园与公办幼儿园的成本差距。吉林省应在条件允许的情况下，通过采取提供场地、减免租金等政策措施，加大对社会力量开展婴幼儿照护服务、用人单位内设婴幼儿照护服务机构的支持力度。进一步加大对民办普惠性幼儿园的扶持力度，形成激励作用，维持和扩大民营资本进入托育服务领域的规模，促进吉林省学前教育事业的发展。

（二）强化幼儿园监督管理，提升幼儿园平均质量

近几年，幼儿家长对高质量幼儿园的追求，除对服务质量的关注外，也包括因各地幼儿园虐童新闻频发，产生的对子女安全健康的担忧。但在未来数年的"两孩"大环境下，幼儿园建设速度只要不显著超过适龄幼儿的增长速度，供求关系还会是"卖方市场"，必然还会有幼儿进入"危险"的幼儿园。正如某幼儿园即使在事发后股价一度暴跌，事后仍然会逐渐恢复，仍然有许多幼儿陆续入园，最终导致第二起、第三起违规事件发生。

幼儿园的管理直接涉及幼儿的人身安全，只靠消费者自身回避是不够的，而且比起事后处理，事前的监督预防更为重要。现行的《吉林省幼儿园工作管理规定（试行）》为 2006 年制定，已相对落后于时代要求，此后制定的一系列文件中均未涉及幼儿园运行管理的具体事项。建议适时修订完善《吉林省幼儿园工作管理规定（试行）》，建立教育管理部门与家长对幼

儿园的监督制度，完善监管体系，进一步强化幼儿园教职工资质管理与思想教育。按照政府购买服务范围的规定，可将公办园中保育员、安保、厨师等服务纳入政府购买服务范围，所需资金从地方财政预算中统筹安排。关注民办幼儿园教职工的工资福利待遇保障，要参照当地公办园教师工资收入水平，合理确定相应教师的工资收入。各类幼儿园依法依规足额足项为教职工缴纳社会保险和住房公积金。各地要根据学前教育特点和幼儿园教师专业标准，完善幼儿园教师职称评聘标准。进一步完善教师培养体系，健全教师培训制度，严格教师队伍管理，强化师德师风建设，通过提高幼儿园教职工素质，确保在园幼儿身心健康地成长。整体提升幼儿园办学质量与服务质量，促成发展一批新的优质园，扩大入园可选择范围，并间接促进入园率的进一步提高。

（三）着重发展0~3岁托幼服务，解放城市妇女劳动力

2019年5月，国务院办公厅发布《关于促进3岁以下婴幼儿照护服务发展的指导意见》（国办发〔2019〕15号）。0~3岁是幼儿照料最耗费精力的时期，廉价易得乃至免费的社会化0~3岁托育服务能够解放妇女劳动，并间接有效提高人们的生育意愿。

吉林省应大力促进0~3岁托幼服务发展，对托育机构要确保机构与人员的数量和质量，增加机构的数量和可容纳的婴幼儿数量，同时严格制定和执行机构的管理规范；要扩大婴幼儿教师和保育员的教育培训规模，同时又不能降低行业准入标准；对婴儿父母要大力宣传托育的科学性，可以配合学前教育宣传月等活动，大力宣传托育服务，帮助社会和家长认识托儿所幼儿园保育教育活动的特点，营造支持推动学前教育发展的良好氛围。按照标准和规范在新建居住区规划、建设与常住人口规模相适应的婴幼儿照护服务设施及配套安全设施。采取政府补贴、行业引导和动员社会力量参与等方式，在加快推进老旧居住小区设施改造过程中，通过做好公共活动区域的设施和部位改造，为婴幼儿照护创造安全、适宜的环境和条件。支持用人单位以单独或联合相关单位共同举办的方式，在工作场所为职工提供福利性婴幼儿照

护服务。鼓励适龄幼儿进入托育机构接受系统的托育和学前教育，让家长能够放心地把孩子送到机构中看护，切实减轻子女养育压力，女性从家庭中解放出来，恢复工作质量，并间接刺激育龄人口提高生育意愿。

（四）以灵活形式开展学前教育，提高乡村托育服务覆盖

目前，学前教育并未被纳入我国义务教育的范围，这导致相比乡村小学与乡村初中，托育服务的建设在乡村更加不受重视，学前教育覆盖率显著低于城市。一方面，由于乡村劳动与生活的特点，托育服务对大部分乡村居民来说，并非刚性需求；另一方面，随着城市加大力度解决外来务工人员子女上学问题，吉林省乡村儿童随进城打工的父母一同进城的情况日渐普遍，留守儿童的数量减少，一个自然村乃至行政村中的儿童数量不足以支撑起一所学校，遑论一所幼儿园。但为了促进吉林省人口素质的提高，促进乡村振兴，仍然有必要在乡村开展适当的学前教育，根据实际，在农村社区综合服务设施建设中，统筹考虑婴幼儿照护服务设施建设。用科学的、符合幼儿成长规律的学前教育，促进乡村幼儿健康成长，树立正确的意识、养成良好的习惯，以确保进入义务教育阶段后能够顺利完成学业。

对乡村地区而言，学前教育开展的困难主要有两点，一是对学前教育的认识不足，认为生活习惯由长辈言传身教就可以了，不愿孩子受人约束；二是乡村的人均收入低，使得居民更不愿缴纳幼儿园费用。要破解这两个难题，一要靠用多种形式宣传，让居民了解学前教育的科学性，认识到接受系统学前教育后孩子能够拥有哪些良好的习惯和能力；二要靠政府补助，利用现成建筑等多种方法降低乡村幼儿园收费水平，可以说乡村比城市更需要普惠性幼儿园。

在乡村学前教育的形式上，考虑到乡村幼儿数量，乡村学前教育可以不必局限于本地幼儿园等机构，而是采用灵活的方式进行。例如在中心村或镇建立综合幼儿园，提供长托服务，减少父母或留守老人的接送压力；或在幼儿数不足以建立机构型幼儿园的村子，依托村集体活动大院，安排流动幼儿教师，每星期一至星期五到不同的村大院对幼儿进行统一指导，布置一星

的活动任务，其余时间则由幼儿的祖辈或其他志愿者按照幼儿教师的指导，协助幼儿完成活动任务，这样扩大了一个教师的服务范围，减少了人员、餐饮、机构建设等方面的成本，能够压低收费，也不需要孩子远离亲属，比较容易获得居民的认可。

参考文献

［1］吉林省人民政府办公厅：《吉林省人民政府关于2018年履行教育职责情况的自评报告》，2018。
［2］吉林省统计局：《吉林省年国民经济和社会发展统计公报》，2011～2019。
［3］华怡佼：《我国"二孩政策"下0～3岁儿童公共托育服务供给体系研究——以上海为例》，上海师范大学硕士学位论文，2018。
［4］余洪霞：《科学保教提质量 多措并举促发展——吉林省人大常委会审议全省学前教育工作情况的报告》，《吉林人大》2017年第7期，第8～9页。
［5］石智雷、刘康妮、施念：《二孩政策放开与低生育地区生育政策响应——基于年龄递进生育模型的分析》，《学习与实践》2017年第11期，第106～116页。
［6］佟新、杭苏红：《学龄前儿童抚育模式的转型与工作着的母亲》，《中华女子学院学报》2011年第1期，第74～79页。
［7］郭捷：《追溯幼教历史沿革 发展我国学前托儿教育》，廊坊市应用经济学会：《对接京津——低碳环保持续发展论文集》，2019，第8页。
［8］李峻鹏、周煜、郭冠宇等：《我国幼儿托育行业的历史、现实问题和解决对策》，《中国经贸导刊（中）》2018年第29期，第114～115页。

B.22
吉林省农村反贫困的现状和对策分析

曾 丹*

摘　要： 在国家扶贫攻坚政策的支持和推动下，吉林省的反贫困工作取得了显著的成效，到2020年将历史性地解决农村绝对贫困问题。但随着绝对贫困的消除，相对贫困问题的显现，也面临着农村扶贫产业不稳定、贫困人口的贫困依赖、特殊群体的贫困问题有待于关注以及扶贫攻坚过程中出现了新的不平衡等诸多问题，需要政府建立可持续的反贫困制度，保持扶贫政策的连续性；打造农村特色产业，扶贫与扶志扶智相结合，基础设施和公共服务投入适当向非贫困村倾斜。

关键词： 反贫困　绝对贫困　相对贫困

在国家扶贫攻坚政策的支持和推动下，吉林省的反贫困工作取得了显著的成效，到2020年将历史性地解决农村绝对贫困问题。反贫困的阶段性胜利也体现了共产党领导的社会主义制度的优越性，相比其他制度体制，我们更能集中力量办大事。但消除绝对贫困，并不意味着贫困现象的消失，贫困始终是人类发展中的长期挑战。习近平总书记说，消除贫困是人类共同的使命。消除贫困也始终是人类发展过程中面临的共同难题。农村贫困在2020年后仍将以多维度贫困和相对贫困的形式存在，农村的反贫困工作还会继续

---

* 曾丹，吉林省社会科学院社会学研究所助理研究员，主要研究方向为社会治理、社会政策。

进行下去。在2020年反贫困的阶段目标实现之后，我们需要思考如何建立一套可持续脱贫的制度化体系。

一 吉林省的反贫困历程和成效

（一）吉林省的反贫困历程

反贫困的内涵，通常是指一个国家或地区政府通过对贫困标准的界定，对处于贫困线之下的人群进行政策扶持、帮扶、救助的过程。在政策实践中，我们习惯把反贫困行为称为扶贫。

从70年代末改革开放开始至今，吉林省农村反贫困工作一直与国家反贫困工作步调一致，大致经历了三个阶段：第一阶段是1978～1985年，是体制改革推动反贫困阶段，这一阶段主要是体制改革带来经济增长的涓滴效应创造出农村人口获得财富的空间，通过改革开放，使一些被体制束缚的农民解放出来；第二阶段是1986～2000年，是大规模的农村开发式反贫困阶段，这一阶段国家设立了592个贫困县，吉林省设立9个贫困县，这一阶段打通了老百姓与外界沟通的渠道，主要是通过基础设施的改善带动农村的发展；第三阶段是2001年以后将扶贫对象的范围从县调整为村。2013年11月，习近平总书记在湖南湘西调研时第一次提出了"精准扶贫"的概念。同年12月国务院扶贫办颁布了《关于创新机制扎实推进农村扶贫开发工作的意见》，把精准扶贫这项反贫困政策进一步推向了全国。党的十九大报告再次把精准扶贫作为实现第一个百年奋斗目标的重要工作，这样，精准扶贫上升到了治国理政的高度。之后，为了保证反贫困资源完全传递到贫困户，国家和省里都开始实施贫困户建档立卡的工作。到了精准扶贫阶段，贫困治理已经逐渐发展成为一项包含项目管理、群众参与、制度建构以及社会动员的综合性治理战略。

（二）吉林省的反贫困成效

1. 吉林省反贫困攻坚成绩显著，2020年将基本消除农村绝对贫困现象

按2014年建档立卡的数据，吉林省全省贫困人口是245.6万人，贫困

人口基数大，反贫困任务艰巨。虽然吉林省总体农业资源和生态资源比较丰富，和西南地区深度贫困区比，农业基础条件比较好，但综合分析吉林省贫困状况并不容乐观。首先，贫困地区条件差。吉林省西部白城干旱风沙盐碱地占41.4%，常年降水量不足400毫米，粮食亩产不到全省平均水平的1/3，该片区也是吉林省农村贫困人口最为集中、面积最大的地区，贫困人口数量达96.8万人，约占全省贫困人口总数的39.4%；其次为东部高寒地区，贫困人口41.4万人，占全省贫困人口的16.9%；两个片区的贫困人口总和占吉林省贫困人口总数的一半以上，达56.3%。其次，因病致贫比重大，按2014年建档立卡的数据，全省因病致贫的贫困人口是38.2万，占总贫困人口的45.5%。

在贫困人口基数较大的基础上，为了有效推进反贫困攻坚工作，在《中国农村扶贫开发纲要（2011～2020年）》指导下，吉林省很快颁布了实施意见，同时还发布了《关于创新机制扎实推进农村扶贫开发工作的意见》的实施方案，为吉林省农村反贫困工作指明了方向。纲要实施至今，吉林省反贫困开发逐渐转向落实到对贫困户的精准扶贫上，通过建档立卡，帮扶到村到户，通过驻村第一书记包保责任制度，吉林省开展"千个单位包村、万名干部包户、百万党员参与帮扶"活动，实行了从省到村的五级书记负责制度，百万党员支持包保，坚持做到帮扶包保全覆盖。据吉林省扶贫办发布的数据，2018年全省新下派驻村干部10829人，其中贫困村新派驻2978人，非贫困村派驻7851人。为了确保对贫困村、贫困户包保全面实现全覆盖，严格落实每个贫困村1名联系领导、1名第一书记、1个帮扶单位、1批帮扶责任人、1个驻村工作队。在第一书记扶贫的基础上，吉林省积极推进旅游扶贫、金融扶贫、生态扶贫、产业扶贫、教育扶贫、消费扶贫等新兴扶贫模式，进行"造血"式扶贫开发。

吉林省经过"十二五"的扶贫开发，"十三五"的扶贫攻坚，在经济发展的外溢效应和社会保障福利体系的共同作用下，农村贫困状况得到了极大的缓解。特别是2014年实施精准脱贫以来，吉林省脱贫成绩突出，据吉林省扶贫办2018年1月发布的数据，截至2018年，吉林省脱贫攻坚扎实推进，五年成功减贫141.7万人，贫困发生率从11.3%下降到1.3%。实现664个贫困村退出，长白、洮南、镇赉、图们、龙井、和龙6个贫困县摘帽脱贫。退出的贫困村产业发展、集体经济收入、基础设施、基本公共服务等15项指标全部通过验收；脱贫人口平均收入达到5270.02元，比上年增加1327.02元。到目前为止，吉林省各个贫困县已经实现摘帽目标，进入了巩固阶段，也就意味着，到2020年吉林省的农村反贫困攻坚将基本消灭绝对贫困。

2. 贫困地区"两不愁、三保障"条件持续改善，贫困群众生活质量稳步提升

吉林省作为产粮大省，贫困户的温饱问题基本能得到解决，但农村的饮水安全问题始终困扰着广大农民，从"十三五"开始，吉林省在精准脱贫同时，致力于解决农村的饮水安全问题。据吉林省扶贫办发布的数据，截至2018年，吉林省解决了11.17万建档立卡贫困人口饮水安全问题，规划内的农村饮水安全脱贫攻坚任务基本完成，实现贫困地区农村饮水安全工程全覆盖。改造建档立卡贫困户危房4.8万户，吉林省建档立卡贫困人口住房安全问题全部解决。建档立卡贫困人口全部实行了医疗签约服务，新农合县级定点医院政策范围内报销比例达到85%。所有县（市、区）均通过义务教育均衡发展验收，建立起对贫困家庭从学前教育到研究生教育全程资助体系。

3. 贫困地区基础设施和公共服务水平持续提升，发展能力明显增强

据吉林省扶贫办发布的数据，截至2018年，吉林省新建贫困地区农村公路2670公里，自然屯通硬化路率达78.5%，自然村通硬化路率达100%。农村电网供电可靠率达到99.75%，综合电压合格率99.90%，两项主要指标均高于国家电网公司系统平均水平。吉林省贫困村文化活动室、广播电视和通信达标率100%。新建1262个行政村文化小广场，实现贫困县行政村小广场全覆盖。稳步推进"两线合一"，全省84%的市县低保标准超过扶贫标准。

4. 贫困地区生态环境显著改善，边境人口流失问题有所改善

大多集中连片的贫困地区都存在自然环境恶劣、生态破坏严重和社会环境失衡的问题。长期以来吉林西部白城地区由于过度放牧和开垦，湿地退

化、草原沙化、土地盐碱化严重。在解决区域贫困问题取得突破性进展的同时，吉林西部地区加快实施河湖连通、节水灌溉、引嫩入白等重点水利工程，恢复湿地500平方公里，年均降水量比历年增加50.4毫米，地下水位平均上升55厘米，高效节水灌溉面积发展到900万亩，大兴安岭南麓吉林片区生态环境进一步改善。与此同时，吉林东部地区边境扶贫攻坚扎实推进，专门出台政策意见，吸引一大批外出务工人员返乡创业，促进稳边固边，人口流失问题有所改善；选聘建档立卡贫困人口1290人作为生态护林员，人均年增加收入8750元，实现2596人、1290户稳定脱贫。

二 吉林省反贫困存在的问题分析

吉林省反贫困攻坚在国家的政策推动和扶持下，取得了阶段性的胜利，到2020年将成功地消除极端贫困和绝对贫困现象。然而反贫困过程中仍存在很多具体问题需要反思和面对。

（一）农村扶贫产业发展不稳定，创新空间有待提升

可以说，产业扶贫一直是吉林省反贫困措施中的主打牌。各地实践证明，产业扶贫是长久之计。一个地方形成创新主打产业是带动当地脱贫致富的根本。精准扶贫工作开展以来，吉林省针对贫困群体不同的原因，制定了一系列具有针对性的扶贫措施，比如教育扶贫、卫生健康扶贫、生态扶贫、电商扶贫、乡村旅游等。吉林省在产业扶贫方面也探索形成了"企业＋基地＋贫困户""乡村旅游＋农家乐＋贫困户"等多种模式，有些模式在全国得到推广。全省每年围绕脱贫攻坚，实施电商、光伏等产业项目都超过2000个。然而能长久稳定地带动一个地方脱贫的项目还是少之又少，扶贫产业的创新性还有待于提高。

具体表现在以下几个方面：首先，一些贫困地区扶贫产业项目存在同质化、低端化问题。在吉林西部贫困县调研发现，一个村庄发展庭院经济倡导养小笨鸡，其他村庄看到这个做法简单可行，也都跟风养鸡。结果到年底一

些贫困村出现鸡滞销,各包保扶贫单位只好鼓励本单位员工消费贫困村的鸡。而且鸡雏是各单位帮扶时给的,给时有,不给就没了,不可持续。其次,单个贫困户自身承受力有限,对一些政府扶持的产业优惠政策消化不了。比如,政府倡导发展乡村旅游,然而发展乡村旅游既需资金又要场地,单个贫困农户自身根本无法做到,最后政府支持贫困户创业的优惠政策贫困户根本无法享受到。最后,贫困户与市场主体的对接难。一边是贫困户拥有土地资源和劳动力,却找不到合适的产业门路和市场,另一边却是企业带着产业和市场,找不到劳动力和土地,这两种现象并存。

(二)部分地区贫困人口对政府有扶贫依赖,脱贫的内生动力不足

在这一波扶贫开发中,由于强调了驻村干部和基层干部在扶贫攻坚中的责任,从而突出了干部在扶贫中的主体作用,为了完成扶贫任务,扶贫干部充分调动了自身的积极性,而贫困人口在扶贫开发中作为客体,其参与积极性低。不会填表,扶贫干部帮填,脱不了贫,干部帮忙,从而使贫困户习惯只享受扶贫的权利,脱贫的主体性没有体现。有些地方贫困人口甚至把贫困当作一种待遇。在吉林西部贫困县调研中发现,有的家庭父亲和女儿两代人两个家庭都享受贫困扶助,脱贫意愿很低,对扶贫形成了心理依赖。有些贫困户很难带动,对脱贫积极性不高,希望继续享受贫困户的待遇。据一些包保责任人反映,到了脱贫攻坚最后阶段,很多贫困户已经达到脱贫摘帽标准了,每次去探望贫困户,贫困户都表示出这样的担忧:我啥能力都没有,条件又差,脱贫以后怎么办啊?甚至有贫困户要求扶贫工作队把房子修了,再帮忙盖上羊舍才同意脱贫。这样的案例比比皆是。贫困人口扶贫依赖和害怕脱贫的深层原因首先是贫困人口普遍技能低,对未来生活的改善信心不足,对脱贫以后的生活很茫然;其次,现在很多反贫困干预措施还是偏外在偏表面,对贫困人口的可行能力建构不足。

(三)农村"残、老、病"特殊群体的贫困问题值得关注

第一个值得关注的特殊人群是重残人群,各地残联主要负责重残人群的

贫困问题，但由于残联主要依靠中央的财政拨款和地方财政的配套运营，目前中央的拨款能到位，而由于近年来吉林省财政收入减少，地方配套往往不到位。资金的缺乏使助残活动很难持续下去，重残群体的贫困问题亟待解决。吉林省的重度残疾人和贫困残疾人补贴仅能达到国家平均水平，每月每人80元，处于全国较低水平，甚至有些县市还拿不出这笔钱来做这项工作。笔者在延边州调研发现，个别县反映残保金缺乏严重。

另一个特殊贫困群体就是乡村里的老人。在城市化的吸引力下，大多数农村的年轻人都离开了农村，剩下老人和一些留守的孩子。目前的农业是老人农业，老人是种地的主力。下乡调研发现，农村的老人只要还没有丧失劳动能力都在种地，70多岁的老人还在从事农业生产已经是见惯不怪的事。由于孩子们不能在身边养老，而目前农村的养老保险水平很低，中央确定的基础养老金标准是每人每月55元，养老金水平低导致老人丧失劳动力后无法依靠养老金维持生活，这就使乡村的老人在丧失劳动能力以后感到极度绝望。老年人口贫困是未来反贫困研究和进一步反贫困中需要关注的问题。

因病致贫人群问题突出。吉林省农村因病致贫比率很高，占总贫困人口的45.5%，高于全国平均水平。虽然吉林省在这场扶贫攻坚中已经下大力气完善贫困人口的医疗保障，按《吉林省农村建档立卡贫困人口大病兜底保障实施方案》，吉林省设立大病兜底第四道防线，将农村贫困人口住院医疗费用实际报销比例提高到90%、慢病门诊医疗费用实际报销比例提高到80%，设立"一事一议"第五道防线，进一步解决特殊贫困患者的医疗负担，然而个人自付医疗费用仍然很高，未来吉林省农村医疗保障建设还有很多事情要做。因为良好的后期保障措施解决不了农民不会看病和缺少健康意识的问题。通过长期农村调研观察发现，农民基本都是小病不治，大病上省城，省城三甲医院新农合的报销比例不高，这样不但过了最佳治疗期，也增加了治疗负担，往往一场大病下来倾家荡产。与其单纯增加大病的报销比例，不如加强贫困地区医疗卫生服务体系建设，推行农民的早期健康体检制度，引导贫困人口学习健康常识，学会防病，学会看病。

三 吉林省反贫困的对策建议

（一）发挥自身优势，打造特色农业产业

贫困地区发展旅游业的实践证明，发展具有带动区域发展效应的扶贫产业，需要进行农村产业的开发和打造。完善农村产业的丰富性、复杂性和特色化，只有这样的农村产业在市场中才有竞争力。首先，在产业选择上要贴近市场，找准主攻方向。注重发挥自身优势，挖掘农业比较优势，打造特色农业产业。最好是"一村一品""一乡一特色""一县一个特色产业"。其次，在进行扶贫开发过程中，通过信息化服务为贫困地区提供更好的网络服务平台，通过互联网农业的发展，进一步推动农业现代化。

吉林省作为国家的粮仓，一直以农业生产发展为基石，具有保障国家粮食安全的战略意义。从贫困地区贫困人口的收入来看，大多数贫困户收入的主要来源是务农，兼业为辅，可以说，吉林省贫困地区经济发展结构明显依赖于农业产业。同时在长期的发展生产中，吉林省贫困地区人口已经积累了大量的农业生产经验。很显然，吉林省农业产业相对于服务业和工业来说形成了明显的比较优势。因此在未来的反贫困中，吉林省必须根据吉林省自身的特点，发挥所长，首先推进农业现代化。

对于吉林省贫困地区来说，可以挖掘的比较优势资源也不少，大多数贫困地区我们都能找到具有区域特色和一定竞争力的"三高"农产品。吉林省东部长白山地区生产人参等名贵中药材和特色山货，需要深入挖掘和建设中药材产业链，打造特色山货品牌；西部白城地区草原资源丰富，土地辽阔，适合发展杂粮种植和深加工产业，更适合同时发展养殖业，目前这些业态都有，需要将这些特色农产品的种养殖规模化，开展配套的精粗加工，并且进行多层次深度开发和增值，进而形成相应的农业产业链，把吉林省从农业大省打造成农业强省。

（二）扶贫与扶志扶智相结合，切实加强贫困人口可行能力建设

习近平总书记在关于扶贫攻坚讲话中始终强调扶贫与扶志相结合。2018年中共中央国务院出台了《关于打赢脱贫攻坚战三年行动的指导意见》，进一步强调了坚持扶贫同扶志扶智相结合，正确处理外部帮扶和贫困群众自身努力的关系，更加注重提高贫困地区和贫困人口自我发展能力。在反贫困开发过程中，要对贫困人口赋权和再教育，调动贫困人口的主动性，提升贫困人口的参与能力。一方面要使贫困人口建立脱贫主体意识，有想要改变命运、突破现实、摆脱贫困的主体意识，并树立起自信心；另一方面要切实提高贫困人口脱贫致富能力，对贫困人口进行有针对性的人力资本的开发。

由于吉林省地处东北平原，农业机械化普及较好，农业机械化节省了农民的种地时间，农民务农之外的时间都在从事副业或外出打工，兼业收入也成了贫困人口增收的重要途径。然而由于农村贫困人口普遍受教育水平低，劳动技能单一，再加上观念落后，农民的兼业收入低且不稳定，亟须从以下几个方面加强贫困人口的可行能力建设：首先，对于外出务工、劳动技能低的贫困户，可以开办农民学校，加强职业技能培训，提升其就业能力，同时对务农和发展养殖业的农民做定期的技术培训，让农民有机会不断接触新技术。吉林汪清县的扶贫实践经验表明，教技能、转观念和给岗位比赠物资、捐资金更受贫困户欢迎。其次，对于等靠要的贫困户，重点通过开展农民讲习所，树立正向的榜样力量，并对农村恶习陋习施加道德的压力，鼓励愿意尝试的贫困户通过"做中学"的方式提升自我的能力和信心。最后，对于单个贫困户话语权小的问题，可以通过建立各种农村合作组织，来加强贫困户与扶贫开发项目对接的能力，促使农民进入市场机制中。

（三）建立可持续的反贫困制度，保持扶贫政策的连续性

这次精准扶贫通过攻坚克难，总体上可以说是将贫困群体的生活水平提升到一个新的台阶。然而要使贫困群体持久地摆脱贫困，除了培育和激发困人口的内生动力，也需要反贫困政策的持续发力。贫困是伴随人类发展的

长期挑战，指望一个阶段一个政策就能解决贫困这样一个人类发展的难题很不现实。到目前为止，不管是国家的还是省级的反贫困政策都是以2020年为节点制定的，2020年以后的扶贫方向和具体措施还需要一个可行的制度和具体的措施。首先，我们需要建立一个动态的反贫困数据库和可持续的反贫困干预机制。虽然吉林省强调摘帽不脱政策，摘帽不摘帮扶，即贫困户在脱贫之后还能继续享受一段时间的政策帮扶，返贫率也控制在极低的水平，然而新的贫困还是时有发生。不管是基于贫困户的主观原因，如因病致贫、经营失败致贫、教育负担致贫等，还是由于客观外在因素导致的贫困，如天灾人祸，返贫和新的贫困产生都是客观存在的。关键是新的贫困人口或返贫发生后如何实施再反贫困支持和保障。因此，衡量脱贫攻坚成效，既需要把返贫率和贫困发生率控制在一个科学的水平，又需要我们建立一个动态的反贫困数据库，及时把达到脱贫条件的脱贫人口清退，同时把新出现的贫困人口和返贫困人口纳入关照体系中，采取相应的帮扶措施。可持续的反贫困制度主要是指在制度上形成有保障的可持续的关注贫困群体的机制，在新的贫困出现或出现返贫现象时具有能够有效兜底的制度保障。尤其是农村绝对贫困人口消除后，相对贫困问题的复杂性和致贫因素的多样性，很多新的致贫原因很复杂，需要及时关注。所以，反贫困政策一定要有可持续的制度保障做后盾。

其次，农村反贫困工作是一项涉及经济发展、生态保护、社会保障等政策的综合性工程，换句话说，农村的反贫困工作不能作为一个单一的机制存在，农村反贫困机制要想有效发挥作用，必须与现有的各项经济政策、环保政策和社会保障政策有机衔接、互相配合、互相推进。比如扶贫攻坚政策与生态保护政策之间的融合问题，吉林省镇赉县莫莫格乡全乡处于湿地保护的核心区，又是贫困乡，全乡不允许发展工业，而全乡异地搬迁困难很大，一方面是县政府财力无法承担，另一方面也不符合百姓的意愿。在调研中该乡的扶贫干部屡次反映扶贫产业项目无法落地。生态保护区如何发展生态友好型的产业需要在政策上进一步细化、论证以及监督，以助力贫困地区的发展。

（四）基础设施和公共服务投入适当向非贫困村倾斜，保持农村地区均衡发展

由于教育作为一项可行能力提升的关键动力，已经从农村转移到中心镇以上的行政单位，目前的农村可以说是"无教育"，"无教育"的后果是青壮年人口为了下一代教育需要跟随教育迁移，加剧了农村的空心化，结果是农村只剩下老人常住。调查中发现，吉林东部部分朝鲜族村庄人口空心化严重，当地老人讲述，有些村庄甚至三年都没有新出生人口。未来农村人口向中心镇和县城转移已经是趋势，有些空心村随着人口的自然流失，村庄消失也是一个自然的过程。调查中发现，有些空心村由于是贫困村，政府投资建设大量的配套设施，基本是村村都有配有健身器材的活动小广场、医院、学校等，然而由于人口少，这些设施使用率很低，基本都是空置状态，造成了扶贫资源的浪费。空心化的乡村如何振兴，也是2020年后反贫困需要面对的重要议题。

在贫困村基础设施得到较大改善的同时，很多非贫困村的基础设施还停留在20世纪90年代的水平，灌溉设施落后，乡道年久失修，整个村都找不到一个公共活动场所。吉林省中东西部村庄的抽样调查显示，这部分非贫困村已成为贫困地区经济快速发展的"薄弱地带"，主要原因是：这些非贫困村多数与贫困村相邻，自然条件基本相同，非贫困村最初可能在某些方面占有一定的优势，而没有被列为贫困村。但这些村由于"榜上无名"，即不属于"贫困村"范畴，在公共服务、基础设施等方面也就得到国家、省、市、县等各级政府的扶持较少，与贫困村相比"欠账"较多。未来的反贫困推进中，需要把非贫困村的公共设施建设欠账补齐，使非贫困村的建设跟上发展步伐，让农村地区共享改革发展的成果。

参考文献

[1]〔印度〕阿玛蒂亚·森：《贫困与饥荒》，王宇等译，商务印书馆，2001。

［2］国务院：《国家八七扶贫攻坚计划（1994~2000年）》，1994年4月15日。

［3］李小云等：《中国减贫四十年：基于历史与社会学的尝试性解释》，《社会学研究》2018年第6期。

［4］汪三贵：《中国40年大规模减贫：推动力量与制度基础》，《中国人民大学学报》2018年第6期。

［5］王一：《后2020"参与式"反贫困路劲探索》，《社会科学战线》2019年第5期。

［6］崔菁菁：《加强吉林省扶贫开发的总体框架研究》，东北师范大学博士学位论文，2016。

B.23 吉林省农村人居环境提升问题研究

姚 堃*

摘 要： 我国全面建成小康社会的重点、难点一直在农村，吉林省作为农业大省，"三农"问题始终是学者和政府重点关注的问题。在农村地区经济社会发展水平不断提高的同时，良好的人居环境已经成为农民的迫切需求，但吉林省农村人居环境整体水平与先进省份及农民的期望值相比仍存在一定差距。乡村振兴战略和吉林省农村人居环境整治三年行动的提出，为全省加强农村基础设施建设、改善农村卫生环境、提高农民居住条件带来了契机。本文对吉林省农村人居环境发展现状进行分析，针对其中存在的制约因素对吉林省农村人居环境提升问题提出了对策建议。

关键词： 农村人居环境 垃圾污水治理 厕所改造 环境污染整治

2019年是全面建成小康社会和实现乡村振兴战略的关键之年，也是吉林省实施农村人居环境整治三年行动的承接之年。近几年来，从中央到地方始终把农业农村问题放在决策部署的重要位置，农民的吃穿住行等基本生活需求得以解决。而另一方面也要看到，吉林省农村人居环境整体水平仍然较低，农村基础设施建设、生产生活环境卫生等方面仍与人民的期望及全面建成小康社会的目标要求存在差距，农村人居环境的改善与提升业已成为吉林

---

* 姚堃，吉林省社会科学院农村发展研究所副研究员，主要研究方向为农业产业化、农业可持续发展。

省农民的迫切需求，也是吉林省政府亟须解决的重要民生问题。

本文所涉及的农村人居环境概念，可以简单理解为在农村范围内进行的生产生活活动所创造的环境，主要包括村庄布局、基础设施、居住质量、生活垃圾、污水处理、安全饮水、交通出行等构成元素。

一 吉林省农村人居环境现状

（一）农村基础设施建设得到加强

吉林省通过实施农村人居环境整治三年行动，农村基础设施建设得到加强。共建设完成8万公里以上的通村公路，公路通村率基本达到100%；农村电网改造工程基本完成；安全饮水工程解决了农村学校70多万师生和1000多万农民的饮水安全问题；改造农村危房24.8万户、改造泥草房76.4万户。

表1 2018年末吉林省人口数及其构成

单位：万人，%

指标	年末数	比重
全省总人口	2704.06	—
其中:城镇	1555.65	57.53
乡村	1148.41	42.47

资料来源：吉林省统计局2018年国民经济和社会发展统计公报。

表2 乡镇、村交通设施

单位：个

	有火车站的乡镇	有码头的乡镇	有高速公路出入口的乡镇	通公路的村	村内主要道路有路灯的村
吉林省	123	15	123	9652	3414
长春市	12	2	13	1731	225
吉林市	21	9	13	1449	366
四平市	10	0	17	1233	297
公主岭市	2	0	7	427	63

续表

	有火车站的乡镇	有码头的乡镇	有高速公路出入口的乡镇	通公路的村	村内主要道路有路灯的村
辽源市	5	0	8	517	75
通化市	22	1	17	1003	722
梅河口市	3	0	5	303	137
白山市	11	1	10	499	407
松原市	10	1	11	1145	311
白城市	11	1	15	966	206
延边朝鲜族自治州	21	0	19	1104	801
珲春市	1	0	2	123	103
长白山管委会	0	0	0	5	4

资料来源：吉林省统计局第三次全国农业普查主要数据公报。

吉林省第三次全国农业普查数据公报显示（普查对象包括全省619个乡镇和9694个村），全省有火车站的乡镇共123个，占19.9%；有码头的乡镇15个，占2.4%；有高速公路出入口的乡镇123个，占19.9%；公路通村率99.6%（见表2）。

表3 村能源、通信设施

单位：个

	通电的村	通天然气的村	通电话的村	安装了有线电视的村	通宽带互联网的村	有电子商务配送站点的村
吉林省	9694	231	9693	9068	9362	3140
长春市	1731	48	1731	1583	1638	550
吉林市	1453	17	1453	1329	1410	482
四平市	1233	49	1233	1125	1179	356
公主岭市	427	15	427	372	402	39
辽源市	517	2	517	501	509	128
通化市	1003	18	1003	1000	999	443
梅河口市	303	1	303	303	302	114
白山市	534	14	533	449	494	264
松原市	1145	15	1145	1081	1104	207
白城市	969	22	969	905	936	327

续表

	通电的村	通天然气的村	通电话的村	安装了有线电视的村	通宽带互联网的村	有电子商务配送站点的村
延边朝鲜族自治州	1104	46	1104	1090	1088	379
珲春市	123	7	123	123	120	12
长白山管委会	5	0	5	5	5	4

资料来源：吉林省统计局第三次全国农业普查主要数据公报。

全省村屯通电率100%，通电话率100%，通互联网率96.6%，有线电视安装率93.5%，有电子商务配送点的村占32.4%，通天然气的村占2.4%（见表3）。

表4 住房数量

单位：户

	拥有住房户数	拥有1处住房	拥有2处住房	拥有3处及以上住房	没有住房	拥有商品房户数
吉林省	3237479	3117667	112850	6962	29662	157907
长春市	867315	832745	31631	2939	10566	25068
吉林市	455777	433827	20845	1105	3692	46633
四平市	544305	523709	19673	923	4862	18732
公主岭市	198599	190506	7666	427	1610	6793
辽源市	159077	153508	5388	181	704	6726
通化市	256004	247759	7848	397	2168	31003
梅河口市	68673	66173	2402	98	316	2581
白山市	88229	85146	2889	194	758	5353
松原市	437581	426921	10257	403	2819	9652
白城市	282387	276921	5230	236	2602	4443
延边朝鲜族自治州	145918	136261	9074	583	1487	10198
珲春市	12882	11255	1465	162	111	1366
长白山管委会	886	870	15	1	4	99

资料来源：吉林省统计局第三次全国农业普查主要数据公报。

99.1%的农户拥有自己的住房。其中，拥有1处住房的311.77万户，占96.3%；拥有2处住房的11.29万户，占3.5%；拥有3处及以上住房的0.70万户，占0.2%；拥有商品房的15.79万户，占4.8%（见表4）。

表 5　主要生活能源构成

单位：户

	柴草	煤	煤气、天然气、液化石油气	沼气	电	太阳能	其他
吉林省	3092189	211307	715485	3409	2447929	1884	1269
长春市	834259	62240	182689	1323	643895	614	867
吉林市	432490	15012	179231	0	290705	0	0
四平市	523862	27225	81869	739	462196	425	308
公主岭市	194188	4543	20474	208	180566	260	18
辽源市	154448	6769	21216	128	132426	90	0
通化市	245713	7221	64425	276	197823	119	57
梅河口市	67084	621	10179	0	59921	0	57
白山市	74774	23395	17941	49	61328	3	0
松原市	426379	28685	82330	534	337599	240	1
白城市	270758	28960	6183	255	252487	299	0
延边朝鲜族自治州	128793	11794	79090	104	68932	91	36
珲春市	8841	3955	3890	0	5823	16	0
长白山管委会	713	6	511	1	538	3	0

注：此指标每户可选两项，分项之和大于总户数。

资料来源：吉林省统计局第三次全国农业普查主要数据公报。

全省农村生活能源中，309.2万户主要使用柴草，占94.7%；244.8万户主要使用电，占74.9%；71.5万户主要使用煤气、天然气、液化石油气，占21.9%；21.1万户主要使用煤，占6.5%，使用太阳能、沼气等清洁能源的比例仅占不足0.1%（见表5）。

（二）美丽乡村建设水平得到提升

在不断加强农村基础设施建设的同时，吉林省还通过开展以"百村引领、千村示范、万村整治"为主题的村庄建设美化活动，合计综合整治村庄8870个，占比95%；7969个村建立村规民约，占85%。规划专项建设资金1.8亿元，支持省级重点示范村建设432个，累计创建干净人家50万户、打造美丽庭院20万个，创建文化品牌村800个，建设美丽乡村389个（年均创建50个左右）。

（三）农村社会事业持续进步

全省资助农村困难民众参加医疗保险152.5万人；供养农村贫困人员11万人，人均资助3300元；建设农村文化小广场5037个，建设农村社区3090个。建有小学的乡镇608个，占98.2%；建有幼儿园、托儿所的乡镇602个，占97.3%；建有图书馆、文化站的乡镇595个，占96.1%；建有公园及休闲健身广场的乡镇488个，占78.8%；建有体育场馆的乡镇65个，占10.5%；建有剧场、影剧院的乡镇46个，占7.4%（见表6）；建有医疗卫生机构的乡镇617个，占99.7%；建有社会福利收养性单位的乡镇549个，占88.7%（见表8），农村社会公共事业不断进步。

表6 乡镇文化教育设施

单位：个

	有幼儿园、托儿所的乡镇	有小学的乡镇	有图书馆、文化站的乡镇	有剧场、影剧院的乡镇	有体育场馆的乡镇	有公园及休闲健身广场的乡镇
吉林省	602	608	595	46	65	488
长春市	89	90	87	5	9	63
吉林市	76	75	68	4	13	66
四平市	74	74	73	5	5	55
公主岭市	20	20	20	1	0	11
辽源市	30	31	31	4	3	21
通化市	79	80	78	5	7	76
梅河口市	19	19	19	2	0	18
白山市	47	47	47	7	5	31
松原市	79	80	77	5	5	71
白城市	72	74	72	7	10	61
延边朝鲜族自治州	56	57	62	4	8	44
珲春市	8	8	8	1	2	9
长白山管委会	0	0	0	0	0	0

资料来源：吉林省统计局第三次全国农业普查主要数据公报。

表7　村文化教育设施

单位：个

	有幼儿园、托儿所的村	有体育健身场所的村	有图书室（馆）、文化站的村	有农民业余文化组织的村
吉林省	1866	5741	6566	5057
长春市	426	682	872	688
吉林市	230	1054	1163	891
四平市	309	593	671	624
公主岭市	65	155	143	202
辽源市	55	265	372	337
通化市	165	788	773	695
梅河口市	42	275	240	252
白山市	93	353	390	294
松原市	349	772	942	536
白城市	136	577	689	451
延边朝鲜族自治州	101	654	689	538
珲春市	13	80	87	68
长白山管委会	2	3	5	3

资料来源：吉林省统计局第三次全国农业普查主要数据公报。

表8　乡镇、村医疗和社会福利机构

单位：个

	有医疗卫生机构的乡镇	有执业（助理）医师的乡镇	有社会福利收养性单位的乡镇	有本级政府创办的敬老院的乡镇	有卫生室的村	有执业（助理）医师的村
吉林省	617	615	549	458	8328	6059
长春市	90	90	83	70	1452	1033
吉林市	76	76	73	60	1306	954
四平市	73	73	71	67	1105	875
公主岭市	20	20	20	18	359	297
辽源市	31	31	30	28	495	309
通化市	80	80	75	65	873	514
梅河口市	19	19	15	11	273	132
白山市	47	47	38	31	447	359
松原市	81	79	71	58	1076	966
白城市	74	74	70	62	801	614
延边朝鲜族自治州	65	65	38	17	771	434
珲春市	9	9	5	3	87	60
长白山管委会	0	0	0	0	2	1

资料来源：吉林省统计局第三次全国农业普查主要数据公报。

二 吉林省农村人居环境存在的问题

近年来,吉林省委、省政府通过落实党中央关于实施乡村振兴战略及推进农村人居环境整治工作的一系列决策部署,在改善吉林省农村人居环境方面取得了一定的成绩,但同时仍存在着差距和不足。

(一)管理制度不完善

农村人居环境隶属公共产品范畴,农村人居环境问题应当属于农村公共事务问题。农村人居环境包含两类公共产品:一类是跨行政村的公共产品,例如乡村道路、近郊村排污管道等基础设施,可以称为纯公共产品;一类是村内户外的公共产品,例如村内巷道、路灯、垃圾污水收集等设施及事务,可以称为准公共产品。对于纯公共产品,近年来国家和地方财政对其的投入力度还是很大的,交通、卫生、教育等方面均有所发展,农民群众在整体上较为满意。但是仍存在一些地方在落实政策时重建设轻管理,认为只要硬件设施建设好了,农村的人居环境就提升改善了,缺乏相应的维护、运行制度,只在形式上完成了上级任务,没有切实改善人居环境。而对于准公共产品,目前主要通过财政奖补和村民一事一议筹劳筹资的方式解决资金来源问题。但实际上,这样的方式远远满足不了准公共产品有效供给的需要。吉林省属于经济欠发达省份,吉林省农村基层组织有集体经济收入的只占10%左右,九成以上的村集体只能依靠财政每年的转移支付来维持组织运转(其中绝大部分需要作为工资支付),根本无力再满足准公共产品的需求。而由于缺乏完善的管理及奖惩制度,想通过一事一议让村民自己出资出力,更是难上加难,背离了准公共产品应有的"受益者付费"原则。农民对于公共产品,更多的是等、靠、要的依赖心理。

(二)基础设施建设仍显不足

"要想富,先修路",道路对于农村经济发展有着至关重要的作用,更是农村人居环境的重要组成部分。虽然目前吉林省农村地区已经基本实现村村通，但也只限于一条主干道。而且道路建设和养护的成本往往比较高，现行道路建设的资金来源主要由上级财政支持和本级财政自筹两部分组成，而很多乡镇财政无力满足道路建设的自筹需求，只能降低建设标准，影响道路的使用寿命，也无法提供应有的养护，几年时间路况就会变得极差，这样的问题在村级道路更加严重。同时，绝大多数村只有一条主干道能够得到硬化（且不说建设标准如何），更多的村组道路和生产道路仍以土路为主，遇到雨雪天气就泥泞不堪，严重影响村民的生产生活。

在给排水基础设施方面，吉林省尚未100%实现农村饮水安全。饮用经过净化处理自来水户数73.7万户，占22.6%；饮用受保护的井水、泉水的户数249.9万户，占76.5%；饮用不受保护的井水、泉水户数3.1万户，占0.9%（见表9）。大多数农民自家水井的深度不够，打上来的水基本都是最

表9 饮用水情况

单位：户

	经过净化处理的自来水	受保护的井水和泉水	不受保护的井水和泉水	江河湖泊水	桶装水
吉林省	736847	2498205	30790	144	1155
长春市	278974	597973	0	0	934
吉林市	131730	327707	0	0	32
四平市	44388	476440	28304	0	35
公主岭市	7217	164667	28304	0	21
辽源市	7093	152673	1	0	14
通化市	40007	218154	0	0	11
梅河口市	15675	53314	0	0	0
白山市	30293	57646	1042	0	6
松原市	76248	364060	0	0	92
白城市	67796	217178	0	0	15
延边朝鲜族自治州	59429	86373	1443	144	16
珲春市	5137	7217	638	0	1
长白山管委会	889	1	0	0	0

资料来源：吉林省统计局第三次全国农业普查主要数据公报。

容易受污染的浅层地下水，又缺少有效的净水处理手段，往往是直接使用，饮用水的质量很难得到保障。农村的排水系统也基本没有完善，无排水管线，以明排为主，影响农村人居环境。

（三）农村垃圾污水处理能力有待提高

垃圾处理是农村人居环境提升的基础。农村垃圾主要可以分为两个组成部分：一部分是如各种塑料包装制品、电子电器设备、玻璃金属制品等来自城市的垃圾；一部分是农村自己产生的，多以食品残余、各类果蔬、畜禽粪便为主。其中农村自己产生的垃圾占有很大比例，且基本都属于可降解和循环利用的有机物，可以通过传统的处理方式堆肥还田或作为畜禽饲料。简单机械的垃圾收集和转运，把很多农村可以自我消化的垃圾运往城镇，加剧了城镇垃圾处理压力。同时，吉林省的垃圾处理系统也尚未完善，全省生活垃圾收运处置体系建设仅完成48%，全省还有一半以上的行政村没有实现生活垃圾统收统运统处理。

污水处理是农村人居环境提升的又一重点问题。全省集中或部分集中供水的乡镇564个，占91.1%；集中或部分集中处理生活垃圾的乡镇469个，占75.8%；集中或部分集中处理污水的村470个，占4.8%；集中或部分集中处理生活垃圾的村3968个，占40.9%；完成或部分完成厕所改造的村2311个，占23.8%（见表10）。全省建制镇生活污水处理设施开工建设比例为30.4%，进入城市管网和建设生活污水处理设施的行政村仅有300个左右，占全省行政村的3.2%，即使加上厕所治理污水，农村污水处理率也仅为13.8%。同时，吉林省农村居民居住较为分散，村屯之间距离较远，农村地区用水量与城镇相比并不大，一味盲目地追求集中式污水处理方式不但成本高昂，而且污水还没有流到处理厂，直接干涸在管道里的现象也时有发生，处理效果并不理想。

全省目前仍有亟待改造的老旧厕所150万户以上，吉林省推广水冲厕所，要求条件高、费用大，农民用不起、用不好、用不上的现象仍有发生，有的农户室内不具备改厕条件，厕所甚至建在了灶台边。全省使用水冲式卫

表10　乡镇、村卫生处理设施

单位：个

	集中或部分集中供水的乡镇	生活垃圾集中处理或部分集中处理的乡镇	生活垃圾集中处理或部分集中处理的村	生活污水集中处理或部分集中处理的村	完成或部分完成改厕的村
吉林省	564	469	3968	470	2311
长春市	83	69	508	70	284
吉林市	74	73	1038	80	333
四平市	71	57	261	31	174
公主岭市	20	17	61	8	57
辽源市	31	25	151	3	86
通化市	79	74	694	81	473
梅河口市	18	18	243	33	114
白山市	47	40	363	44	188
松原市	53	32	111	18	102
白城市	60	36	183	50	205
延边朝鲜族自治州	66	63	654	91	464
珲春市	9	9	100	14	70
长白山管委会	0	0	5	2	2

资料来源：吉林省统计局第三次全国农业普查主要数据公报。

生厕所的8.39万户，占2.6%；使用水冲式非卫生厕所的0.60万户，占0.2%；使用卫生旱厕的34.23万户，占10.5%；使用普通旱厕的281.50万户，占86.2%；无厕所的1.99万户，占0.6%（见表11）。全省规模饲养场、户粪污资源化利用比例虽然逐步提高，但是农村小规模饲养户畜禽粪污随处排放问题仍然普遍存在，农村水污、厕污处理也不到位，"三污"治理问题比较突出；吉林省是农业大省，粮多、秸秆多、畜禽多、粪污多，冬季寒冷清理不便，基础设施建设又相对滞后，农村环境污染问题还十分突出。

表11　按家庭卫生设施类型分的住户构成

单位：户

	水冲式卫生厕所	卫生旱厕	水冲式非卫生厕所	普通旱厕	无厕所
吉林省	83945	342316	6018	2815012	19850
长春市	18251	151376	1407	701886	4961
吉林市	17545	51884	1156	388883	1

续表

	水冲式卫生厕所	卫生旱厕	水冲式非卫生厕所	普通旱厕	无厕所
四平市	9577	40356	756	490626	7852
公主岭市	2599	6866	212	189903	629
辽源市	3119	8906	152	147239	365
通化市	9076	36154	959	211313	670
梅河口市	1374	8458	229	58928	0
白山市	5032	5867	267	77559	262
松原市	4986	23412	505	410687	810
白城市	5417	12056	453	263016	4047
延边朝鲜族自治州	10759	12133	361	123272	880
珲春市	1047	701	29	11156	60
长白山管委会	183	172	2	531	2

资料来源：吉林省统计局第三次全国农业普查主要数据公报。

三 吉林省农村人居环境提升的对策建议

（一）完善管理运行机制，发挥农民主体作用

农村人居环境的提升是一个长期而复杂的系统工程，需要投入大量的时间、人力、物力，它不仅是国家和地方政府关注的问题，更应该是广大农民关心和亲身参与的问题，因为农民才始终是提升农村人居环境的主体，他们的作用不可忽视，因此要想尽一切办法激发农民的主观能动性，使其参与农村人居环境的提升。在进行环境改造建设时要充分考虑农民的切实需求，着眼于解决农民最切身、最基础的民生需求，充分尊重农民意愿，为今后垃圾污水处理付费制度夯实基础，绝不能好大喜功、追求面子工程，只追求外在的美观而忽略了工程项目的实用性。脱离了农民实际情况的人居环境改造，只会造成资源资金的浪费，昙花一现。同时，要通过村民议事等方式与农民共同商定建立奖惩机制，以村规民约的形式形成有效的管理运行机制，比如对环境卫生搞得好的农户要奖励，不好的要惩罚，在此过程中培育农民的参

与意识和责任意识，消除对政府及村集体的"等靠要"依赖心理，使其积极主动地参与到环境整治的过程中去，自发地保持和改善自己的生产生活环境，实现农村人居环境提升的良性循环。

（二）拓宽投资渠道，强化基础设施建设

充足的资金支持是实现农村人居环境提升的根本，要建立以国家政策为引导、财政投入为主体、社会资本为补充的多元化、多层次、多渠道的投资体系，加强对农村基础设施建设的投入力度。一方面要建立长效稳定的财政支农资金增长机制，这是农村人居环境提升建设的主要资金来源，要继续积极申请上级财政支持与补贴，适当调整地方财政支出比例，一定程度上实现财政政策由城市向农村转移。另一方面由于吉林省农村公共产品长期缺失且公共产品欠债过度问题普遍存在，全部依赖国家及地方财政扶持补贴已经难以为继，因此必须积极探索，努力拓宽投融资渠道，依靠农村集体经济产权制度改革的助力，盘活农村集体经济，增加农村自有资本。同时在科学有序的监管及运营体制下，通过PPP等模式引导社会资本进入农村基础设施建设领域，以共同建设、共同受益为原则，共同支持农村人居环境建设。

农村交通道路建设问题已经严重制约了新农村的发展，应当在农村道路建设政策方面予以倾斜，适当简化农村修建道路的行政审批手续，酌情降低对农村道路修建的可研报告要求，在拓宽农村基础设施建设投资渠道的基础上设立农村道路养护专项资金和建养基金，用以解决农村道路建设资金不足和后期养护困难的问题。在道路施工建设时可以因地制宜，在条件具备的村屯允许村民组成施工队出工出力，在相关人员技术指导下以工抵资，降低道路建设成本。同时应严格把控道路建设标准，保障并尽量延长道路使用寿命，避免由于建设资金不足而降低建设质量问题的发生。

继续加强农村供水工程建设，逐步建设完善农村供水系统，探索更符合农民实际情况、可操作性更强的运行管理办法，同时重点解决农民自家水井水质差的问题，为农民提供安装必要的消毒和净水设施，保障农村的饮水安

全。对于山区或距离城镇过远的村屯可以考虑设置独立供水分区，以一个或几个村屯为单位进行分区供水。

（三）创新垃圾治理模式，推进厕所革命与污水一体化处理

把握农村可降解有机物垃圾比例大的特点，实行"源头减量"原则，是未来农村垃圾治理的新模式。不要盲目按照"村收集、乡转运、县处理"的模式进行垃圾的集中处理，农村垃圾中真正需要焚烧或填埋的部分只有不到15%，把它们分类分拣出来，一定不要和大量的可降解垃圾混在一起，增加城镇垃圾处理压力和处理成本，以及形成垃圾的二次污染。因此在某种程度上，农村的垃圾分类比城市更重要，因为农村的有机垃圾可以通过堆肥降解还田等方式就地消化掉。农村可以城镇化，但农村垃圾不能城镇化。不但不能城镇化，还应当尽量提升农村地区消化垃圾的能力，为不断增加的城市垃圾填埋场地提供空间储备支持。

在农村污水治理方面，也要推广分户处理模式。由于农村居住分布地域问题，集中式污水处理系统不能满足所有农村地区的需求，也是不切实际的。而采用小型一体化生物处理设备、分户净化槽污水处理器、三格式化粪池等新设备，可以将户均建设费用降低至3000~5000元，有些设备不需要管网，而且可以实现中水回用，多余水达标排放的效果，农民可以直接将设备建在自家院子里，既经济实惠、生态环保，又便于保护和维护，符合农民实际需求。因此要以县（市）为单位统一规划，针对山地、偏远地区、近郊区、水源区、旅游区等不同地区分类施策，推广污水分户处理模式，因地制宜地形成农村污水集中处理、分散处理和分户处理的科学污水处理体系。同时，各级政府应积极树立农村污水和农村厕所革命一体化处理理念，将农村污水处理和厕所革命协调统一推进，既降低了建设资金的投入，又解决了农村污水和改厕时单体处理设施重复建设的问题。

厕所革命不仅是关系到农村人居环境提升的民生问题，更是总书记交给吉林省的一项政治任务。要按照政府引导、财政补贴、农户自愿的原则积极推进吉林省农村地区改厕工程。厕所改造要因地制宜，从实际出发，同污水

处理一样进行统一规划、分区分类。选择符合吉林省气候特点和农村实际情况的产品，宜水则水、宜旱则旱，既要解决用得好的问题，更要解决用得上的问题，绝对不能出现改建完的厕所成为储物间的类似事件。

（四）建立长效管护机制，保障农村人居环境持续提升

农村人居环境的提升，无论是从基础公共设施建设、垃圾处理，还是从污水处理、厕所革命方面，其最关键的问题是要形成长期有效的管护机制。积极推广市场化、专业化的建设运营机制，努力形成建设有规划、管理有制度、质量有标准、管护有经费、运营有队伍的长效管护机制。探索建立农村垃圾污水处理村民付费制度，科学合理完善农村人居环境整治项目财政补贴和农户分担机制，保障农村人居环境得到持续、稳定的提升。

参考文献

[1] 吉林省第三次全国农业普查主要数据公报，吉林省统计局，http://tjj.jl.gov.cn/。
[2] 陈沫：《让乡村更美丽 生活更美好》，《吉林日报》2018年12月12日。
[3] 吉林省农业农村厅农村社会事业促进处：《省委农办主任、省农业农村厅厅长于强在全省农村人居环境整治暨村庄清洁行动培训班上的讲话》，《吉林农业》2019年第9期，第8~11页。
[4] 方明：《推进乡村振兴战略 改善农村人居环境》，《中国农村科技》2018年第10期，第44~47页。
[5] 于法稳、于婷：《农村生活污水治理模式及对策研究》，《重庆社会科学》2019年第3期，第6~17页。

社会科学文献出版社

皮 书

智库报告的主要形式
同一主题智库报告的聚合

❖ 皮书定义 ❖

皮书是对中国与世界发展状况和热点问题进行年度监测,以专业的角度、专家的视野和实证研究方法,针对某一领域或区域现状与发展态势展开分析和预测,具备前沿性、原创性、实证性、连续性、时效性等特点的公开出版物,由一系列权威研究报告组成。

❖ 皮书作者 ❖

皮书系列报告作者以国内外一流研究机构、知名高校等重点智库的研究人员为主,多为相关领域一流专家学者,他们的观点代表了当下学界对中国与世界的现实和未来最高水平的解读与分析。截至2020年,皮书研创机构有近千家,报告作者累计超过7万人。

❖ 皮书荣誉 ❖

皮书系列已成为社会科学文献出版社的著名图书品牌和中国社会科学院的知名学术品牌。2016年皮书系列正式列入"十三五"国家重点出版规划项目;2013~2020年,重点皮书列入中国社会科学院承担的国家哲学社会科学创新工程项目。

权威报告·一手数据·特色资源

皮书数据库
ANNUAL REPORT(YEARBOOK) DATABASE

分析解读当下中国发展变迁的高端智库平台

所获荣誉

- 2019年，入围国家新闻出版署数字出版精品遴选推荐计划项目
- 2016年，入选"'十三五'国家重点电子出版物出版规划骨干工程"
- 2015年，荣获"搜索中国正能量 点赞2015""创新中国科技创新奖"
- 2013年，荣获"中国出版政府奖·网络出版物奖"提名奖
- 连续多年荣获中国数字出版博览会"数字出版·优秀品牌"奖

成为会员

通过网址www.pishu.com.cn访问皮书数据库网站或下载皮书数据库APP，进行手机号码验证或邮箱验证即可成为皮书数据库会员。

会员福利

- 已注册用户购书后可免费获赠100元皮书数据库充值卡。刮开充值卡涂层获取充值密码，登录并进入"会员中心"—"在线充值"—"充值卡充值"，充值成功即可购买和查看数据库内容。
- 会员福利最终解释权归社会科学文献出版社所有。

数据库服务热线：400-008-6695
数据库服务QQ：2475522410
数据库服务邮箱：database@ssap.cn
图书销售热线：010-59367070/7028
图书服务QQ：1265056568
图书服务邮箱：duzhe@ssap.cn

卡号：739874247663

S 基本子库
SUB DATABASE

中国社会发展数据库（下设12个子库）

整合国内外中国社会发展研究成果，汇聚独家统计数据、深度分析报告，涉及社会、人口、政治、教育、法律等12个领域，为了解中国社会发展动态、跟踪社会核心热点、分析社会发展趋势提供一站式资源搜索和数据服务。

中国经济发展数据库（下设12个子库）

围绕国内外中国经济发展主题研究报告、学术资讯、基础数据等资料构建，内容涵盖宏观经济、农业经济、工业经济、产业经济等12个重点经济领域，为实时掌控经济运行态势、把握经济发展规律、洞察经济形势、进行经济决策提供参考和依据。

中国行业发展数据库（下设17个子库）

以中国国民经济行业分类为依据，覆盖金融业、旅游、医疗卫生、交通运输、能源矿产等100多个行业，跟踪分析国民经济相关行业市场运行状况和政策导向，汇集行业发展前沿资讯，为投资、从业及各种经济决策提供理论基础和实践指导。

中国区域发展数据库（下设6个子库）

对中国特定区域内的经济、社会、文化等领域现状与发展情况进行深度分析和预测，研究层级至县及县以下行政区，涉及地区、区域经济体、城市、农村等不同维度，为地方经济社会宏观态势研究、发展经验研究、案例分析提供数据服务。

中国文化传媒数据库（下设18个子库）

汇聚文化传媒领域专家观点、热点资讯，梳理国内外中国文化发展相关学术研究成果、一手统计数据，涵盖文化产业、新闻传播、电影娱乐、文学艺术、群众文化等18个重点研究领域。为文化传媒研究提供相关数据、研究报告和综合分析服务。

世界经济与国际关系数据库（下设6个子库）

立足"皮书系列"世界经济、国际关系相关学术资源，整合世界经济、国际政治、世界文化与科技、全球性问题、国际组织与国际法、区域研究6大领域研究成果，为世界经济与国际关系研究提供全方位数据分析，为决策和形势研判提供参考。

法律声明

"皮书系列"(含蓝皮书、绿皮书、黄皮书)之品牌由社会科学文献出版社最早使用并持续至今,现已被中国图书市场所熟知。"皮书系列"的相关商标已在中华人民共和国国家工商行政管理总局商标局注册,如LOGO( )、皮书、Pishu、经济蓝皮书、社会蓝皮书等。"皮书系列"图书的注册商标专用权及封面设计、版式设计的著作权均为社会科学文献出版社所有。未经社会科学文献出版社书面授权许可,任何使用与"皮书系列"图书注册商标、封面设计、版式设计相同或者近似的文字、图形或其组合的行为均系侵权行为。

经作者授权,本书的专有出版权及信息网络传播权等为社会科学文献出版社享有。未经社会科学文献出版社书面授权许可,任何就本书内容的复制、发行或以数字形式进行网络传播的行为均系侵权行为。

社会科学文献出版社将通过法律途径追究上述侵权行为的法律责任,维护自身合法权益。

欢迎社会各界人士对侵犯社会科学文献出版社上述权利的侵权行为进行举报。电话:010-59367121,电子邮箱:fawubu@ssap.cn。

社会科学文献出版社